U0929624

四川大学外国语学院
学术文丛

川大学“211工程”项目
国区域历史与文化
域文化的交流与互动

认知语言学框架下的隐语研究：以四川帮会隐语为例

A Research into Cant in the Perspective of Cognitive Linguistics: Taking the Case of Sichuan Underground Gang Cant

黄 星 著

Sichuan University Press
四川大学出版社

责任编辑:王　玮
责任校对:敬铃凌
封面设计:米茄设计工作室
责任印制:李　平

图书在版编目(CIP)数据

认知语言学框架下的隐语研究:以四川帮会隐语为例 / 黄星著. —成都:四川大学出版社,2011.3
(四川大学外国语学院学术文丛)
ISBN 978-7-5614-5202-8

Ⅰ.①认… Ⅱ.①黄… Ⅲ.①西南官话-社会习惯语-方言研究-四川省 Ⅳ.①H172.3

中国版本图书馆 CIP 数据核字(2011)第 030070 号

书名　**认知语言学框架下的隐语研究:以四川帮会隐语为例**
Renzhi Yuyanxue Kuangjia Xia de Yinyu Yanjiu: Yi Sichuan Banghui Yinyu Weili

---

著　　者　黄　星
出　　版　四川大学出版社
地　　址　成都市一环路南一段 24 号 (610065)
发　　行　四川大学出版社
书　　号　ISBN 978-7-5614-5202-8
印　　刷　郫县犀浦印刷厂
成品尺寸　148 mm×210 mm
印　　张　8.875
字　　数　213 千字
版　　次　2011 年 3 月第 1 版
印　　次　2011 年 3 月第 1 次印刷
定　　价　26.00 元

◆读者邮购本书,请与本社发行科联系。电话:85408408/85401670/85408023　邮政编码:610065
◆本社图书如有印装质量问题,请寄回出版社调换。
◆网址:www.scupress.com.cn

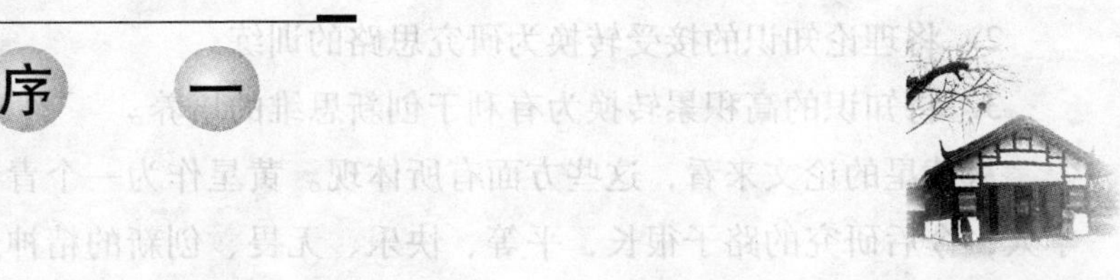

序 一

黄星的博士论文要出版了，我很高兴。

黄星是石坚教授的博士，我参与了一些指导工作，因此同黄星在学术研究上有过一些接触。黄星勤学好思，跟她谈一个思路，很快她就会有反馈，在认真思考的基础上融入自己的创见，表现出她是个思考型的学生。

黄星研究的是旧时四川帮会的黑话。这个话题大半个世纪以来，已有很多人分别从社会学、语言学、民俗学、历史学等角度进行过研究，取得了很多的成果，出了专著、编了词典，还撰写了大量的文章。书和文章主要是描写性的，为后人的研究提供了很多方便。作为博士的研究，要能推陈出新。黄星用当代语言学的理论揭示这些黑话之所以成为“黑话”的机理所在，这就是这个研究值得注意的地方：作为语言研究，从一个具体语言的现象入手，通过对这个现象的较深入的分析，找出同类现象的共同机理，因此，这项研究就不是一项孤立的研究，而是同当代语言学的发展联系起来。

我告诉黄星，作为博士生，要坚持八个字：平等、快乐、无畏、创新。平等、快乐、无畏都是为了博士阶段研究的创新。为了创新，博士生要使自己的学习转型。其中，下面的三个方面较为重要：

1．将引进、吸收转换为对观点的研究；

2．将理论知识的接受转换为研究思路的训练；

3．将知识的高积累转换为有利于创新思维的培养。

从黄星的论文来看，这些方面有所体现。黄星作为一个青年学人，今后研究的路子很长，平等、快乐、无畏、创新的精神还会用得着。祝她在现在的基础上有更大的发展，快快乐乐地取得新成果。

徐盛桓

2011年开春于开封寓所，年方七三

黄星老师告诉我，她在博士学习期间的研究成果《认知语言学框架下的隐语研究：以四川帮会隐语为例》即将成书出版，我感到十分欣慰，并乐意为这位青年同事的第一部学术专著作序。

黄星老师是由徐盛桓教授和我共同指导的博士。在几年的研究学习过程中，她勤于钻研，善于思考，在结合语言学的最新理论和实践的研讨中有自己独到的心得体会。她的研究选题角度颇有新意，在认真梳理过去几十年已有的研究成果和认真研究语言学发展取向的基础上，能有见地地提出自己的思考，在实践的尝试上总结出一些值得分享的成果。

《认知语言学框架下的隐语研究：以四川帮会隐语为例》一书是黄星老师在其博士课题研究和论文的基础上经过一些更为细致的工作作出的总结。黄星老师在对所涉及的学科方向已有的研究成果认真梳理、总结、分析的基础上，建立了自己的隐语分析的“自主—依存分析框架”，在此框架中对隐语中的相邻相似关系、隐喻转喻机制进行了细致分析并有理有据地作了详细论述。黄星老师的这本学术专著全面、深入、系统地探讨了以四川帮会隐语为个案的隐语生成和理解机理，是一项十分有意义的讨论。该专著及研究的创新点主要体现在：重点研究隐语的生成与理解的机理，对隐语运用的认知机理作出统一、合理的解释。本书从认知语用学的理论切入，整合认知语言学、格式塔心理学、可能世界理论和其他相关理论，建立起了自己的解释隐语运用的认知机理的“自主—依存的分析框架”，综合运用归纳、演绎与反溯等方法来解释和说明隐语这一比较特殊的语义和语用现象的深层认知机理。

研究的设计从一个新的视角切入，将隐语的研究内容从对隐语的本质、目的、功能和构成等方面扩展到对隐语深层认知机制的研究。作者在该项研究中构建了自己独特的解释隐语生成与理解机理的分析框架，以至使用该框架既能研究隐语的形成机理，又能研究隐语理解的深层的认知机理。作者尝试着将这个分析框架作为研究隐语的生成和理解机理的重要理论工具，使其更具有相对独立的较强的解释力。隐语的生成和理解都是作为认知主体的人对世界的认识过程的延续，符合认知的一般规律。

我认为，黄星老师的学术研究有着新颖的视野，为隐语研究提供了一份具有理论价值的成果。该项研究可以弥补过去对隐语研究的不足，加大隐语的研究向深度发展。本书对丰富隐语研究做了一个有益尝试，也为其他表面看似不正常、不符合逻辑的各种语言现象（包括修辞格）的研究提供了启发性的思路。黄星老师的研究有助于揭示人类认识事物的策略、特征等普遍规律。我真诚地希望黄星老师在此项研究的基础上取得更多的成绩，在学术研究中更好地成长、进步。

石　坚

2011年2月于川大花园

摘　要

隐语是一个非常值得探讨而又十分有趣的领域，是特殊环境下的特殊语言现象。国内外的研究现状表明，前人在不同学科领域内，从不同角度出发，对隐语进行了大量的研究，取得了很多成果。这些成果拓展了本书的研究空间。隐语的研究有着悠久的历史，以往的研究主要是从民俗学、社会学、历史学等角度进行的，目前还有很多课题等待解决。

在这样的学术背景下，同时由于篇幅所限，本书对隐语的研究主要集中在汉语隐语方面，对汉语隐语的研究又是通过充分收集来自不同方面的比较完整的一套四川袍哥帮会隐语（下文提到“隐语”时，如无特殊说明，指的是汉语中的四川帮会隐语）的语料来进行的。帮会隐语是按照隐语使用集团分类的一个重要类别，而本书使用的语料——四川帮会隐语又是帮会隐语中极具代表性的一个部分，能代表隐语的主要类别，能反映隐语的生成和理解机理。本书主要不是对隐语作一个全面的说明，而是重点研究隐语的生成与理解的机理，对隐语运用的认知机理作出统一、合理的解释。本书从认知语用学的理论切入，在我国学者徐盛桓发展起来的有关语言运用的“基于心理模型语用推理”的理论模型的基础上，整合认知语言学、格式塔心理学、可能世界理论和其他相关理论，建立起自己的解释隐语运用的认知机理的“自主—依存的分析框架”，综合运用归纳、演绎与反溯等方法来解释和说明隐语这一比较特殊的语义和语用现象的深层认知机理。同时，通过对隐语的构成、特点和机理等的研究探讨人们认识事物的特征和规律，通过研究隐语模型的生成与运作来分析人们思考的过程和特点，探求人们认识外界事物的方式和策略，为研究知识的形成、发展和实现提供参照。

本书选取四川帮会隐语为语料、从认知语用学的角度对隐语内在机理进行的研究不仅是必要的，而且是可行的。基于前人的研究状况和本研究的目的与范围，本书有以下核心研究问题：

（1）隐语表达的形成机理是怎样的，隐语从隐性的自主成分到显性的依存成分的过程具体是怎样实现的；

（2）隐语表达的理解机理是怎样的，受话人是如何从隐语的依存成分出发，反溯得到隐语的意向内容从而达成对隐语的理解；

（3）隐语的生成和理解反映了人们运用语言和认识事物的普遍特征，隐语的形成和理解的心理基础是什么，从隐语的机理中可以分析出人们怎样的基本认知特点与规律。

本书共分八章。前三章是总括性的，分别说明本研究的总体情况、国内外的研究现状和所用理论框架。第四章从认知语言学的角度分析说明，隐语的生成和理解都是通过相邻/相似关系的中介的认知过程，概念间的相邻/相似关系在隐语中起着重要作用。在认知语言学的框架下对隐语中相邻/相似律及其引理运用的分析以及对隐语中相邻/相似关系的分类进行的分析，可以说明隐语与日常用语的不完备共核。

第五章分析认为，隐语的产生和理解从认知机制上说，都是隐喻思维与转喻思维的体现。这里的隐喻与转喻不是修辞格意义或纯修辞学角度的隐喻与转喻，而是作为人类认识世界的基本思维方式的隐喻与转喻。隐语的深层思维机制就是建立在相邻/相似律及其引理的认知基础之上的隐喻思维与转喻思维。

第六章分析认为，用“自主—依存分析框架”来分析隐语的机理可以发现，隐语生成的拈连机制的运作包括互相关联的四个方面：自主—依存关系的多次运作、形成自主—依存所依靠的相邻/相似关系、形成自主—依存所受到的意向性制约和形成自主—依存所使用的手段。在隐语分析的自主—依存分析框架中，隐语的理解过程就是从依存成分（隐语的显性表述）回溯到自主成分（说话人想要表达的意向内容）的一种整体、动态、复杂的推理过程。这个过程以相邻/相似关系为基础，以说话人和听话人相同或相似的心理模型为重要条件，是在意向性因素和语境因素的共同作用下进行的非线性的整合过程。

第七章分析说明，在对隐语的语义分析中，“可能世界”成为一个重要概念，对隐语的认知分析有很大价值，为各种类型和性质的隐语的运用提供了一种可能的解释。运用可能世界语义学理论对隐语的认知域进行分析不是要说明隐语的生成和理解必然会如此，而是说明在一定的认知逻辑的主导下，隐语的生成和理解可以如此。

在对隐语研究的核心问题进行抽丝剥茧、逐层加深的探讨后，第八章不仅回答核心研究问题，还根据主要发现得出如下结论：

(1) 隐语和日常用语的特征一致，都是不完备的。隐语和日常用语都处于从不完备表达到相对较完备表达的连续统。只是在这样的话语连续统中，一般话语处于含意性不丰富的一端，隐语处于含意性丰富的一端，想表达的交际意图即话语蕴涵的含意更加隐晦而隐秘，蕴涵含意的方式更加独特，从显性表述出发向相对完备表述的目的进发的隐语含意的推导是比较复杂的认知过程，涉及较多的认知方式和策略。隐语的隐秘性等特性只不过是语言表达的不完备与不透明共性的更加典型的表现。隐语与日常话语具有共核本质。

（2）隐语表面上违反逻辑，但是在认知逻辑和思维逻辑层面上是符合逻辑的。因此，在语言逻辑层面上隐语也许表现出来是反逻辑的，但是实际上隐语符合认知基础，在本质上不是反逻辑的，而是有其自身的逻辑属性、逻辑特征和表现方式。

（3）隐语的生成和理解都以事物间的相邻/相似关系为基础。隐语的运用都依照相邻/相似原则及其引理。相邻/相似关系具体体现为概念之间、概念特性之间和概念集之间的关系。隐语的运用以相邻/相似关系的认定为基础，隐语中隐喻和转喻机制的运作实质上都是相邻/相似关系的建立。

（4）隐语作为一种复杂现象和突现现象，在微观上是不可预测和不可识别的，但是同时在宏观上又是可以识别和解释的。隐语模型的生成与理解机理可以用自主成分与依存成分的关系来解释。具体的交际环境使隐语中的自主成分（想要表达的意向内容）与依存成分（实际表达出来的显性表述）具有意义转换的空间和转换的可能性。表面上模糊、隐晦及具有不确定性的语义为含意创造了较大的解释空间，并为隐语的解读提供了曲折、隐晦的指示性线索，成为认知隐语意义的工具。人们可以借助依存成分，通过隐喻和转喻的认知机制，达到把握和认知自主成分的最终目的。隐语的运用是一个上向与下向因果力互补与互动的作用过程，隐语生成机理中的推衍和理解机理中的反溯都体现了自主成分和依存成分在意向性的导向下建立起来的复杂转换关系。

（5）隐语的生成与理解的动态过程是基于心理模型的运作过程。也就是说，隐语的运用基于认知主体对头脑中的类层级知识结构的把握。这些可以抽象为相邻/相似关系的知识结构不仅使隐语显性表述的生成成为可能，而且对隐语的理解提供可能性和约束性。

(6) 隐语既是一种语言现象，同时也是一种思维现象和认知现象。隐语的使用不仅是一个有意识地使语词偏离原有意义的过程，最大限度地体现词义空间的扩大，体现一种复杂的语言结构，而且是人们用来传达对世界的基本认知经验并加以独特解释的一种方式，暗示了思想和现实的深层结构。隐语这种高级认知活动所涉及的现实的、想象的和特设的可能世界拓宽了心理空间，体现了人类认知领域的拓宽、思维状态的改进和认知水平的提高。隐语现象实质上是各方面因素的互动结果。隐语的运用是认知主体在划分客观世界事物的范畴、识解常规关系和认知外部世界规律等方面的比较特殊的表达方式，反映了作为认知主体的人对世界的范畴化的主观性和不确定性，也反映了语用推理和认知的普遍规律与规则。

从认知语用学的角度研究隐语可以加深对语言的认识，有利于揭示语言的本质。这样的研究既可以丰富认知语言学的研究内容，又可以深化对隐语的研究，还可以对人类认识事物的策略、特征等的研究有重要启示和积极意义。

关键词：隐语；生成；理解；认知机制；自主—依存

Cant is a very interesting field which is quite worth exploring. It is a special linguistic phenomenon under special circumstances. There have been a lot of researches on cant home and abroad in different disciplines and perspectives and there have been a lot of research findings laying good foundations for this present research. Although researches into cant have a long history, the previous ones have been mainly done in such perspectives as folklore studies, sociology and history and a lot of research questions remain.

Because of such academic background and limited space this research on the Chinese cant is made mainly on the basis of a relatively complete set of cant of the underground gang of "Paoge" in Sichuan collected from various sources ("cant" in the following paragraphs is generally used in this sense unless otherwise specified). Underground gang cant is an important category in the classification of cant users and underground gang cant in Sichuan (also the data of this research) is one typical and important kind reflecting the mechanism of production and interpretation of cant. This present research is not meant to be an adequate explanation of cant. Instead, it is meant to be a research laying emphasis on the exploration of the mechanism of production and interpretation of cant and a unified and reasonable explanation of the cognitive mechanism of cant. This research is made in the perspective of cognitive pragmatics. A new analytical framework of "autonomy-dependency analysis" is constructed to explain the cognitive mechanism of cant use on the basis of the "model-based pragmatic reasoning" on linguistic use developed by the scholar of XU Shenghuan, the theories of cognitive linguistics, Gestalt Psychology, "possible worlds" and other related theories. This study views cant as a relatively special semantic and pragmatic phenomenon and explains the deep cognitive mechanism of cant with a comprehensive use of induction, deduction and abduction. This research on the construction, features and mechanism of cant is of value to the exploration of the characteristics and rules of people's understanding of things. The research on the production and working of cant model is helpful to the analysis of the process and characteristics of people's thinking and to the understanding the methods and strategies of people's exploration of the outside world, providing reference to the study of the formation, development and realization of knowledge.

Taking the underground gang cant in Sichuan as data, this study on the inner mechanism of cant in the perspective of cognitive pragmatics is not only necessary but also possible. On the basis of previous research and the goal and range of this present study, the key research questions of this study are as follows:

(1) What is the production mechanism of cant expressions? What is the detailed process of transformation from the implicit autonomy element to the explicit dependency element?

(2) What is the interpretation mechanism of cant expressions? How does the hearer start from the dependency element of cant and get the intentional content and interpretation of cant using abduction?

(3) What general characteristics in linguistic use and understanding of things are reflected in cant production and interpretation? What is the psychological basis in cant production and interpretation? What basic cognitive features and rules can be analyzed from the mechanism of cant?

This dissertation is divided into eight chapters. The first three chapters are introductory, dealing with respectively the general survey of this research, the research on cant home and abroad and the theoretical framework applied in this research. Chapter Four discusses that in the perspective of cognitive linguistics, the production and interpretation of cant are cognitive processes with the help of the media of proximity and similarity. The relationships of proximity and similarity between concepts play an important role in cant. The analysis of the use of Law of Proximity, Law of Similarity and the corollaries of the two laws in cant and the classification of the relationships of proximity and similarity in cant in the framework of cognitive linguistics is helpful to show the common core of incompleteness of cant and daily language use. They are both in a continuum ranging from relatively incomplete expressions to relatively complete expressions. In this continuum, ordinary and daily language is at the one end with poorer implicativeness while cant is at the other end with richer implicativeness. The communicative intentions of cant expressions are more obscure and vague and the ways of concealing intentions are more special and more unusual. The derivation from the explicit expressions to the implicit expressions is a complicated cognitive process in which more cognitive methods and strategies are involved. The characteristics of cant including secrecy are only the typical representation of the common features of incompleteness and opacity of language use.

Chapter Five discusses that in terms of cognitive mechanism, cant production and interpretation are the representation of metaphorical and metonymical thinkings. "Metaphor" and "metonymy" are used here as the basic thinking ways in people's understanding of the world. They are not used in the sense of figures of speech or in a rhetoric manner.

The deep thinking mechanism of cant involves the metaphorical and metonymical mechanisms on the cognitive basis of Law of Proximity, Law of Similarity and the corollaries of the two laws.

Chapter Six discusses that the analysis of cant mechanism in the analytical "autonomy-dependency framework" leads to the finding that the interrelating mechanism of cant production consists of four aspects: the working or workings of the autonomy-dependency alignment, the basic proximity/similarity relationships, the intentionality constraints in forming the autonomy-dependency alignment, and the means in the formation of the autonomy-dependency alignment.

In the analytical framework of autonomy-dependency, the interpretation of the cant is an integrated, dynamic and complicated reasoning process tracing from the dependency (the explicit expression) to the autonomy (the intentional contents of the speaker), with proximity-similarity as its basis and the same or similar mental model of the speaker and the hearer as its important precondition. It is a non-linear integration process resulting from the interactions of the elements of intentionality and context.

Chapter Seven discusses that in the semantic analysis of cant, "possible worlds" is an important concept which is very valuable to the cognitive analysis of cant and provides a reasonable explanation for the use of cant of various types and features. The application of the possible world theories of semantics to the cognitive domains of cant is not meant to show that the production and interpretation of cant should be in this case. Instead, it is meant to show that the production and interpretation of cant can be like this under the effect of some cognitive logic rules.

After the multi-level explorations of cant, in Chapter Eight the key research questions are answered and some conclusions are drawn on the basis of the main findings:

(1) Cant and daily language have the common feature of incompleteness. They are both in a continuum ranging from relatively incomplete expressions to relatively complete expressions. In this continuum, ordinary and daily language is at the one end with poorer implicativeness while cant is at the other end with richer implicativeness. The communicative intentions of cant expressions are more obscure and vague and the ways of concealing intentions are more special and more unusual. The derivation from the explicit expressions to the implicit expressions is a complicated cognitive process in which more cognitive methods and strategies are involved. The characteristics of cant including secrecy are only the typical representation of the common features of incompleteness and opacity of language use. Cant and daily language share some common core.

(2) Cant appears antilogical but it is logical from the perspectives of cognitive logic and mental logic. Therefore, cant may be viewed as antilogical from the perspective of language logic. However it is based on the cognitive basis and has its own logical features, characteristics and representations and is not antilogical in nature.

(3) The production and interpretation of cant are on the basis of proximity/similarity relationships among things. The use of cant is dependent on Law of Proximity, Law of Similarity and the corollaries of the two laws. The concrete representations of proximity/similarity include the relationships among concepts, among the features of concepts and among sets of concepts. The establishment of proximity/similarity relationship is the foundation for the use of cant. It is also the

core of the metaphorical and metonymical mechanisms of cant.

(4) Cant is a complex emergence phenomenon which is unpredictable and nonidentifiable at the micro level. However, it is identifiable and interpretable at the macro level. The production and interpretation mechanisms of cant can be explained in the discussion of the relationship of the autonomy element and the dependency element. The concrete communicative circumstances provide the autonomy element (the intentional contents to be expressed) and the dependency element (the explicit expressions actually expressed) with the space for meaning transformation and the possibility for such transformation. The vague, secret and ambiguous meanings of cant expressions provide the space for the interpretation of implicativeness. They also provide the obscure guiding clues for the interpretation of cant. Therefore, they become an instrument for the understanding of cant. Through the cognitive mechanisms of metaphor and metonymy, people can start from the dependency element and finally understand the autonomy element. The use of cant is the interaction of upward causation and downward causation. The derivation in the production mechanism and the abduction in the interpretation mechanism are the representations of complex transformation relationships between the autonomy element and the dependency element established under the guidance of intentionality.

(5) The dynamic processes of the production and interpretation of cant are based on the workings of mental models. That is, the use of cant is based on the type hierarchical knowledge stored in the brain of the cognitive subject. The knowledge structures which can be further derived into the proximity and similarity relationships by abstraction not

only make the production of the explicit cant expressions possible but also provide possibilities and constraints for the interpretation of cant.

(6) Cant is not only a linguistic phenomenon but also a mental and cognitive phenomenon. The use of cant is a process in which the expressions with a complex linguistic structure are intentionally used to be different from their explicit meanings, representing the enlargement of semantic space to the highest extent. It is also a way for people to express and uniquely explain their basic cognitive experiences of the world, representing the deep structures of thinking and reality. The possible worlds (world of reality, world of imagination and ad hoc world) involved in cant which is a complex cognitive activity broaden people's mental space and scope of cognition and improve people's mental state and cognitive capability. Cant is in fact the result of the interaction of various elements. Cant is used by cognitive subjects to express their special ways in the categorization of the outside world, in the construal of stereotype relations and in the understanding of rules and laws of the outside world. The features of subjectivity and uncertainty in the categorization process and the general rules and laws in pragmatic reasoning and cognition can be found.

This research on cant in the cognitive pragmatic perspective can help us deepen our understanding of language and the nature of language. It is done to make the research of cognitive linguistics richer and the research on cant deeper. It may also be of some value to the research on people's strategies and characteristics in cognition.

Key words: cant; production; interpretation; cognitive mechanism; autonomy-dependency

目　录

第一章

绪　论

1.1　本书研究的缘起

本书以认知语言学理论为切入点，以四川帮会隐语为语料，研究汉语隐语的生成和理解机理，用以探讨人们运用语言和理解语言的认知机制。

隐语是世界上各种社会文化中的一种普遍语言现象。从人类学和社会学的角度来看，隐语既是一种亚文化群体使用的语言代码，也是一种非主流的文化现象；从历史的角度来看，隐语是一种可用来研究社会历史的一种特殊的真实材料；从民俗语言学的角度来看，隐语是一种可以归属于非主流语言文化的特定民俗语言现象；从社会语言学的角度来看，隐语是一种长期用于生活各个方面的一种社会变体。总而言之，隐语是一个十分有趣，值得从多个角度来探讨的领域和话题。

隐语经历着不同的发展变化。随着隐语使用团体的变化或消失，有些隐语逐渐消失，成为语言使用历史中的一部分；有些隐语因为种种原因继续使用，在社会的发展变化中显示出较强的生命力。这些继续使用的隐语中的一部分可能发生语义变化，出现延展性的新意义，并变得普通化和日常化，成为日常语言词汇系统的一个重要组成部分。

汉语隐语的历史悠久，数量和种类丰富，内容涉及面广，构造方式也多种多样，既显示了汉语表达丰富的特点，也表现出人民群众的无穷智慧。笔者接触隐语后就对隐语产生了浓厚的兴趣，由陌生感引发好奇感，并产生出研究的原动力。笔者发现，人们已经对隐语进行了多学科、多角度的分析，取得了不少的成果。但是总的看来，隐语的传统研究主要在民俗学、历史学、文学、修辞学等领域，迄今为止，还缺乏对隐语生成和理解机理的全面、系统、深入的专题研究成果。本研究在充分掌握语料的基础上，突破传统研究方法，以认知语言学理论为新的切入口，构建自己的解释隐语生成与理解机理的自主—依存分析框架，并将此分析框架作为研究隐语的认知机制的重要理论工具。这样，就将隐语的研究内容从对隐语的本质、目的（或功能）和构成三方面的研究扩展到对隐语的深层认知机制的研究。这样的研究有着崭新的视野，为隐语研究提供一份具有理论价值的研究成果，可以弥补过去对隐语研究的不足。本书对隐语的深度研究是丰富隐语研究的一个有益尝试，具有一定的学术价值。

1.2 本书研究的目的和范围

语言使用包括语言的产出和理解两个方面。本书通过研究隐语的生成和理解机理来探讨人们运用语言和理解语言的认知机制，并在此研究目的的指导下适当选取四川帮会隐语中的言语类隐语为语料进行研究。下面对本书研究的目的和范围分别进行说明。

1.2.1 本书研究的目的

本书以认知语言学为理论框架，以四川帮会隐语为语料，研究隐语的生成和理解机理，用以探讨人们运用语言和理解语言的认知机制。

认知语言学自诞生以来，其研究涉及语言现象的各个方面，内容丰富，涉及面广，并呈现出多样化的研究趋势。目前，认知语言学在国内外的发展已经形成相当规模，取得了丰硕的研究成果。本书的研究主要是参照我国学者徐盛桓的“基于心理模型的语用推理”的理论进行的。

本书不是为研究隐语而研究隐语，也不是仅仅停留在分析隐语本身的构成、特点和机理的解释上，而是以语言为分析的切入点，通过研究隐语模型的生成与运作，关注人们运用语言和理解语言的认知机制，分析人们思考的过程和特点，探讨人们认识外界事物的基础、特征、方式和策略等普遍规律，为研究知识的形成、发展和实现提供参照。本书的研究为人类普遍的语言运用的认知研究提供了一个具有启发性的思考维度。隐语表面的异常机制隐藏的是日常用语的普遍性。本书的研究为其他表面看似不正常、不符合逻辑的各种语言现象（包括修辞格）的研究提供启发性思路。隐语的生成和理解都是作为认知主体的人对世界的认识过程的延续，符合认知的一般规律。隐语分析其实也是对人的语言认知能力进行的多维度扫描，得出的规则有助于认识语言发生和理解的普遍心理规则，也有助于揭示人类心理在概念和语言间进行结构时所发生的共同过程和人类普遍的认知特点。

1.2.2 本书研究的范围

本书拟通过对隐语的运用机理的研究来探讨人们认识事物的特征和规律，所以并不是要收集所有类别的所有语料，而是充分收集一套比较完整的四川帮会隐语中的言语类隐语为语料来说明隐语的运用机理。下文提到“隐语”时，如无特殊说明，均指四川帮会隐语。

按照使用集团进行分类，帮会隐语是其中的一个重要类别，而本研究使用的语料——四川帮会隐语又是帮会隐语中极具代表性的一个部分，代表了隐语的主要类别，能够反映隐语的生成和理解机理。

1.3 隐语的说明

本小节首先从界定和分类等方面对隐语作出一般说明，继而对作为研究语料的四川帮会隐语的界定、分类、功能、构成和一般语言特征分别进行说明。

1.3.1 隐语的一般说明

隐语自古就有，但是学界对隐语的界定并没有统一的看法。隐语可以按照各种标准分为各种类别，学界对隐语的分类也有不同看法。由于隐语的研究是一门跨学科的学问，隐语不仅是语言学的研究对象，也是民俗学、社会学、犯罪学、历史学、民族学、文学等学科的研究内容。不同学科之间的相互交叉使“隐语”在其名称和所指的关系上呈现出一种比较复杂的状况。而且，中国汉语的隐语行话滥觞于先秦，在唐宋时有了很大发展，明清时由于帮会等组织的发展而兴盛，传承流变至今，是世界上同类语言现象中最大也是最为丰富的一系（曲彦斌，1997：41 -

47）。因此，很有必要首先对汉语隐语进行界定和分类。

《辞源》中“隐”的第八个义项是：“隐语。史记一二六淳于髡列传：‘齐威王之时喜隐’。索隐：‘喜隐谓好隐语’。”《辞源》对“隐语”的解释是：“指不直述本意而借它辞暗示的话。亦称‘廋词’。”（1983：3298－3299）

《辞海》对“隐语”的解释是：“①也叫‘隐’或‘廋辞’。不把本意直接说出而借别的词语来暗示的话。谜语的古称。②即‘黑话’。社会习惯语的一种。旧时有的社会集团为避免局外人的了解而制造使用的秘密词语。③私语。④修辞学术语。以隐伏奇谲的手法来表达所要说的话，重在斗趣或暗示。”（1980：441）

从以上《辞源》和《辞海》对“隐”和“隐语”的解释可见，古代的隐语指的是把真正的意思“隐”起来，借别的词说出来。除了《辞源》和《辞海》，对隐语的定义和分类还可以通过其他词典和语言学家的观点进行考察。下面先介绍几种具有代表性的隐语的定义和分类，再说明笔者的观点。

国外的语言学家也对隐语进行了研究，认为隐语是一套封闭的社会用语。在《语言与语言学词典》（*Routledge Dictionary of Language and Linguistics*）中，对词条“cant”的解释是：“与社会隔绝或不合群的团体的行话或秘密语言，特别是在特定词汇上异于标准语言。使用隐语是为了使没掌握这种语言的人不能理解……典型的过程包括通过隐喻改变日常语言中词汇的意义（例如，用“雪”表示“可卡因”）或者从外语中借词。”①

《语言学百科词典》对“隐语”的解释是：“又称‘黑话’、

① 此处为笔者的翻译，参看：Bussmann，H. *Routledge Dictionary of Language and Linguistics*. 外语教学与研究出版社，2000：61。

'切口'。指社会游离分子（乞丐、流氓、盗贼）或帮派集团使用的特殊词语，以秘密性为其特点。使用隐语的目的在于使圈子之外的人听不懂，以便于保护自己或作为考察对方是否圈子中人的手段。"（戚雨村等，1993：566）

张永言认为，隐语就是黑话，是个别的社会集团为了隐蔽自己以便进行特殊活动而创造的，其特点是秘密性（张永言，1982：84）。

陈原认为："特定的社会集团所制定的符号，往往不是语言文字，而是一些记号、信号或者隐语。这些特约符号是为这个集团的成员之间特殊交际活动所使用的，带有一定的秘密性，大都是这个集团以外的人所不能理解的。"（陈原，1983：163－164）

曹聪孙把隐语分为音的秘密语（反切语）和词的秘密语（包括黑话）（曹聪孙，1992）。音的隐语即反切语，是一种迂回曲折的语言表达方式。反切语的上、下字分别与被切字声母、韵调相同。

曲彦斌认为："所谓民间秘密语（或称民间隐语行话），是某些社会集团或群体出于维护内部利益、协调内部人际关系的需要，而创制、使用的一种用于内部言语交际的，以遁辞隐义、谲譬指事为特征的封闭性或半封闭性符号体系；一种特定的民俗语言现象。"曲彦斌从符号形态方面将隐语分为五种基本类型，即语词形态、话语形态、谣诀形态、反切形态，以及各种非言语形态的副语言习俗；按语源将隐语分为历史典故、当行事物、民俗事物、语言文字游戏、民间流行市语、自身衍生拼合、反切语及外来语八种类型（曲彦斌，1997：41－47）。

刘中富从内容方面将隐语分为六大类：黑话、行业性秘密语、青少年与老年群体使用的"亚秘密语"、某一群体针对另一群体使用的秘密语、市井秘语和类秘密语。刘中富从形式方面将语言形式的隐语分为词语形式、句子形式、音变形式三大类（刘中富，1998：32－33）。

郝志伦在其《汉语隐语论纲》中对隐语的定义是："隐语是人类社会全民语言或地域方言在社会层次上的变体，是附着在全民语言或地域方言系统上的一个子系统，是语言的一种特殊变异现象。隐语指人们为隐蔽自己（保守群体秘密，维护集团利益等），为避讳禁忌而创造使用的一切秘密语。"（郝志伦，2001：8）该书还列专章讨论了隐语的类型。他按形态学分类的观点将隐语分为言语类和非言语类两种基本类型，前者又包括语词、语句和谣诀三类（郝志伦，2001：201）；按发生学分类，他将隐语分为保密类、禁忌类和游戏类三种类型（郝志伦，2001：219－220）。

曹炜认为，隐语是某些社会群体所使用的故意不让外人所知晓的秘密词语，是常见的社会方言之一，大致可以分为以下三大类：黑话、行业隐语和松散社会群体隐语。他认为，黑话是某些不良甚至黑恶社会群体所使用的一种有意不让外人所知晓的秘密词语，是隐语最重要的分支之一（曹炜，2005：67－69）。

基于前人对隐语的定义和分类并针对本课题的研究，笔者对隐语进行了定义和分类。笔者认为，隐语是产生于社会全体成员共同使用的日常言语的一种语言变异现象，和专门术语、行业语有区别，但是都属于社会习惯语；是产生于特定的社会群体内，而往往只在那些群体范围内通用的，以保密性为主要目的和特征的特殊用语；隐语的异称包括密语、黑话、切语、切口、暗语、行话、市语、春典（点）、徽语、背语等。按照不同标准，隐语可以分为不同类型。隐语的语言表现形式可以分为语词和谣诀两大类。根据使用集团的不同，隐语可以分为武林隐语，皮门（卖药）隐语，彩门（变戏法）隐语，评门（评书、大鼓）隐语，金门（算卦相面）隐语，秘密团体隐语，犯罪团伙隐语，江湖帮会隐语等。根据时代、地域、行业、指称范围、侧重面、语源等标准的不同，隐语还可以有更多的分类。

1.3.2 四川帮会隐语的界定

帮会隐语是隐语中的一个重要类别。清朝中叶，在各种因素的共同作用下，中国出现了大批无地可耕的游民，同时出现了大量秘密组织——帮会，名目有三四百种之多，天地会、哥老会就是其中有相当大影响力的重要秘密组织（蔡少卿，1989：4－7，19，48－50）。

哥老会在四川通称“袍哥”或“汉留”，发源于清乾隆年间的啯噜会，后与白莲教、啯噜党势力互相渗透、结合，形成了哥老会的组织名目，是在近代中国特定社会条件下迅速发展起来的游民组织（蔡少卿，2009：167）。袍哥组织是一种破产劳动者和游民的互助团体，也是民间反清组织，因此一直在秘密状态下活动，有一整套隐语（即袍哥话）用作隐秘的交流与联系，数量众多，自成体系，在帮会组织活动和成员生活的方方面面，起到了不可代替的重要作用。

1.3.3 四川帮会隐语的分类

四川帮会隐语可以按照不同标准进行分类。例如，可以按照语源将隐语分为历史典故、当行事物、民俗事物、语言文字游戏、民间流行市语和自身衍生拼合六种。从形态上看，言语形态的四川帮会隐语主要分为字词型隐语、语句型隐语和歌诀型隐语三种。现分别举例说明如下：

字词型隐语是指通过更换日常字词而构成的隐语（包括隐字和隐词）。四川帮会为了在会中严守秘密，特别是为了不让外人了解他们颠覆清王朝统治的宗旨以及会中特别重视的行为，制作了一些隐字。例如，用“川大车日”指“顺天转明”，“川大丁首”指“顺天行道”，用“关井足王”指“关开路现”等（李子峰，1989：266）。再如，把“车子”说成“滚盘子”，把“衙门”叫做“威武窑”等，是极为常见的一种隐词类型。

语句型隐语是指用比较完整的话语构成的隐语，它不像歌诀型隐语那样整齐、对仗。例如，在新人入会时管事者与入会者的对话就采用更接近日常对话的形式，而不是整齐、对仗、押韵的歌诀型隐语。管事者问：“尔来做什么事？”入会者答：“来归洪。”管事者问：“尔来归洪，系何人引进？”入会者答：“保举人某。”管事者问：“尔因何故要入会？”入会者答：“为忠义故。”①

歌诀型隐语是指用歌诀构成的隐语。如李子峰著的《海底》中的入会问答中的诗诀：“五湖四海集新丁，过桥起义显威名；万望义兄协辅进，木杨盟誓号雄英”；“本是高溪天佑洪，带齐人马入城中！今日桃园来结义，四海九洲尽归洪”等都是歌诀式的隐语（李子峰，1989：138，142）。

本书的研究以字词型隐语为主，也包括语句型隐语和歌诀型隐语中隐语的运用。

1.3.4 四川帮会隐语的功能

从功能方面，四川帮会隐语可以分为指称日常用品的隐语、秘密传递情报信息的隐语和识别帮会同伙的隐语三类。

四川帮会隐语主要具有保密和认同功能。隐语是帮会内部成员采用的一种特殊词语，由于严格的帮规限制，非该群体的成员

① 参看：刘联珂编著《中国帮会史》第五部分的《海内入会式》。

难以知悉和明了。隐语在帮会的往来交接、信息传达、组织传播中起到了重要的作用。帮会成员使用各种形式的隐语来巧妙传递情报信息，达到交流目的，实现交流意图，完成交流活动。隐语音义往往使人难以索解，具有隐蔽性、排他性和保密性，可避免外人了解掌握。

四川帮会用与社会不同的字词语句去指称日常生活用品。例如，洪门中有关茶方面的隐语有以下几种："茶"称为"半夜巡"或"青"、"青蓬"、"黄莲子"、"青莲子"、"青子"，"茶馆"称为"青水窑子"、"青莲窑子"或"黄汤窑子"，"茶壶"称为"清炊子"或"动青子"，"茶杯"称为"青炊撇子"、"莲花"或"莲蕊"，"饮茶"称为"皮包水"或"敏黄莲子"，"走茶馆测字"称为"踏青"等①。

认同是个体把自己看成与另一个体的"雷同"或"一致"，从而达到心理上的认同。这种认同性的心理，是把事物、对象和形象进行比较的结果。认同作为一种有目的、有方向的比较过程，可以使每个人在确定多种复杂关系中的相异或相同，相同者便可以成为自己认同的对象，并且能达到"感情移入"和"类化"。认同具有心理增强作用，使经识别认同后的成员减少分歧，趋向一致。

由于帮会成员复杂，又多从事秘密活动，为防奸细混入，在

① 此段语料见：彭景元，《试说洪门茶阵及其它》，《农业考古》，1998，(02)；平山周，《中国秘密社会史》（民间秘密结社与宗教丛书），河北人民出版社，1990：112；刘延武，《中国江湖隐语辞典》，中国社会科学出版社，2003：91；潘庆云，《中华隐语大全》，学林出版社，1995：466，469；吴汉痴，《切口大词典》（影印本），上海文艺出版社，1989：299；李子峰，《海底》（1940 年版影印本）（民国丛书第一编16·社会科学总论类），上海书店，1989：245－246，254。

彼此联系时，多用隐语进行问答，加以试探，检验对方是否为同道中人，在对内交际、对外审鉴的认同功能中凸显了自己人和局外人的言语差别。隐语所掩盖的内容既是帮会秘密，又正是帮会内部主导文化所在。它可以增强成员之间的亲和力和凝聚力，加强认同感。经隐语认定后，各帮会成员相互依附，形成团伙，团结互助，对同帮会员的困难有无条件援助的义务，同时也有接受援助的权利，借以在社会上保持并扩张自己的生存权利，充分体现了帮会的价值观。例如，帮会行路遇劫时的问答就是用来进行身份认定的。问：“在何处读书？”（“属哪个组织哪个门派？”）答：“在洪花亭。”问：“哪先生？”答：“洪先生。”问：“几多书友？”答：“百零八。”（李子峰，1989：329）

四川帮会隐语以口语交际为主体形式，是全民语在帮会小范围内的社会变体，是帮会组织内部一种任意的强制性的重新契约。这里先对四川帮会隐语的语音形式、词义架构、词语内部结构等方面的基本特征作一个简单介绍，再对四川帮会隐语的构词法进行分析，重点说明其修辞学构词法。

1.3.5　四川帮会隐语的一般语言特征

在对四川帮会隐语的语音形式、词义架构、词语内部结构和构词法等方面的状况综合、归纳之后，我们可以初步了解四川帮会隐语的一些基本特征。

在语音形式上，二、三音节是四川帮会隐语词汇基本的语音形式；四音节略少，一音节更少，是隐语词汇较少选用的语音形式；其他音节极少选用。

在词义架构上，四川帮会隐语词义架构简单、清晰，单义词语占绝对优势，多义词语很少。

从词语的内部结构来看，四川帮会隐语由两个或两个以上语素合成而构成的词语最多，由一个语素构成的单纯词相对较少。

从构词法讲，四川帮会隐语主要采用了语音学构词法、文字学构词法、词法学构词法、句法学构词法、修辞学构词法、综合式构词法等手法构成隐语。语音学构词法主要指谐音构词。文字学构词法主要指析字构词和改字构词。

词法学构词法主要指加词头和词尾的构词法。下面对采用加词头和加词尾的构词法构成的隐语分别举例。例如，在指“土匪”的隐语“老圈”（郝志伦，2001：257）中，“匪”的外围近乎圈形，先通过形近的方法用“圈”代指“土匪”的“匪”，再加上词头“老”，最后构成“老圈”。再如，隐语“摆尾子”指“鱼”（雪漠，1991：174），是先通过模仿外形的方法用“摆尾”指“鱼”，再加上词尾“子”。隐语“枪手”指“专门伺候人吸烟的人”（雪漠，1991：176），是先用借代法用“枪”指“吸鸦片烟的烟管”，再加上词尾“手”，用以指“专门伺候人吸烟的人”。

句法学构词法是指按照句法结构关系组成复合词（朱德熙，1998：32－33）。葛本仪认为，复合词的构成可表现为联合式、偏正式、补充式、动宾式、主谓式、重叠式（葛本仪，2001：91－94）。借用复合式合成词的构词方式分类，可以将四川帮会隐语中词与词组的构成法主要分为主谓式、动宾式、补充式、偏正式和并列式五种构成法。对这五种构成法的隐语简单举例如下：

（1）主谓式构成隐语。“汉留”是哥老会组织的别称，指“保留汉族”等（刘延武，2003：91）。

（2）动宾式构成隐语。“乘火”指“顶住祸事”；“镇堂子”指“能服众，在堂口上说得起话”等（王纯五，1993：61－64）。

（3）补充式构成隐语。“吃通”指“到处行得通”；“搁平”指“把事情处理好”等（易水寒，1993：62，64）。

（4）偏正式构成隐语。“黄汤窑子”指“茶馆”；“粉子窑”指“饭店”等（易水寒，1993：183）。

（5）并列式构成隐语。隐语“丹青”指“时医”（傅崇矩，2006：282，283）；“掌红吃黑”指“官府包庇盗贼并分赃”等（雪漠，1991：177）。

修辞学构词法是指利用析字、改字、比喻、借代、夸张、比拟、谐音、歇后、藏词、同义、反义等各种语言技巧，从词汇方面对全民语言加以改造、变换或歪曲，构成词的秘密语。根据现有的资料分析研究，四川帮会隐语使用了析字、藏词、比喻、借代、摹状、谐音、用典、婉曲等修辞方式。简单举例如下：

（1）析字。析字，是对文字形体加以离合、增损或只假借字形的一种修辞手法。例如，洪门隐语中的“川大车日”和“川大丁首”分别指“顺天转明”和“顺天行道”（李子峰，1989：266），就是使用了增损式的析字修辞手法，从字面上看没有合理的意义，几乎不可能猜出背后的意思，不能算是真正的词语。

（2）藏词。藏词即所谓“切脚”、“歇后”等。例如，在四川帮会隐语中有一系列与茶有关的词语，其中包括用来指茶的隐语“半夜巡”①。“半夜巡”就是将“半夜巡查”中的“查”加以隐藏，再以“查”谐“茶”。

---

① 参看：王学泰，《游民文化与中国社会》（上、下册），同心出版社，2007；彭景元，《试说洪门茶阵及其它》，《农业考古》，1998，（02）；彭景元的文章还提到了其他一些与茶有关的隐语，如用“收青子”、“收黄杨子”来指“饮茶”，用“泥子”、“窑子”来指“茶馆”，用“灭清”来指“茶杯”等。

（3）比喻。比喻在四川帮会隐语中使用相当普遍。例如，隐语“腊肉骨头”指“没有多大价值”；“花椒开水”以物喻事，指“狡诈厉害”；“爬地草”以物喻人，指“不能独立作案的人”（杨青山，1993：8，332）。

（4）借代。四川帮会隐语普遍运用各种形式的借代方法。例如，“细货”借抽象代具体，指“绫、罗、绸、缎等贵重物品”（曲彦斌，1995：662）。

（5）摹状。隐语“闪光子”借助于视觉，对物体形状如实描摹，指“闪电”（曲彦斌，1995：538）。

（6）谐音。谐音是构成四川帮会隐语的常用手法。四川哥老会取当时常见词语“依苗苗草”、“耳子草”、“散钱花”、“狮子头”、“乌供养”、“留支皮”、“凄凉冈”、“巴地虎”、“舅普子”、“柿子圆”的首字谐音分别构成一至十的数目隐语（傅崇矩，2006：282，276），就是在音上下工夫，利用谐音关系来隐指数字。再如，隐语“肚子头撑船”谐音“内航”，指“内行”（杨青山，1993：197）。

（7）用典。“洪门海底”指洪门组织的范本《金台山实录》，因为这本书是从金台山下的海底取出的。隐语“苑内人”是因为郭永泰有林苑名“松柏苑”，开尽忠山时聚于苑内商洽事件，所以称洪门兄弟为“苑内人”（王纯五，1993：65）。

（8）婉曲。四川帮会隐语在禁忌的基础上形成了婉曲。隐语“失风”指“被捕”（雪漠，1991：177）。

这些修辞方式运用在隐语中屡见不鲜，是隐语构成上的突出特点，无论是数量上还是使用频率上，在四川帮会隐语中都居于主体地位。

虽然有些四川帮会隐语的理据不很明显，而且随着研究的深入，今后可能还会发现新的构成手段，但是从认知的高度已能概括地总结出各种构成手段。不论四川帮会隐语采用怎样的构成手段，其形成都离不开相邻/相似性的比喻性的语言，都是基于相邻/相似性的音、形、义三方面的改变，对日常词语加以改造、变换或歪曲，构成隐语。音方面的改变主要反映在谐音的构词法上，形方面的改变主要反映在析字和改字的构词法上，义方面的改变主要反映在比喻的构词法、借代的构词法、摹状的构词法、用典的构词法和婉曲的构词法上，音、形、义三方面的综合改变主要反映在加词头和词尾的构词法和藏词的构词法上。

四川帮会隐语既遵循语言发展的一般规律，如语言的社会性、语言符号的任意性、语言的沿习性、语言的交融性，同时，也体现了对日常用语固有的依附性，在形、音、义三方面与社会日常用语的联系没有最终割断。

1.4 本书研究的必要性和可行性

前人对隐语的研究取得了很多成果，但是也存在很多不足之处，留有一些研究的空白和许多可以进一步深入研究的课题。

本书选取四川帮会隐语为语料，从认知语言学的角度对隐语进行的研究不仅是必要的，而且是可行的。认知语言学不仅仅满足于描写，而是以解释为取向。本研究在充分掌握语料的基础上，以认知语言学理论为切入口，拟突破传统研究方法的局限。我们还可以从认知语言学的发展轨迹中找到用认知机制来解释隐语的合理性。

1.4.1 本书研究的必要性

人们已经对隐语进行了多学科、多角度的分析。民俗学的研究主要将隐语看成一种非主流的亚文化现象来研究。历史学的研究主要表现为近代会党史和文化史研究，将隐语作为透视某些社会历史现象的“窗口”和“语言化石”。文学的研究主要对文学作品中出现的隐语进行研究。语言学的研究从过去偏重于语音学的研究已逐渐转为较全面的关注。

但是总的看来，隐语的传统研究主要在民俗学、历史学、文学、修辞学等领域，以认知语言学理论为切入口是一种崭新的研究视角。

语言学的研究类型是随着语言研究的发展而不断发展、变化的。早期的传统语法总结并规定使用语言的各种规则，主要起规范作用。结构主义开始对语言结构进行描写，并用“发现程序”和分布分析法对句子进行层次切分和对语义进行成分分析。转换生成语法注重深层结构和语言能力，本意是想解释语言的生成机制，但后来完全抛开语义研究，走向了形式主义的极端。但是，转换生成语法使人们又重新重视大脑认知机制在语言使用中的重要性。20 世纪六七十年代，语用学发展迅速，语言学的转向是语用学的转向。在这样的思潮影响下，语言研究不仅是只为考察语言而考察语言，而且还要通过研究语言表达的机理来考察人的自身以及考察人同所处的世界的关系；语言学研究的主要目的从描写性转变成了解释性。

20 世纪末，语言学及认知科学研究的发展使认知语言学成为必然，而认知语言学是以解释为取向的。因此，认知语言学在描写语言事实的基础上，深入探索符号形式与所指意义之间的理据性联系以及语言交际过程中的一般认知规律，力求用较少的规则解释较多的、表面上不相关的语言现象，找出能独立论证的解释，说明语言事实背后的认知机制和规律。(赵艳芳，2000：26－30)

1.4.2 本书研究的可行性

认知语言学建立语言结构与认知结构之间的类比，要努力解释、说明认知—感知或经验事实等认知结构如何与语言事实、语言结构之间发生关联。认知语言学既从心智内部，又密切结合外部来分析语言，从心理、生理、社会、文化、交际等角度对语言做出全面的、合理的、统一的解释。这有利于加深人们对语言的认识，揭示语言的本质。

认知语言学认为，特殊语言表达和日常用语处在一个连续统中，无本质区别。隐语的隐蔽性特征实质上与日常用语的不完备性是一致的，可以从人的认知特点与规律中找到原因。因此，完全可以用认知机制来解释隐语。

隐语研究并不是一个新课题，相关研究成果已经十分丰富，本课题属认知语用学的研究范畴，尝试以认知语言学理论为切入点，在自主—依存的框架内系统地分析、说明隐语的生成和理解机理，试图从认知语用学的视角研究隐语，力求丰富对隐语的研究。

本书在前人研究成果的基础上，在研究目的的指导下，适当地选取四川帮会隐语中的言语类隐语为语料进行研究；在对语料进行详尽收集和细致观察的基础上，用认知语言学框架下的语言理解理论来解释隐语运用的认知机制，研究隐语的生成和理解机理；在描写语言事实的基础上，深入探索符号形式与所指意义之间的理据性联系以及语言交际过程中的一般认知规律，力求用较少的规则解释较多的、表面上不相关的语言现象，提出能独立论证的解释，说明和探讨语言事实背后的认知机制和规律，从而更深刻地认识人类语言运用的认知机制。

1.5 本书的基本理论框架

针对以上核心研究问题，本书从认知语言学的理论切入，以我国学者徐盛桓发展起来的有关语言理解的“基于心理模型语用推理”理论模型为主要理论框架，研究隐语运用深层的认知机理。

1.5.1 认知语言学的发展概况

认知语言学诞生于20世纪80年代末90年代初，是认知科学同语言学研究相结合，在经验主义和非客观主义的哲学基础上产生的新兴语言学研究思潮和趋势，对传统的语言学理论提出了全新的、富有挑战性的观点。

认知语言学的研究内容很广泛，覆盖面也很大，其研究涉及语言现象的各个方面，并且呈现出多样化的趋势。目前，认知语言学在国内外的发展已经形成相当规模，取得了丰硕成果，并成为21世纪语言学研究的热点。近些年来，随着认知科学研究的不断深入，人类学、心理学、语言学等对“概念范畴”(conceptual categories)进行了广泛、深入的研究，并在大量证据的基础上提出了与以往观点不同的关于范畴、意义、思维和推理等方面的经验主义观点。

认知语言学的最新研究成果认为，语言是认知的一部分，是人类一般认知活动的结果，其结构与功能是人类经验的产物，与客观世界之间并没有直接的对应关系，两者之间的中介是人类经验所促成的人类概念。所以，语言受人们认识世界的方法和规律的制约。语言能力并不是独立于其他认知能力和知识的一个自主的形式系统，而是认知机制（cognitive mechanism）的一部分。认知是人的生理进化的产物，受其所在的形体和对世界感知的制约。推理（inference）也不是抽象的，不能脱离大脑所在的身体与外部环境。推理基于认知主体对世界的感知、经验和认知，是在主体与客体互动的基础上的理性推理。

1.5.2 认知语言学的理论

认知语言学研究的两个主要方面是概念结构和认知能力。因此，认知语言学研究重视运用心理学和认知科学中的相关研究成果。我们可以借用格式塔心理学（Gestalt Psychology）的理论对认知模式进行解释。格式塔心理学的完型趋向律中的两条重要的规律——相邻律（Law of Proximity）和相似律（Law of Similarity）都说明，人们感知事物有两个十分重要的特征，即具有相邻性或相似性的两事物会分别被识解为一个整体。

心理模型也是心理和认知研究的重要成果之一。唐纳德·诺曼（D. A. Norman）是较早论述心理模型的心理学家，他概括了心理模型的六个特征①。近二三十年，对心理模型的描述主要有两种代表性的观点。一种以心理学家根特纳（D. Gentner）和斯蒂文斯（A. Stevens）等学者为代表，另一种以心理学家约翰逊-莱尔德（P. Johnson-Laird）为代表。

基于心理模型的语用推理理论是在认知语言学框架下的语言理解理论。这一理论的一个重要概念是常规关系，而常规关系在较为抽象的层次就可以从［相邻±］和［相似±］两个维度进行观察。这两个维度就是对格式塔心理学的完型趋向律的运用。基于心理模型的语用推理理论认为，语用推理的运用同日常话语的运用没有本质的区别，因而语用推理要依赖心理模型，是创建

① 参看：《什么是心智模型》，http://www. ueui. com. cn/wiki/ueid/mental-model,2008。

和操作模型的认知过程。

“自主—依存分析框架”是“基于心理模型语用推理”的理论模型中的一个环节（徐盛桓，2007：37），也是对自主和依存关系的认知语言学的理论概括。在语言学研究中，对语言成分中的自主—依存关系的利用，以兰纳克（R. W. Langacker）① 较为系统。我国学者徐盛桓进一步发展了自主—依存关系的研究，将其用作认知语用推理的重要解释工具。心理模型中的小型知识集靠相邻/相似关系变成自主—依存成分。自主成分以交际的意向性为导向，以相邻/相似关系的认定为主要手段，推衍出依存成分。

1.5.3 自主—依存分析框架分析隐语的合理性

自主—依存这个以相邻和相似为核心概念的分析框架是“基于心理模型语用推理”的理论模型中的一个有机组成部分，对某些语言现象具有相对独立的解释力。本书将从认知语言学的角度，以此分析框架作为研究隐语的生成和理解机理的重要理论工具，研究自主和依存关系在隐语的生成和理解中的地位与作用。

隐语的理解明显地体现了语言运用的意向性特征，其理解是基于心理模型知识结构中对事物的相邻/相似关系的把握而进行的常规推理达成的。

隐语的特性不过是语言表达的不完备共性的突出表现。隐语中必定涉及的隐性表述是想表达的意向内容，它不在交际话语中出现，是隐语得以出现的先前设定，是自主成分；而出现在话语

① 本书将认知语言学家 R. W. Langacker 翻译为“兰纳克”，而不翻译为“兰盖克”，这是因为他在中国讲学时说，他的名字应该按照德语读法，其中的“g”不发音。

中的不完备的显性表达是隐语，是依存成分。意向内容和隐语结成自主—依存关系。意向内容是主导性的、可独立出现的成分，它的存在并不先设另一个成分的存在；隐语是从属性的，不独立运用，总是先设有意向内容的存在，在某一特定的语境中才显现出它特定的语义内容和特定语用意义，变为可以接受的、有意义的表达。

斯铂伯和威尔逊（Sperber & Wilson）认为，语言交际的一个基本特征是表达和辨识意向，而话语会自动让受话人产生指向说话人意向的期待。交际过程中涉及信息意向（informative intention）和交际意向（communicative intention）两种意向（Sperber & Wilson，2002：607－632）。徐盛桓认为含意推导是一种“意向解释”，将意向系统合理性预设的研究，具体体现为一种“基于心理模型的语用推理”的研究范式（徐盛桓，2006：163－170）。

意向性在隐语的生成和理解中都起着重要作用。拈连是隐语生成的重要原理。意向内容的表达在意向性的作用下，被拈连到隐语造成的非正常表达上去，推衍出隐语，使得隐语形成。还原是隐语理解的重要原理。尽管隐语是有异于日常用语的非正常表达，但最终总是可以被理解的。隐语的表达在意向性的作用下，在受话人的意识中被感知、还原，从而回归为意向内容，得到理解。

综上所述，隐语的表达具有双重不完备性。第一重不完备性来自语言表达的不完备共性，第二重不完备性源于在拈连作用下发生的推衍。

实际上，语用推理和日常一般话语理解也可以连成一个连续统或连续的集合，并没有本质上的区别。因此，隐语的语用推理同日常话语的理解也没有本质上的区别，完全可以用认知机制进行解释。其基本形式就是心理建模，是局域话语受到在意向性指引下形成的下向泛因果关系制约，进展为话语整体的生成或理解的过程。

本书提出了解释隐语生成与理解机理的新的语言模型，其要点包括：人有认知本能；在社会的大环境里产生出许多常规关系；常规关系与相邻/相似关系交织起来形成心理模型；语用推理的基本过程和基本形式在于心理模型的建立与运作；心理模型形成后，表达要选择方式，要进行语用推理，间接的表达方式要依靠各种自主—依存关系，而隐语基本上是间接表达方式，就可以用自主—依存关系来解释。

本书以自主—依存为主要的理论框架，研究隐语运用深层的认知机理，认为隐语的生成和理解都明显地体现出意向性的重要作用，是基于心理模型知识结构中对事物的相邻/相似关系的把握而进行的常规推理达成的。

本书可能得出的主要结论包括：隐语和日常用语的特征一致，都是不完备的；隐语的认知机制以相邻/相似关系为基础，可以用自主—依存关系来解释；意向性和语境在隐语模型的机制中起到重要作用等。

1.6 方法论问题：语料和方法

在充分收集来自不同方面的语料的基础上，本书综合运用归纳、演绎与反溯的方法对隐语的生成和理解机理进行分析。

1.6.1 本书研究的语料

本书所讨论的语料以四川帮会隐语为主要语料，语料主要来自专著、词典（或辞典）、论文和网络资料四个方面。其中，专著主要包括：蔡少卿的《中国秘密社会》、傅崇矩的《成都通览》、黄尚军的《四川方言与民俗》、李子峰的《海底》、刘黎明的《契约·神裁·打赌——中国民间习惯法习俗》、刘联珂的《中国帮会史》、平山周的《中国秘密社会史》、王纯五的《袍哥探秘》、雪漠的《江湖内幕黑话考》和易水寒的《中国江湖揭秘》等。词典（或辞典）主要包括：陈崎主编的《中国秘密语大辞典》、刘延武编著的《中国江湖隐语辞典》、潘庆云的《中华隐语大全》、曲彦斌主编的《中国隐语行话大辞典》、吴汉痴主编的《切口大词典》、杨青山主编的《犯罪隐语与方言识别词典》，以及郑硕人和陈崎主编的《语海·秘密语分册》等。论文主要包括：彭景元的《试说洪门茶阵及其它》等。网络资料主要包括成都方志网等网页资料。

帮会隐语是隐语中的一个重要类别。四川帮会隐语作为一个整体的语料，能够自成系统，反映隐语的一般特征，可以反映隐语的实际面貌，用来分析研究隐语的生成和理解机理。

1.6.2 本书研究的方法

任何一项研究都会涉及本质理论、目的理论、构件理论和解释理论等必要的理论，元理论是对这些理论的概括。不同的理论目标决定了研究所涉及的这些理论的深度与广度。本书除说明隐语到底是什么，有怎样的功能，由哪些主要构件构成之外，还着重运用认知语言学的理论对隐语的生成与理解机理进行更深入的探讨和分析。

本书在以认知语言学理论为框架，在充分收集来自不同方面的语料的基础上，综合运用归纳、演绎和反溯的方法。

就西方逻辑而言，大多数研究把推理分成三类：归纳（induction）、演绎（deduction）和溯因（abduction）。归纳是从个别性的前提推论出一般性结论的方法，先摆事实，后求结论，这是从个别到一般，寻求事物普遍特征的认识方法。演绎是从一般性的前提推论出个别性结论的方法，先假说，后求证，这是从一般到个别，推论和判断个别事例的认识方法。归纳侧重于对经验事实的概括，从经验升华为结论，从个别的、表面化的、缺乏普遍性的经验中抽象出一般原理，把握个性中的共性，是一种或然性推理；演绎则是对一般性原理的应用，前提和结论之间存在必然联系，是一种必然性推理。这两种推理的思维方向是相反的。人们的认识总是运用归纳和演绎两种思维方法，从个别事实引出一般结论、概念，又从一般原理引出个别结论而使认识不断深化[①]。

溯因法亦称反溯法、回溯推理法，指从已知的隐语现象出发，排除掉其中不可能的因素，从而推断出造成这一现象最可能的原因。溯因法在语言学研究中就是面对现成的语言事实，按照一定的研究范式，从后往前进行溯因思考。溯因推理是从已有的大前提和结论出发，推知小前提；大前提中的前件是一个多元的集，亦即要求在这多元的集当中择优选出一个最合理的、最可能的作为解释。因此，溯因推理有如下特点：反溯性、择优性和或然性（徐盛桓，2005：1－7）。溯因推理的择优性表明，溯因推理的推导力过强，所以，关键不在于知道哪些是可能的解释，而在于做出合理的选择（蒋严，2002：18－29）。

只有把这三种方法有机地结合起来，才能够有效地发挥理论思维的作用。前人对隐语的研究主要是归纳，还不能说明机理。本书综合运用归纳、演绎和反溯的方法，在不同阶段重点运用不

---

① 参看：《归纳与演绎》，http://byonline. net/new/article_kxcx. asp? id = 2934,2006。

同的方法，通过对四川帮会隐语进行细致观察和归纳演绎，概括出四川帮会隐语的特点和规律，并对收集到的语料进行说明。在此基础上，将进一步运用反溯法来分析隐语现象形成和理解的机理。隐语作为我们看到的现象是可以解释的，而不是可以预测的。一个隐语现象可能会有多种多样的原因，要找出各种原因中最可能的一个，这个原因可能是错的、随机的，是偶然的，而不是必然的。所以，综合运用归纳、演绎和反溯等方法，超越语言运用感性的直接性，研究人们认识事物的特征与规律。我们的研究并不是仅停留在对语言本身的运用、理解的解释上，而是将对隐语的运用与理解机理的解释提升到对人们认识事物的基础、特征、规律等的研究。

1.7 本书研究的组织结构

本书共分八章，逐层深入进行论证。第一章《绪论》说明本书的缘起、研究目的、研究范围，对隐语和四川帮会隐语作出说明，进而阐明本研究的必要性和可行性、基本理论框架、研究所用的语料和方法，以及本书研究的组织结构。

第二章《隐语的国内外研究现状》对前人隐语研究的文献进行综述。这一章首先对基本方法、成果进行回顾，其中重点回顾前人研究中的经典成果、最新成果以及与本书最密切相关的成果，并进行提纲性的评论。接下来对过去研究的主要成果与不足分别进行归纳，从而自然引入本书的核心研究问题，为第三章的理论框架打下基础。

第三章《理论框架》对本书研究的理论框架进行详细说明。先对本研究的元理论进行说明，再说明认知语言学的发展概况，并整合认知语言学、格式塔心理学、可能世界理论和其他相关理论，提出解释隐语生成和理解机理的“自主—依存的分析框架”。

第四章《隐语中的相邻/相似关系》在认知语言学的框架下对隐语中相邻/相似律及其引理的运用、隐语中相邻/相似关系的分类进行分析，说明隐语与日常用语的不完备共核。

第五章《隐语自主—依存分析框架中的隐喻与转喻机制》从认知机制的角度将隐语的产生和理解都看成是隐喻思维与转喻思维的体现。这里的隐喻与转喻不是修辞格意义或纯修辞学角度的隐喻与转喻，而是作为人类认识世界的基本思维方式的隐喻与转喻。隐语的深层思维机制就是建立在相邻/相似律及其引理的认知基础之上的隐喻思维与转喻思维。

第六章《隐语的生成和理解机理》首先用“自主—依存框架”来分析隐语生成的拈连机制运作中互相关联的四个方面：自主—依存关系的多次运作、形成自主—依存所依靠的关系（相邻/相似关系）、形成自主—依存所受到的制约（意向性）和形成自主—依存所使用的手段（通感和通知）；再分析隐语的理解机理，即从依存成分（隐语的显性表述）反溯到自主成分（说话人想要表达的意向内容）的整体的、动态的和复杂的推理过程。

第七章《隐语的可能世界》分析了隐语这种高级认知活动所涉及的现实的、想象的和特设的可能世界，为各种类型、性质的隐语的运用提供了一种可能的解释。运用可能世界语义学理论对隐语的认知域进行分析不是要说明隐语的生成和理解必然会如此，而是说明在一定的认知逻辑的主导下，隐语的生成和理解可以是如此。

第八章《结语》首先说明本研究的主要发现，并将这些发现与核心研究问题相互印证，说明回应核心研究问题可以有何结论。接下来说明本书对人们认识隐语的生成与理解机理以及对认识人们的认知特点与规律等方面有何学术价值，以及本书研究中的局限性和进一步研究的空间。

1.8 小结

本章《绪论》说明了本书的缘起、研究目的和研究范围，对隐语和四川帮会隐语作出说明，进而说明本研究的必要性和可行性、核心研究问题、基本理论框架、研究所用的语料和方法，以及本书的组织结构。

本书不是为研究隐语而研究隐语，而是以语言现象为分析的切入点，以认知语言学为理论框架，以四川帮会隐语为语料，研究隐语的生成和理解机理，用以探讨人们认识外界事物的方式和策略，为研究知识的形成、发展和实现提供参照。

在对隐语和四川帮会隐语的界定、分类、功能、构成进行说明后，本章指出，从认知语言学的角度对隐语进行的研究不仅是必要的，而且是可行的，为隐语的研究提供了一个崭新的视野。

在回顾隐语的研究成果的基础上，本书提出了核心研究问题，简要说明了为解决这些问题所采用的理论框架。

最后本章对本书的研究方法和全书的组织结构作出了说明。

第二章 隐语的国内外研究现状

2.1 引言

本章对隐语的国内外研究现状进行考察，主要集中在对汉语隐语的研究上，如无特殊说明，本章提到的“隐语”主要指汉语隐语。隐语是历史学、语言学、社会学、文学、民间文艺学、民俗学、考据学、文化学，以及公安司法的预审学、语言识别、言语鉴定科学及自然科学等多种学科科研教学和实际应用部门所共同关注的领域。国内外对隐语进行了多学科领域的研究。

2.2 前人隐语研究的基本方法与成果

2.2.1 文化学的研究

对隐语的文化学的研究主要是将隐语作为特殊的民俗现象来研究。文化学认为民间秘密语是一种非主流的亚文化现象，隐语是亚文化群体拥有的一种反主流的文化现象。这为我们提供了洞察亚文化及亚文化群体的视角，“懂得隐语是了解亚文化或亚文化群体的关键所在”（萨姆瓦等，1988：192）。

有很多隐语的研究是将隐语置于民俗学的视角之下，主要成果包括《隐语行话与民间文化》、《隐语与群体文化心理》、《隐语行话的传承与行帮群体》和《当今地下行业及其隐语》等。这里分别对国内外隐语的文化学研究情况简介如下：

潘庆云的《隐语与秘密社团文化》（1994）认为，隐语是随着犯罪和某些秘密社团的产生而滥觞的一种亚文化。同普通语言相比，隐语具有诡异性、歪曲性和封闭性的特征；隐语是使用者的一种超常行为与生存手段，反映其价值观念、文化心态；作为一种历史文化现象的隐语将消亡。

王慧的《江湖隐语的文化心理分析》（1997）认为，隐语是一种社会方言，是共同语小范围的变异，其语音、语法系统承袭共同语，词汇则偏离了共同语的词汇系统。隐语又是一种民间文化形态，折射出江湖人在重农抑商、重义轻利的集体意识的影响下产生的自尊自重与自轻自谑相交织的心理状态，反映了中华民族的价值观念、伦理精神在下层百姓生活中的深厚积淀，展示了历史文化为隐语形成造就的人文主义的广阔背景。

叶旭明的《西江民间隐语试涉》（2001）认为，民间隐语是中华民族传统文化的一种民俗语言，是社会下层文化（即民间文化）积淀的产物。古往今来，不同层次的社会集团或群众由于交际需要，往往创制一些特殊语汇或短评，用以代替某些与之相对应的一般语汇或短语。隐语在始创时，只通行于少数人和局部地区，后逐步扩展而成为一种语俗。

谢遐均的《隐语的文化内涵》（2004）从英汉民族的思维方式、价值观念、风俗习惯、传统文化等方面探讨了英汉隐喻的文化特性，认为隐喻具有民族特性。它以思维为本源，以相似和联想为基础，其意义源于思维与认知客体的互动，是一种文化行为。这种行为制约于民族思维方式、传统习俗以及民族历史与典籍，具有鲜明的民族特性，蕴涵着丰富的文化内涵。

郝志伦的《论隐语行话命名理据中的隐型文化特征》（2006）从语言与民俗文化的关系入手，从具象思维方式、图腾与性生殖崇拜心理和正统文化意识三个层面对汉语隐语行话在命名理据中所蕴含的民族隐型文化特征进行了发掘与探讨。

萨姆瓦（L. A. Samovar）、波特（R. E. Porter）和简恩（N. C. Jain）是近年来活跃在跨文化传通学前沿的美国著名学者。他们三人合著的《跨文化传通》（*Understanding Intercultural Communication*）一书是跨文化传通学研究方面的一部力作，对隐语的功能与特点进行了论述。

萨姆瓦（Samovar）等人对隐语的研究是从文化学角度出发的。戴维·摩洛认为隐语不仅是特定的语言表达方式，而且还是对生活方式的反映（摩洛，1950：119）。萨姆瓦等人同意这一说法，认为隐语是一种亚文化语言，认为“关键在于懂得隐语是限于特定亚文化及其群体内所使用的语言，其成员是在主导文化之外的”。萨姆瓦等人认为隐语有三个功能：第一个功能是“隐语帮助反主流文化提供一种自卫的手段”；第二、第三个功能是有助于建立和维护群体内的认同感、自豪感和密切关系，起保密作用，并帮助建立真正的适于生存的作为社会实体的群体。萨姆瓦等人在对亚文化群体语言代码进行总结时认为，隐语的词汇要经历持续不断的变化，而且在一定地域内流通（萨姆瓦等，1988：192-197）。

2.2.2 社会学的研究

对隐语的社会学的研究将隐语作为透视某些社会现象的重要线索来研究。社会学认为隐语直接反映各个时代的社会风貌，各种类型隐语是人们考察社会的一个特殊的窗口：“隐语远非仅仅是语言的特定形式，它们反映了一种生活方式。”（摩洛，1950：269）

2.2.3 犯罪学的研究

犯罪学对隐语的研究主要是公安言语识别的研究，认为使用秘密语的未必不是“好人”，但秘密社会群体、各种犯罪群体往往都有其当行秘密语。掌握这种语料，是侦破、打击各类犯罪活动的言语识别技术所看重的内容，是识别、揭露、制止有关犯罪活动的手段之一，也是依法惩治的证据。近年来，有关部门汇编了多种“犯罪隐话”资料，一些科研、教学人员还发表了专题论文。叶建明的《当前娱乐场所隐语的特点》（2005）认为，娱乐场所已成为当代隐语传播的重要场合。娱乐场所隐语，具有隐语语源的综合化、隐语形态的复杂化、隐语功能的多样化、隐语传播的半封闭化等特点。

在我国民间秘密语研究的学术活动的参加者中，有工程师、侦察员和公安院校的教师等，其中公安部门的人员大约占到一半。有关民间秘密语的一系列研究成果，已经并正在为维护法律和制止犯罪发挥直接的效用。

2.2.4 历史学的研究

对隐语的历史学的研究主要表现为近代会党史和文化史研究，将隐语作为透视某些社会历史现象的“窗口”和“语言化石”来研究。

例如，蔡少卿的《中国近代会党史研究》（增订版）（2009）和《中国秘密社会》（1989）就充分注意到对有关民间秘密结社秘密语功能的考察。前书附录有《新刻江湖切要》，是“当时流传于南方秘密会党的江湖切口行话”。又如，曲彦斌的《中国乞丐史》和《中国典当史》都设有考察秘密语并以此揭示有关现象的专章或专节，将其语料视为文化史的“语言化石”。

2.2.5 民族学的研究

近年来已有人进行中国少数民族的民间秘密语的调查，虽然尚限于个别少数民族语种，却是个可喜的开端。赵丽明的《湘西苗族隐语的使用情况和社会功能》（1991）就是一个例子。多民族的民间秘密语的调查研究，是有待进一步开发与拓展的领域，是民间秘密语研究的一个有机组成部分。

2.2.6 文学的研究

对隐语的文学的研究包括不同的层次。首先是对文学作品中出现的民间秘密语的研究。除白维国的《〈金瓶梅〉和市语》（1986）外，还有傅憎享的《〈金瓶梅〉隐语揭秘》（1990）。宋元以来，中国戏曲小说中诸行民间秘密语屡见不鲜，元明杂剧、明清时调、《水浒传》、《金瓶梅》、《拍案惊奇》、《醒世姻缘》、《说唐》和《海上花列传》，以及现代的《李自成》、《林海雪原》和《昙花梦》等，都不同程度地运用民间秘密语材料。然而，相关的研究却比较少。

其次是从文学角度对其他非文学文本中的隐语进行的研究。赵益的《隐语、韵文经诰及人神感会之章》（2004）认为，诗歌的语言形式是包含并传达道教隐秘术语的最佳载体。上清神仙道教借助于隐语，更多是隐秘其内容，用玄奥的诗歌语言表达某种神灵的“天启”(revelation)，特别是关于宗教修炼方法的教示。

第三是作家对隐语现象的关注、研究和利用。张爱林的《隐语的源流及其影响》(2007) 认为，隐语言在此而意在彼，它最初是人类原始思维中一个重要现象——互渗律作用的结果。后来随着人类思维发展为艺术思维和理论思维，隐语成为一种自觉的修辞方式。该文从人类思维发展的角度来考查隐语的源与流，并粗略地探讨了隐语对民俗、政治、文学等的影响，认为从人类学角度来看，隐语的产生与人类的思维是密切相关的。隐语由原本的民间娱乐游戏到为士人所用，成为讽喻的工具。隐语本身的描述也越来越详细、具体，最终发展成为谜语。隐语对文学创作手法和文学体裁产生了巨大的影响。熹葆的长篇作品《江湖黑话》(1991) 通过揭示江湖黑话的种种内幕，揭露了千奇百怪的骗术，赞扬了富有正义感的江湖能人。傅湘源的一部以揭露上海青帮内幕为内容的历史作品《青帮大亨》(1987) 亦曾有通过译解青帮秘密语的写实段落，用以说明史事。20 世纪 80 年代末，贾鲁生的一篇报告文学《黑话》(1989)，曾在读者中引起很大反响和评论界的注意。这篇作品中的“黑话”，大都不是我们所说的那种民间秘密语，而多数是对某些暗指所不便言明事物的话语的借称，旨在由此透析、抨击时弊。《黑话》的作者巧妙地利用了“黑话”这个词词义的模糊性，及其作为术语的不规范、不科学的缺陷，因而别出心裁地将真假“黑话”合为一体，获得了特别的艺术效果。这种超常手段正是其艺术效果的一个基础。

2.2.7 语言学的研究

对隐语的语言学研究主要包括对隐语的定义、分类、功能、词源、构成方式等方面的研究。近现代，随着社会的发展变化，隐语日趋成熟，表现形式日趋繁杂，语言文化学界开始对这一特殊的语言文化现象进行有意识的分析研究，并取得一些成绩。国外对隐语的研究主要是从语音学、语义学、词汇学、词形学、社会语言学等角度进行的。汉语隐语从其产生、发展的历史线索来看，经过先秦至魏晋的萌芽、生成期和由唐至清的发展兴盛期，到近现代到达成熟期，对隐语的研究也逐步趋于深入和多学科化。

2.2.7.1 隐语的语言学研究的纵向综述

近现代对汉语隐语的语言学研究始于20世纪20年代，大致可以分为20世纪20年代到50年代、20世纪50年代到90年代初和20世纪90年代初至今三个阶段。

第一阶段：从20世纪20年代到50年代，主要是从语音的角度对隐语进行研究，主要代表人物为赵元任。第一阶段是以语言学单一视点为主并且偏重于反切秘密语形态的研究阶段，缺乏多学科交叉的多维视野的综合性考察研究。这种状况，对于源远流长、蕴藏丰富，至今仍在许多社会层面传承乃至生生不息的汉语隐语来说，是不相适应的。

1924年，容肇祖发表论文《反切的秘密语》（1924）后，赵元任等人相继发表论文对隐语行话中的反切语（音的秘密语）进行了较系统的研究。在这些论文中，赵元任的《反切语八种》（1931）一文影响最大。在这篇论文中，作者主要界定了反切语的名称，阐释了反切语的通则、来源，与本地音韵的关系，还介绍了有关反切语的著作和资料，为后来人们正确认识和科学研究汉语隐语中各种音的秘密语奠定了基础。1924年，上海东陆图书公司出版了吴汉痴主编的《全国各界切口大词典》，搜集诸行语词形态民间秘密语十八个大类三百七十三个子类，后根据原书影印出版成《切口大词典》（吴汉痴，1989）。

之后，对隐语研究的专题文章比较少，主要有陈志良的《上海的反切语》（1939—1940）、陈叔丰的《潮汕的反切语》（1940）、黄金义的《“拆字口语”》（1953）、陈祺生的《旧时代无锡粮食业的常用切口》（1957）等。此外，《中国语文》杂志于1957年第4、第5两期，组织了关于“社会习惯语”和“社会方言”问题的语言学专题讨论。

这一阶段国外的研究以法国语言学家房德里耶斯（Joseph Vendryes，1875—1960）为代表。他的《语言论·历史的语言学导论》将行业话、宗教语和隐语统称为“特殊语言”加以论述。

第二阶段：从20世纪50年代到90年代初，主要是从社会语言学的角度对隐语进行研究，主要代表人物为高名凯、陈原、陈松岑和赵丽明。在这一阶段，随着经济的发展，现代科学思想的导入和众多新兴边缘科学的大量出现，隐语这一微观的研究领域获得了新的历史机遇，特别是从20世纪80年代开始逐渐呈现出日趋活跃和繁荣的态势。该阶段突破了单一的语言学视点，是从以语言学单一视点为主的研究向语言学与其他学科交叉视点的研究过渡的阶段。

从20世纪50年代起，语言学界愈加重视将隐语作为语言的社会变体的研究。著名语言学家高名凯发表了论文《关于社会方言》（1957）、专著《普通语言学》（1957）和《语言论》（1963），对行业语与隐语的关系进行了深入的探讨。高名凯认为二者既有区别又有联系的基本观点至今仍有科学意义，对我们今天的隐语研究还有着启迪作用。

20世纪80年代初，陈原在其《社会语言学》（1983）中，运用社会语言学的理论，较全面而深入地论述了作为语言的社会变体的隐语，将秘密性明确认定为隐语的主要特征，纠正了那种认为凡隐语都是黑社会犯罪团伙使用的黑话的传统偏见。

陈松岑在其《社会语言学导论》（1985）中，运用社会语言学“系统与变异相结合”的理论，对行话的界定、产生、来源，以及与隐语的区别作了较详细的论述，对人们了解隐语行话很有帮助。

赵丽明在其论文《湘西苗族隐语的使用情况和社会功能》（1991）中，运用文化语言学理论和研究方法，对隐语的概念、构成和社会功能作了较全面深入的探讨。

沈明的《现代隐语的社会语言学的考察》（1994）认为，隐语的本质特点是人为的秘密性。隐语作为一个语言变体系统有两个含义：第一，隐语是扭曲全民语言或地域方言系统中的某些成分而构成的语言变体。第二，隐语是语言的社会变体，它是与一定社会特征有关的语言变体，也就是说，它是全民语言或地域方言在社会层次上的变体。

其他论文如曹聪孙的《汉语隐语说略》（1992）等也从社会语言学的角度对隐语进行研究。

这一阶段的其他隐语专题研究论文主要有：陈振寰、刘村汉的《论民间反语》（1981），叶骏的《简论隐语》（1982），高玉堂的《浅谈隐语》（1984），张天堡的《切语初探》（1985），安家驹的《盲人秘语》（1986），郭青萍的《“徽宗语”》（1987），王希杰的《黑话说略》（1989），曲彦斌的《民间秘密语与民族文化》（1988）、《中国民间秘密语辞书概说》（1989）、《隐语行话与民间文化》（1990）、《隐语行话的传承与行帮群体》（1991），余云华的《当代地下行业及其隐语》（1990），王军的《隐语：形态结构与逻辑转换》（1992），以及张天堡的《语文学的奇葩——读〈中国民间秘密语〉》（1992）等。

这一阶段还有很多运用方言学的方法进行的隐语调查报告或专项研究。例如，陈振寰与刘村汉的《襄阳捻语》（1984），潘家懿与赵宏因的《一个特殊的隐语区——夏县东浒“延话”（隐语）调查纪实》(1986)，侯精一的《山西理发社群行话的研究报告》(1988)，潘家懿的《山西晋南的秘密语“言子话”》(1988)，赵丽明的《湘西苗语中的隐婉话》(1990)，柯小杰的《荆楚木瓦工行话浅析》(1992)，章虹宇的《滇西解放前土匪黑话、行规及其禁忌》(1993) 等。

这一阶段出版的隐语研究的学术专著主要有：曲彦斌的《中国民间秘密语》(1990)、《中国民间隐语行话》(1991)，冷学人的《江湖隐语行话的神秘世界》(1991) 等。

第三阶段：从 20 世纪 90 年代初至今，主要是从文化语言学和民俗语言学等角度对隐语进行研究，主要代表人物为游汝杰、曲彦斌、郝志伦。这一阶段是语言学与其他学科交叉视点研究的重要阶段。在这一阶段，隐语研究取得了比较突出的成就，其研究成果上了一个新台阶，展示了新的研究水平，并且借鉴、导入了许多相关学科的思想、方法和成果，力求开展综合性、多视角的研究，进一步深化和发展了隐语的研究。

游汝杰在其《中国文化语言学引论》(1993) 中，运用文化语言学的理论，从语言演变的文化影响、语言接触与文化交流、造词法与传统文化等视角入手，对隐语的界定、演变、结构类型、结构方式进行了分析，并指出，隐语无论是其产生、构成，还是其发展、演变，都与创制者、使用者所处的社会历史文化背景密切相关。

曲彦斌将隐语行话纳入民俗语言学的范畴，运用现代语言学理论和研究方法，对汉语隐语行话的研究获得了较多成果。他发表了多种相关论著，其中的代表论文包括：《隐语行话与民间文化》(1990)，《中国民间秘密语（隐语行话）研究概说》(1997)；代表著作包括：《中国民间秘密语》(1990)、《中国民间隐语行话》(1991) 和《俚语隐语行话词典》（马紫晨，曲彦斌，1996）。

曲彦斌的代表著作《中国民间秘密语》（1990）运用民俗语言学的科学方法，将民间秘密语置于民族文化这个基本大背景中加以梳理、探讨，对民间秘密语的性质、源流、类型、构造方式、社会功能与民族文化的关系及其传承、扩布的基本规律诸方面，以历史、语言、民间文化、社会心理等多维视野，进行立体式综合研究、透析，运用符号学等现代科学方法进行阐述，使之集中而系统化，展示了中国民间秘密语的全景。

曲彦斌在其论著中分析了隐语行话的定义和本质特征，认为隐语行话作为一种特殊的民俗语言文化现象，是某些特定的社会群体、集团或行业用内部言语取代正常语言材料的特别符号体系。他还着重指出，隐语方言作为一种社团方言，同其他社团相区别，为本社团服务，同时必然反映为这一语言变体的母语所积淀内化了的多层面的人文意识。隐语行话是一种反主流文化的亚文化群体的语俗，对它的研究有着重要意义。

郝志伦的《汉语隐语论纲》（2001）是论述隐语的主要专著之一。该书除《导论》外，分《史论》、《结构论》和《文化论》三大部分。《导论》概括地说明了汉语隐语的性质、发生、地位、研究对象、研究意义和研究方法。《史论》详细叙述了从古到今隐语的存在情况和研究状况；《结构论》分析了汉语隐语的形态学分类和发生学分类，并且归纳总结了隐语的组织规则和结构特征，从语音、语法、文字和修辞等方面全面分析了隐语结构。《文化论》分析了隐语的隐型文化特征和显性文化特征。总的来说，该书超越了单一的语言学研究视点，试图从理论上对隐语作深入的阐释，以突出隐语的特殊交际工具和特殊文化载体的双重特质，是近年来隐语研究的一部力作。

此外，郝志伦的论文《隐语行话演变原因初探》（2003）、谢遐均的《隐语的文化内涵》（2004）和郝志伦的《论隐语行话命名理据中的隐型文化特征》（2006）也都将隐语作为一种特殊的民俗语言文化现象进行研究。

在这一阶段中，还出现了一些以隐语为研究对象的硕士、博士论文。硕士论文主要包括：阿里克斯的《从江湖隐语和伦法尔多语看汉语和西班牙语民间隐语》（2004）、宋兴晟的《汉语网络用语和隐语的比较研究》（2005），邓红梅的《唐宋笔记中的隐语研究》（2005），孙艳平的《汉魏六朝隐语文学论》（2006），张茜的《西班牙语青年隐语的结构分析》（2007）和黄斌的《元杂剧中的隐语研究》（2007）等。以隐语为研究对象的博士论文很少。邵朝阳的博士论文《澳门博彩语研究》（2003）对澳门博彩语的特征、识别、形式结构、语义结构、来源和演变进行了分析；冯利华的博士论文《中古道书语言研究》（2003）从词语、俗字和隐语三个方面来论述中古道书，用了一章的篇幅对中古道书中大量存在的隐语的生成、类型、结构和文化特色等进行了讨论。

这一阶段国外的相关研究除了从传统的语音、语义、社会语言学角度进行外，还有从民族志、会话分析等角度进行的研究，主要有：

罗伯特·库姆斯（Robert H. Coombs）等人的论文《医用俚语及其功能》（*Medical Slang and Its Functions*，1993）运用民族志的方法收集了三百多个医务俚语并根据四个社会范畴进行分类，认为男性与女性医务工作者在俚语使用上情况相似，还讨论了医务俚语的五种心理功能。

路易沙·马丁·罗乔（Luisa Martin Rojo）的论文《违法青少年与会话动力学研究》（*The Jargon of Delinquents and the Study of Conversational Dynamics*，1994）通过分析操行话者的三段会话

录音得出结论认为，会话是一个动态过程，该过程是权利关系、社会距离与社会空间以及说话者态度等三个因素共同作用的结果。

戴迪尔·戈伊维茨（Didier L. Goyvaerts）的论文《基巴里里：（扎伊尔）布卡武一种秘密语言的形式与功能》（“Kibalele: Form and Function of a Secret Language in Bukavu（Zaire）, 1996）讨论了一种秘密语言基巴里里（Kibalele）在语言系统中的特定功能，并分析了基巴里里的基本结构以确定它在社会文化整体空间中的特殊地位。

加布里尔·伊格那托（Gabriel Ignatow）的论文《新技术点子王：高技术产业行话中的世俗隐喻》“‘Idea Hamsters’ on the ‘Bleeding Edge’: Profane Metaphors in High Technology Jargon”, 2003）通过对美国20世纪60年代到90年代末的高技术产业的行话进行分析认为，世俗符号仍然是重要的文化因素，对世俗符号的分析可以丰富对高技术的文化的学术研究。

隐语是一种特殊的语言现象，这一根本属性决定了对隐语从语言学视点进行的研究是首要的、基础的本体性研究。它是语言的一种社会变体，因而语言学家对隐语产生兴趣并进行各种角度和层面的研究是顺理成章的事。对隐语的语言学研究，从过去偏重于语音学方面的研究，如大量的反切形态秘密语研究，已逐渐转为较为全面的研究，如对隐语的词型构造、语义转换、词源、辞书编纂、正字正音及社会文化背景等方面进行的研究。

2.2.7.2 隐语的语言学研究的横向综述

近现代对隐语的语言学研究的三个阶段逐渐由浅入深，由表及里，由狭而宽，由单一层面向多个层面，在继承与创新的过程中不断深化基础理论和拓宽应用研究领域。上面对隐语研究的三个阶段的划分是对隐语研究的纵向综述，我们还可以从横向对隐语研究进行综述。对一个现象的研究一般包括本质、目的或功能、构成以及机制/机理的研究。对隐语的横向研究也包括这四个方面的研究。

(1) 本质的研究：前人对隐语的定义、隐语与相关概念间的关系、隐语的分类、隐语的性质、隐语的来源和演变等的研究属于对其本质的研究。对隐语本质的主要研究举例如下：

曹炜的《关于汉语隐语的几个问题——兼论隐语与黑话的区别》(2005) 认为，国内汉语学界眼下通行的隐语定义存在着缺憾，同时在隐语与黑话的关系、隐语的确认，以及隐语的类别等问题上也存在着严重的分歧。该文对隐语的定义、隐语与黑话的关系及隐语的分类进行了讨论。

曲彦斌的《汉语民间秘密语语源探析》(1999) 根据汉语民间秘密语生成、发展及流变的历史，通过对唐宋以来十多种语料文本的考察研究分析，发现汉语民间秘密语语源通常主要由八个方面，即八种类型构成：历史典故、当行事物、民俗事物、语言文字游戏、民间流行市语、自身衍生拼合、反切语及外来语，并认为这些语源类型是考察追溯汉语民间秘密语语源所应把握的基本视点和方法。

郝志伦的《隐语行话演变原因初探》(2003) 认为，隐语行话是一种特殊的民俗语言文化现象，分析了隐语的发展演变过程，并着重从其外部因素、内部机制及主体需求着手，对隐语的演变原因作了初步探讨。

郝志伦的《论隐语行话的通用化传承》(2004) 在翔实语料的基础上，以隐语行话通用化传承这一客观存在的语言演变现象为切入点，着重探讨了隐语行话通用化传承的途径，阐释了隐语行话通用化传承对民族共同语的影响和意义。

(2) 目的或功能的研究：前人对隐语的社会功能等的研究

属于对其目的或功能的研究，这方面的主要研究举例如下：

曹德和的《隐语词汇构造规律探津》（1995）认为，隐语是某些职业群体和社会集团为了对外人保密而刻意创制的一种暗语。对于使用者来说，隐语起着维护经济利益和政治利益的重要作用，是他们在全民语之外需要经常使用的一种补充性交际工具。

王志家的《当代一般社会集团的隐语》（2000）认为，共同语在一般社会集团内部的变异，会产生隐语这种特殊的社会方言。在方言调查、社会调查中，这是不可忽略的语言现象。不论音的隐语、词的隐语，其交际方式均为口语，使用范围局限于社会集团内部，具有多元功能。

彭幼航的《解读隐语》（2000）认为，隐语是在自然语言基础上人为创造的特定性语言符号，具有交际（限于局内人）和保密的双重功能。

肖伯慈的《隐语词汇构造规律初探》（2002）认为，隐语具有维护其使用者的面子、经济利益和政治利益的作用，有些隐语风趣幽默，能调节情趣、丰富精神生活。隐语是使用者在正规用语之外经常使用的一种补充性的交际工具。

（3）构成的研究：前人从语音、构词法、句法、修辞等角度对隐语的结构方式、组织规则和结构特征等的研究属于对其构成的研究。这方面的主要研究举例如下。

周日安与廉洁的《隐语与谐音》（1999）对隐语与谐音进行专题研究，从历时角度出发，分析大量的谐音隐语，展示出谐音在隐语构成和发展中所起的作用：谐音是隐语与所指建立联系的重要手段之一；语际间的谐音运用生成了一批特殊的音译隐语；为避免不吉的谐音联想而换讳是部分隐语产生的直接原因；同音替代、近音流转是隐语滋生繁衍的一种常见形式。

曹炜的《关于汉语隐语的几个问题——兼论隐语与黑话的区别》（2005）讨论了隐语的语音形式、词义架构、词语的内部结构等方面的特征等问题。

彭幼航的《解读隐语》（2000）认为，隐语是在通语的基础上通过加密或设障制作的，在一定条件下隐语通过解密或清障可以还原为通语。掌握破译隐语的技巧或密码，是破译隐语的条件。

王志家、郭迅与王淑安的《论当代犯罪隐语言语符号系统的形成》（1998）认为，从共时和历时的角度来看，当代犯罪隐语言语符号系统主要是按照借用、编制和沿用三种途径而形成的。

王志家、郭迅与王淑安的《当代犯罪隐语的修辞学考察》（1997）认为，犯罪隐语不是独立的语言系统，它受全民语言的制约。犯罪隐语不仅利用全民语言的语法，借用全民语言的一部分词语，而且也使用全民语言的修辞方式。文章针对全国各地流行的犯罪隐语，考察了析字、藏词、比喻、借代、摹状、谐音、双关、用典、释义、婉曲十种修辞方式和使用的情况。

其他对隐语构成的研究还有：陈志良的《上海的反切语》（1939—1940）、陈叔丰的《潮汕的反切语》（1940）、陈祺生的《旧时代无锡粮食业的常用切口》（1957）、王军的《隐语：形态结构与逻辑转换》（1992）、曹德和的《隐语词汇构造规律探津》（1995），以及李宇明的《析字构词——隐语构词法研究》（1995）。

（4）机制/机理的研究：这是指对隐语运用的深层认知机理的研究。目前还没有对隐语的生成与理解机理的研究。

本书就是要将隐语作为透视认知机制的“窗口”，以认知语言学为理论框架，对隐语的生成和理解机理进行研究，以探讨人们运用语言和理解语言的认知机制，从而丰富和深化对隐语的研究。

2.3 过去隐语研究的主要成果与不足

由于有了现代语言学的科学理论、观点和方法，对现当代汉语隐语的辑释和研究弥补了早些时候对隐语的研究比较零散和肤浅的缺陷，使得相关研究变得越来越系统和深入，并取得了可喜的成绩。不过，同时也必须承认，在总结现当代汉语隐语研究初步成果的同时，还应该正视存在的不足。

2.3.1 过去隐语研究的主要成果

对隐语的研究成果主要表现在以下几点：

（1）语言学的基础本体性研究过去偏重于语音学的研究。如大量的反切形态隐语研究，现在已逐渐转为较全面的关注，如词型构造、语义转换、词源、辞书编纂、正字正音及社会文化背景等。尤其是根据其地域性特点运用方言学的方法所进行的调查和分析描写，使隐语语料的采集整理更趋系统、准确而具有科学性。

（2）民俗语言学的研究将隐语置于民族文化这个基本大背景中加以梳理、探讨，对隐语的性质、源流、类型、构造方式、社会功能与民族文化的关系及其传承、扩布的基本规律诸方面，以多维的视野进行综合研究，运用符号学等现代科学方法进行阐述，使之集中而系统化，从而展示了中国隐语的全景。

（3）出版了大量综合性的隐语专题研究工具书，如1994年书目文献出版社出版的《中国秘语行话词典》字数超过百万。其出版前言称该书是在吸取前人、近人所撰有关辞书、调查报告等丰富材料的基础上编著而成，所收语词从唐宋到近代约一万二千余条，可称大观。1994年上海文艺出版社出版了《语海·秘密语分册》。1995年学林出版社出版了潘庆云主编的《中华隐语大全》。1995 年辽宁教育出版社出版的《中国隐语行话大辞典》，从古今近两百种有关文献、调查资料和研究报告中，选释了唐宋以来至当代市井诸行、江湖秘密社会及各种犯罪团伙的隐语行话约两万余条。评论称该辞典资料丰富，古今连贯，注释简明、准确，信息含量大，集学术性、知识性、资料性和工具性于一体。1996 年上海辞书出版社出版《俚语隐语行话词典》。

(4) 除了在应用研究方面解决课题，取得成果以外，还对古今中外隐语文字和口头资料进行了发掘、整理，采录了大量鲜活语料，在基础研究方面也取得了具有重大历史价值和社会价值的成果。在既继承又创新的过程中，基础理论不断深化，应用研究领域不断拓宽。

一些隐语和诸行秘密语的珍稀文献被先后校订标点出来。此外，上海文艺出版社影印出版了旧籍《切口大词典》，云游客（连阔如的笔名）于 20 世纪 30 年代末出版的《江湖丛谈》也被影印出来（连阔如，2005）。《江湖丛谈》这部要籍主要从江湖秘密语揭示了京津地区江湖社会内幕。

一些研究者结合自己研究领域和所在地域的特点，从语言学、民间文艺学、地方志及公安学等方面对隐语进行研究，调查、采录和描写了一些在不同社会层面的群体中流行的鲜活隐语语料，使隐语的采集整理不仅更加系统、准确，而且更加具有科学性。一些发掘、积累和抢救性工作产生了一批有较大价值的调查报告或专题研究成果。这些成果不仅是学科的重要基础，而且具有较大的历史价值。

2. 3. 2 过去隐语研究中的不足

隐语研究成果的不足和空白主要表现在：

(1) 对汉语中隐语的研究往往局限在文献的考释上；

（2）对隐语的定义、隐语的内涵、隐语的范围、隐语的类别等问题没有形成比较统一的看法，分歧较大；

（3）在隐语与黑话、隐语与方言词、隐语与行业语词的关系等问题上还存在着比较严重的分歧；

（4）针对隐语的历史与文化源流和外部结构等方面的研究比较多，有重复研究的现象；

（5）对隐语的语音形式的选择、词义架构的布局以及内部结构形式的特点的研究极少（曹炜，2005：66－73）；

（6）对隐语研究的现实意义和实践价值等的认识还缺乏足够的深度；

（7）目前仍存在许多有待进一步开拓的课题。例如，少数民族的民间秘密语、宗教与隐语的关系、中外隐语的比较分析、隐语与现实经济活动的关系、隐语与当代社会犯罪的关系、隐语与语言政策等问题。

（8）迄今还没有从认知语言学角度对隐语所做的研究，也没有对隐语生成和理解的深层机制的研究。

2.4 本书的核心研究问题

隐语是特殊环境下的特殊语言现象。从隐语研究的现状来看，隐语的研究已经有了不少的成果，但基本上是就隐语研究隐语，目前还有一些遗留的问题有待研究，一些新的课题有待挖掘，以前也没有人对此进行过以认知语言学理论为框架的研究。因此，本书所进行的研究可以算是个新课题。

在对隐语研究的成果与不足的认识基础上，本书以认知语言学理论为框架，核心研究问题是：

（1）隐语表达的形成机理，隐语从隐性的自主成分到显性的依存成分的过程；

（2）隐语表达的理解机理，受话人是如何从隐语的依存成分出发，反溯得到隐语的意向内容从而达成对隐语的理解；

（3）隐语的生成和理解反映了人们运用语言和认识事物的什么普遍特征，隐语的形成和理解的心理基础是什么，从隐语的机理中可以分析出人们怎样的基本认知特点与规律。

具体地说，就是要研究以下问题：

（1）隐语是一种特殊的交际语言，由于受语境制约，使得隐语不能使用显性表述，而被迫使用隐性表述。在此首先要探讨语言环境是如何影响语言表述的，以及隐语在语境制约下试图通过怎样的隐性表述来完成意向性导向。

（2）隐语作为一种交流方式，涉及人类认知心理发展的各方面，它的形成和理解的心理基础是什么？说话者和受话者交流的通畅、语义的实现是否有赖于共有的心理模型？围绕这个问题我们将从认知层面深入探讨概念关系，以及在概念记忆和推理过程中心理模型是如何构建起来的。

（3）从显性表述到隐性表述的过程实际上是在相应的心理模型下隐性意向的显性表达过程，也就是作为隐性意向的自主成分向显性语言的依存成分转化的过程，为此我们将具体研究这种转化过程所依赖的相邻/相似规则，以及这些规则集合是如何在心理模型的基础上通过拈连这种方式来运作的。

（4）以相邻/相似关系的抽象知识为维度将常规关系组织起来的结构是多层级的、多向度的，这些结构将隐性意向和显性表达连接成为一个复杂的网络。在此将以自主—依存分析框架来分析这张语义网络，同时研究相邻/相似关系的类型。

（5）隐语作为一个特殊的交际语言模型，其理解必然是以心理模型为认知基础的。在上述研究的基础上我们将从认知角度入手探讨个人意向过渡到集体意向对隐语理解所产生的作用，以及心理模型的拷贝和外延扩大在过渡过程中所扮演的角色。

（6）与隐语相邻/相似的其他交际语言是否与隐语一样，其生成理解也是以心理模型为认知基础的呢？最后我们将通过对隐语分析的规则来认识语言发生和理解的普遍心理规则，以揭示人类心理在概念和语言间进行结构时所发生的共同过程，对人的语言认知能力进行多维的扫描，了解人类的认知特点以及受到语境制约时语言表达的多元化。

2.5 小结

总之，从前人对隐语研究所取得的成果和其中的不足可以看出，前人对隐语文献的收集、考证和阐释做了大量工作，对隐语的外在结构的分析比较充分，但是对隐语内在机理的研究显得不足，这与当代语言学的解释性取向不太协调。

从认知语言学的角度来研究隐语可以帮助我们更好地认识隐语生成和理解的机理，加深对语言的认识，有利于揭示语言的本质。本书有比较重要的学术价值，既可以丰富认知语言学的研究内容，又可以深化对隐语的研究，还可以对人类认识事物的策略、特征等的研究有一定的启示。

第三章 理论框架

3.1 引 言

从国内外研究现状我们可以看出，前人对隐语的语言学研究主要是从语言学角度、社会语言学角度和文化语言学等角度进行的。前人的研究取得了很多成果，但是也有其不足之处。现在的语言学研究更注重研究中的解释性取向，而认知语言学就是以解释性为重要取向的研究方法。

本书尝试从认知语言学的理论切入，在我国学者徐盛桓发展起来的“基于心理模型语用推理”的理论模型的基础上，在自主—依存的框架内，提出自己的理论模型作为解释隐语生成机理的语言模型，系统地分析、说明和研究隐语运用深层的认知机理，试图用认知语言学的新视角来研究隐语，力求丰富和深化对隐语的研究。

3.2 元理论说明

任何一项科学研究都会涉及对研究对象的本质、目的、构成和解释四个方面必要研究的理论，元理论是对这些理论的概括。不同的理论目标决定了研究所涉及的这些理论的深度与广度也不同。本质研究涉及研究对象的本质到底“是什么”的问题，目的研究涉及研究对象的目的、功能和作用等问题，构成研究涉及研究对象的内在构成成分，解释性研究涉及研究对象的机制、机理等的分析。这四个方面是科学研究的必要元素，研究的深入也基本上按照这个顺序来推进。

具体到对隐语的研究，本质的研究主要是指对隐语的定义、隐语与相关概念间的关系、隐语的分类、隐语的性质、隐语的来源和演变等的研究；目的或功能的研究主要是指对隐语的社会功能等的研究；构成的研究主要是指从语音、构词法、句法、修辞等角度对隐语的结构方式、组织规则和结构特征等的研究；机制、机理的研究主要是指对隐语的深层的生成与理解机理的分析和研究。

认知语言学是以解释性为基本取向的一种研究。本书是以认知语言学的理论为切入点，运用认知语言学的自主—依存分析为具体研究框架，说明隐语到底是什么，分析隐语有怎样的功能，隐语又是由哪些主要构件构成的等。此外，着重运用认知语言学的理论对隐语的生成与理解机理作更深入的分析，探讨人类普遍的认知特征和规律。下一个小节首先对认知语言学的研究和作为本研究重要基础的认知语言学理论作一般性介绍，再简要阐述与本研究密切相关的一些语言学理论，说明这些理论之间的关系，为进一步构建本研究采用的分析隐语生成与理解机理的自主—依存分析框架打下基础。

3.3 认知语言学的一般说明

20 世纪 80 年代，认知语言学在与生成语言学的决裂中诞生，建立在经验主义和非客观主义的哲学基础上，是认知科学同语言学研究相结合产生的新兴语言学思潮和流派。认知语言学针对认知科学提出的语言的认知能力问题，对人的认知能力的基础、特点、策略、表征等方面的情况进行深入分析和研究，研究内容广泛，涉及语言现象的各个方面，并越来越丰富和多样化。目前，认知语言学在国内外的发展已经形成相当规模，取得了丰硕成果，特别是认知语言学关于人的语言认知能力同一般的认知能力没有本质区别的观点已经成为新一代认知语言学的认知假设。认知语言学必将成为 21 世纪语言学研究的热点之一。

3.3.1 认知语言学的界定

认知语言学是20 世纪 80 年代诞生的新兴语言学研究思潮。认知语言学的诞生有三个标志：1989 年第一届国际认知语言学大会在德国的召开，1990 年《认知语言学》杂志（*Cognitive Linguistics*）的出版和1990 年国际认知语言学会（ICLA）的成立。

认知语言学分为大写的认知语言学（CL，Cognitive Linguistics）和小写的认知语言学（cl，cognitive linguistics）。大写的认知语言学又叫狭义的认知语言学，小写的认知语言学又叫广义的认知语言学。其中，狭义的认知语言学（Cognitive Linguistics）专指以莱可夫（G. Lakoff）和兰纳克（R. W. Langacker）等为代表的一批学者所进行的有他们自身特点的认知语言学的研究；它不是语言学的分支学科，而是语言学的一个学派。这一特定学派可以看成是功能主义语言学这个大学派中的小学派，有自己的观点、方法和研究传统。功能主义语言学用语言的表达功能和交际效度来分析语言结构，其中的认知语言学对语言运用和语言交际为何能有好的效度进行研究。这一学派还包括西海岸学派、俄勒冈学派、系统功能语法学、词语法学等小学派。源于结构主义语言学的形式主义语言学（即生成语言学）是语言学研究的另一个大学派，与功能主义语言学相对立。形式主义语言学与功能主义语言学的主要对立在于前者认为语言系统及句法、语音、语义等子系统是自足的，而后者认为语言系统及句法、语音、语义等子系统是不自足的。

广义的认知语言学（cognitive linguistics）指的是用认知的方法（cognitive approach）来研究语言，可以包括一切以人的大脑和心智的工作原理为主要取向来研究语言、解释语言运用的认知能力和知识系统的语言学研究，是语言学研究的一种新范式。

这两种认知语言学既有区别又有密切联系。虽然作为学派的认知语言学与作为范式的认知语言学有所不同，但是狭义和广义的认知语言学都是用认知科学的观点、理论、方法来研究语言。具体来说，认知语言学就是以语言为研究对象，探究语言知识的基础、起源和实现这些语言知识的能力的形成和发展的一种研究。本研究并不绝对地按照狭义的认知语言学学派的观点，而是对认知语言学理论的整合。

认知语言学是20世纪80年代之后兴起于美国西海岸，后又扩展到北欧及全球的语言学研究。可以说，认知语言学是对乔姆斯基革命的又一场革命。认知语言学的出现并非偶然，而是语言学研究与认知科学交汇发展的结果。认知语言学深深扎根于认知科学中，体现了对结构主义语言学与生成语言学的严肃反思，发展了传统语言学理论，深化了语言学理论，也是语言学研究发展的必然结果和重要阶段。认知语言学建立在体验哲学的基础之上，与认知科学、哲学、心理学、人类学、计算机科学以及神经科学等有着不可分割的密切关系，有着强大的生命力，表现出较大的活力，目前的研究呈现出多样化的态势并涉及语言现象的各个方面，对语言学和其他相关学科的研究有重大的影响。

3.3.2 认知语言学的研究概述

目前认知语言学的研究在国内外都已经形成了一定的规模，成为语言学研究的一个重要领域。这里结合本研究，从代表人物、研究领域、研究取向和研究方法四个方面对认知语言学的研究概况进行简要说明。

认知语言学发展到今天离不开一批重要的语言学家的卓越贡献，主要代表人物包括：兰纳克（R. W. Langacker）、莱可夫（G. Lakoff）、菲尔莫（C. Fillmore）、约翰逊（M. Johnson）、金伯格（A. Goldberg）、杰肯道夫（R. Jackendoff）、塔尔米（L. Talmy）、福克涅尔（G. Fauconnier）、杰拉茨（D. Geeraerts）、泰勒（J. R. Taylor）、斯威泽尔（E. Sweetser）等。兰纳克是认知语言学最主要的创始人。他提出的认知语言学理论是最系统的，也是最有影响的。莱可夫和约翰逊作为体验哲学的倡导者则对认知语言学的哲学立场进行了系统的阐述，提出体验哲学的理论基石：心智基于身体，是具有体验性的；思维大都是无意识的；抽象概念大部分是隐喻的。

以代表人物为主力军的认知语言学的各位学者对认知语言学的研究覆盖面广，涉及语言的各个层面，渗透语言学的各个分支。认知语言学主要研究概念结构和认知能力，“认知语言学大量的工作是投放到揭示概念结构和认知能力是如何应用于语言的”（Croft & Cruse，2004：3）。“认知语言学对语言的研究是建立在我们对世界的经验以及了解和概念化世界的方式基础之上的”（Ungerer & Schmid，2001：x）。从概念结构来说，认知语言

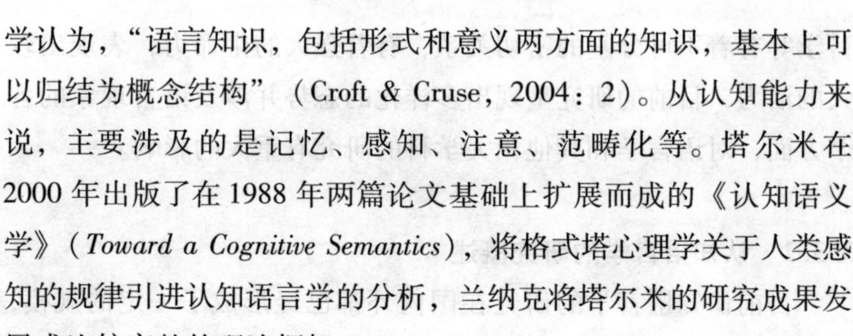

学认为，“语言知识，包括形式和意义两方面的知识，基本上可以归结为概念结构”（Croft & Cruse，2004：2）。从认知能力来说，主要涉及的是记忆、感知、注意、范畴化等。塔尔米在2000年出版了在1988年两篇论文基础上扩展而成的《认知语义学》（*Toward a Cognitive Semantics*），将格式塔心理学关于人类感知的规律引进认知语言学的分析，兰纳克将塔尔米的研究成果发展成比较完整的理论框架。

从研究领域来说，认知语言学的研究范围越来越广，出现了一些新的热点。下面对认知语言学的几个重要研究领域进行简单说明。第一个研究领域是范畴化与原型理论。在语言研究中，范畴化指的是人们对世界进行概括、归类，并赋予其语言符号的过程。语言学在方法论和本质上都与范畴化紧密相关。范畴化能力是人类最重要的认知能力之一。范畴的经典理论认为范畴由必要特征和充分特征联合定义，特征是二分的，范畴有明确的边界，范畴内的所有成员地位相等（Taylor，2001：23－24）。近几十年来的认知科学发现概念范畴和语言范畴不符合传统的理论。哲学家和认知人类学家对颜色范畴以及其他事物范畴的研究都证明范畴不是客观世界的真实反映，而是人通过身体及心智对真实世界的特性进行能动处理的结果，是客观因素与生理、心理、文化因素互相作用的结果。新的范畴理论认为人们以原型（prototype，即范畴中与其他成员有更多共性的成员）为核心，以基本范畴为基础来认知世界。范畴化认知也充分体现在语言符号中。例如，语言中的词汇可以分为基本范畴词、上位词和下属词。基本范畴词具有最突显、最重要的地位。这对研究词汇如何反映人们对世界的范畴化，以及研究词汇的内部结构具有重要意义（赵艳芳，2000：22－26）。

第二个研究领域是隐喻研究理论。隐喻的认知研究可以追溯到18世纪。过去隐喻被看做是一种特殊的修辞手段，是修辞学、文体学、文学等研究的对象。而莱可夫和约翰逊从认知角度观察和研究隐喻（Lakoff & Johnson，1980）；昂格雷尔和施密德（Ungerer & Schmid）也指出，隐喻是“我们对抽象范畴进行概念化的有力的认知工具”（Ungerer & Schmid，2001：114）。认知语言学的隐喻认知观认为，比喻性语言与非比喻性语言本质上无甚差别；日常语言中充满了隐喻，完全不带隐喻的句子只占很少数。隐喻是一种概念化的过程，具有系统性，表现为由一个概念域即源认知域（往往是具体的或先认识的）向另一个概念域即目标认知域的映射，形成隐喻概念。隐喻语言现象都是这些隐喻概念的具体运用。隐喻的认知基础是意象图式（image schemas）。意象图式是人们的基本认知经验，来源于我们的日常生活，在概念域的映射中起着重要作用。例如，容器图式（container schemas）存在于三维空间的概念域中，如果把该图式用于非空间的概念域，就会产生“空洞的话语”（empty words），用“言语表达思想”（put ideas into words）这样的隐喻，其中语言文字的形式就被概念化为容器了。这种认知观将字面语言和比喻语言放在语言研究的统一理论框架下，能够解释一词多义等现象背后的认知动因，能够更好地解释语义的产生、发展和演变的理据。

第三个研究领域是认知语法理论。兰纳克在《认知语法基础》（*Foundations of Cognitive Grammar*）中为认知语法勾画了一幅蓝图。他认为语言是由从词到句的大小不同的语言单位组成的象征系统（Langacker，2001）。每个语言单位是由相互对应的语音和语义的两极组成的象征单位。语义的形成是概念化的过程（conceptualization），是一种认知过程。认知语法对词类和语类从概念上进行了重新定义。认知语法将由两个以上的语言单位所组成的语法结构称为构块式（construction）。认知语法认为，任何一个语法构块式，都是一个具有自身整体构块意义的表达形式。认知语法不仅在宏观上建构语法的认知模型，而且为形式的分类提供分类学之外的解释，在语法的微观层面上为解释许多语法问题提供了新的视点。

第四个研究领域是语法化理论。过去中国传统语言学的学者将语法化称为“实词虚化”。语法化是指有实义的词单位逐渐演变为虚义的语法成分的过程，以及短语或句法结构逐渐固化下来而形成单词的过程。对语法化的研究从语言历时变化来看语言共时现象，从语言演变的规律解释语法规则。语法化的研究探索语言的认知动因和语言变化对现代人类语言形成的作用，能分析形态、句法与话语之间的关系，对研究语言与认知的关系非常重要（赵艳芳，2000：26－30）。

第五个研究领域是象似性（iconicity）理论。象似性是指语言结构和形式与人的概念和经验结构之间的映照与联系。在传统研究中这是哲学家、符号学家和语言类型学家等研究的问题。认知语言学将象似性分为拟象象似性与隐喻象似性两大类，并进一步推进了象似性的研究，对进一步了解语言符号的本质并揭示语言与认知之间的关系有着重要的意义。

第六个研究领域是认知语用推理理论。斯铂伯和威尔逊（Sperber & Wilson）的关联理论（relevance theory）继承并发展了格赖斯（H. P. Grice）的会话含意理论和新格赖斯会话含意理论，以关联性（relevance）为准则，以演绎推理为途径来实现会话含意的推导。关联理论是认知语用学的中心理论。认知语用学根据认知科学的方法和理论框架来研究语言运用的语用问题，从认知心理的角度分析和描述语言的理解过程，为言语交际过程提供认知心理理据，对语用推理机制作出可行性解释。我国学者在这个领域作出了自己的创造性贡献。例如，徐盛桓提出的基于心理模型的认知语用推理研究范式，力图构建语言运用的认知机制，从而进一步发展了认知语用推理的相关理论。

尽管认知语言学研究中的不同学者或者不同学派的观点有差异，研究的具体领域也不相同，但是他们有着相同或者相近的学术理念，有着相同的研究目标，即最终揭示人类语言的共性、语言与认知之间的关系以及人类认知的奥秘。具体来讲，认知语言学的任务是根据认知心理学的理论来寻找语言形式的内在认知机制，从语言形式上寻找系统的而不是孤立的证据；为语法化过程提供一个统一的理论框架；研究语言与认知的规律，研究人对世界的感知、经验，观察事物的方式如何影响人们对语言的使用，探索语言知识背后的认知机制；揭示人类语言的共性以及语言与认知之间的关系。

基于共同的研究目标，产生了认知语言学的三个研究取向，即解释取向、语义取向和共性取向。

第一个取向是解释取向。语言学的解释取向的出现是与语言研究历史的发展趋势相契合的。早期的传统语法总结使用语言的规则，是规范性取向。结构主义重视对语言系统内部的结构、特点和关系等进行描写。20 世纪 50 年代后，语言学研究开始从描写转向解释。转换生成语法注重深层结构和语言能力，但是却抛开语义研究，走到了形式主义的极端，不能对语言的生成机制作出解释。后来的社会语言学、心理语言学等研究语言使用与社会、心理等因素的关系，具备了部分解释的性质。而认知语言学是完全以解释为取向的。认知语言学认为，语言形式反映人们对世界的认知方式和内在的认知机制，与所指意义之间有理据性联系。语言是认知的一部分，受到人们认识世界的方法和规律的制约，要对语言现象作出解释就要研究人的认知规律。因此，认知语言学研究符号形式与所指意义之间的理据性联系以及语言交际过程中的一般认知规律，力图解释和说明感知、认知或经验事实等认知结构与语言结构之间的关联，说明语言事实背后的认知机制和规律。认知语言学既从心智内部，又密切结合外部来对语言进行全面、统一的解释，有利于加深我们对语言的认识和揭示语言的本质（赵艳芳，2000：26－30）。

第二个取向是语义取向。认知语言学是以语义为中心的语言学。语义研究历来是语言研究中最薄弱的环节。转换生成语法认为语义只有解释性，语法是自主的，具有生成性，所以完全撇开语义因素而研究语法的转换规则。认知语言学继承了转换生成语法之后的生成语义学的观点，认为语义才具有生成性，因而十分重视语义。认知语言学认为，语言的基本功能在于意义；认为语言不是一个自治的系统，词法、句法也不是一个自治的系统，而是客观现实、生理基础、身体体验、认知方式和知识结构等多种因素共同作用的结果，要受到功能、语义和语用因素的支配和制约；语义来自对事物的认识过程，语义结构对词法和句法有所促成；语义是概念化的，是人们关于世界的经验和认识事物的反映，与人认识事物的方式和规律相吻合，在语言表达与客观世界之间，即语言形式与所指意义之间存在象似性关系。认知语言学把对客观真值条件的描写和对认知概念的建构统一起来，不区分语言意义和语用意义，而是探索意义在大脑中的建构，研究原型理论、范畴化、概念形成的过程及机制。这样，认知语言学将语义放在非常重要的地位，是语言学研究历史的一个新进展（赵艳芳，2000：26－30）。

第三个取向是共性取向。共性研究是个性研究的基础，在语言研究中有着重要地位。转换生成语法努力从句法的生成与转换上寻找语言的普遍性和共性，但是没有获得成功。事实上，语言的共性不在语言形式上，而在于人的认知心理。“人同此心，心同此理，人的认知心理不仅古今相通，而且中外相通”（沈家煊，1998：41－46）。人类具有相同的身体构造和感知器官，面对相同的物质世界，具备相同的感知、认知能力，从而获得相似的概念结构。认知语言学是共性语言学，它以某一具体语言为对象，以探索语言的共性、寻找认知和语言的普遍规律为目标。认知语言学认为，不同的语言只不过是在一定的文化制约下对共同规律的不同选择和利用，各种语言之间的交流就是以共性为基础的。认知语言学的一些带有普遍意义的假设已经在多种语言中得到验证（赵艳芳，2000：26－30）。

在以上三个研究取向的指导下，认知语言学的研究灵活地采用各种研究方法，既包括语言学研究的一般方法，也包括有着认知语言学自身特点的一些研究方法。例如，一些认知语言学的研究从具体语言现象的描写和说明开始，然后通过推理和猜想对该现象背后的原因或与该现象有关的因素进行解释和分析，这就属于传统的定性研究，即对语言现象和认知现象的一般特征或表现形式作出一般的描写或说明（卢植，2005：85）。

事实上，认知语言学的研究不仅仅采用传统的定性或定量方法，还采用具有认知语言学自身特点的各种研究方法。认知语言学的研究方法同认知语言学的研究内容、基本观念和基本理论相契合，它并不是存在于认知语言学的理论体系之外的独立方法。经验、突出和注意与认知语言学理论紧密相关，是认知语言学研究方法的基本点。在经验的基础上注意选择突出，并靠动态的识解来实现，三者是有机的结合。下面结合本研究对认知语言学的三种研究方法进行说明。

第一种主要的研究方法是图解的方法。语言中的很多语法范畴是极其复杂的，很难用语言表达清楚，也很难用抽象的符号准确地表达出来。同一种语法范畴，不同的人由于不同的认知视点，会表现出各种各样的差别。认知语言学经常利用图解的方法，准确而简明地把一个复杂的语法范畴系统地表达出来。

例如，认知语法不是用 S→NP + VP 等固定的规则来描述构件及其复合结构之间的关系，而是用构件之间的对应来描述。这种对应不是词语上的对应，而是概念上的对应。兰纳克以"above the table"为例，用图解方法说明了这种对应关系。述义［ABOVE］勾画的是两个抽象事物（射体与界定）之间的空间关系，述义［TABLE］勾画的是一个具体事物，通过［ABOVE］的界标和［TABLE］的向上的面之间的对应实现了复合述义［ABOVE TABLE］。这不是词语的简单相加，而是通过叠合实现的一种关系。"above"表现为一种图式，"table"使图式中的界标具体化（见图 3.1）（Langacker，2001：12）。在此基础上组成更大的单位："the lamp above the table"或"the lamp is above the table"（前者突显"lamp"，后者突显二者的空间关系）。这样又使射体具体化（见图 3.2）（Langacker，2001：13），使图式具有了更具体的意象，从而体现了语义。如此，可以构成更大的结构式。在结构式中，如果一个构件 A 使另一构件 B 的一部分由抽

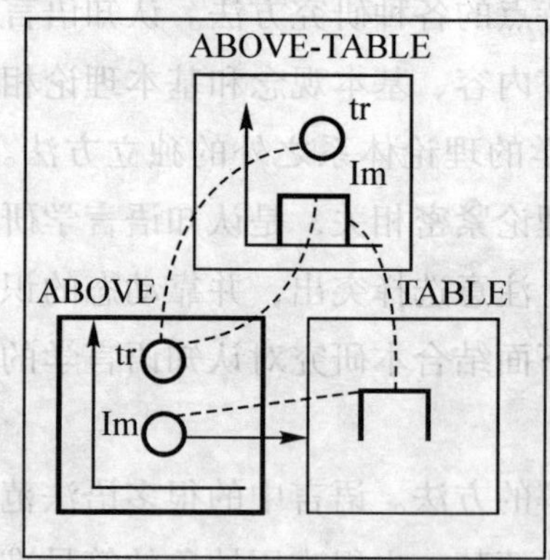

图 3.1　图解 **ABOVE-TABLE**

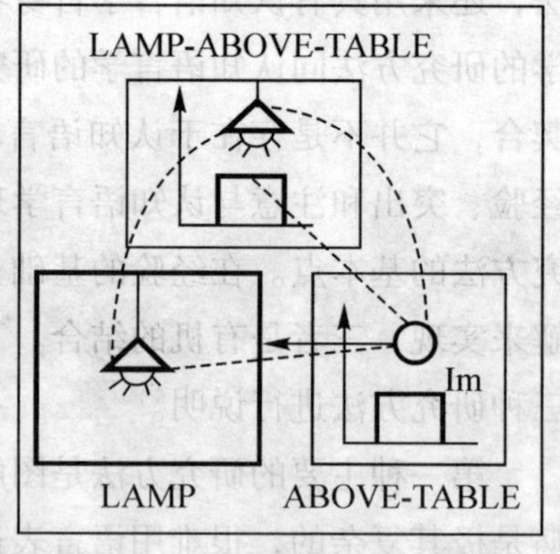

图 3.2 图解 **LAMP-ABOVE-TABLE**

象实现具体，构件 A 就叫做概念自主的，构件 B 就叫做概念依赖的。在这两个结构式中，［TABLE］［LAMP］是概念自主的，而［ABOVE］是概念依赖的。

用这样的图解方法不仅可以帮助人们理解和掌握一种复杂的语言时体系统，而且也可以揭示不同时、体之间的内在联系。

第二种主要的研究方法是演绎、归纳与溯因推理相结合的方法。有些认知语言学的研究采用演绎与归纳并重的方法。这种研究方法从语言的外部寻找语言规则的理据，避免了循环论证，而且建构的规则涵盖力大，具有更强的概括性（石毓智，2001：362－364）。还有些认知语言学的研究将演绎、归纳与溯因推理（abduction）相结合进行研究。例如，研究者从对一个句法结构的详尽收集和细致观察中做出合理的归纳、分类、描写，将归纳和概括出来的规律性知识作为大前提，再通过演绎推理看一个句法结构的其他句子是否也能符合这样的规律性的表现，最后进行溯因推理，即从已知的结果推测原因。溯因推理的过程是从某一已知的结果（如 q）出发，并从常理可知 p 可导致结果 q，排除其中不可能的因素，从而推断出造成这一结果最可能的原因。这种将演绎、归纳与溯因推理相结合进行的研究方法不仅对直接观察到的语言事实做出精确的描述，还对被观察到的理论事实给出解释性的阐发，超越了语言运用感性的直接性，将研究提升到理论思考的水平。

第三种主要的研究方法是内省的方法。内省法主要是凭借研究者的普通常识、语言直觉和学术经验对某些特殊的语言形式和语言内容进行可资论证的分析和解释（卢植，2005：85）。使用内省法的语言学家或者提出某个假设，或者构拟一个框架，或者提出质疑。从方法论角度看，不管是假设还是理论的框架，以内省法研究语言的学者都是参照既有的研究文献或语言资料来从事自己的研究的，具有一定的演绎性质。由于认知语言学研究语言的目的是揭示语言规律，研究内容涉及心理现象和意识结构，因此可以用生动的自然语言为例证语料，采取自然的、非直接的、符合语感的分析法。内省法是认知语言学研究的重要方法，有助于语言学家考察直接反映认知活动的语言现象，找出有关规律并分析其内在的认知取向（赵艳芳，2001：14）。当然，内省法也有局限性，需要用其他方法加以补充。

认知语言学建立在体验哲学的基础之上，涉及语言现象的各个方面，又和认知科学、哲学、心理学、人类学、计算机科学以及神经科学等有着密切联系，表现出研究的灵活性、多样性和包容性，对语言学的研究和其他相关学科的研究都有较大的价值和意义。虽然认知语言学的研究在中国起步稍晚，但是由于20世纪90年代以来国内认知语言学界对国外理论的不断引进和介绍，近期国内的认知语言学有了比较显著的发展。国内学者在认知语言学的研究中也取得了比较丰富的创造性成果，进一步发展、充实了认知语言学的理论。目前，认知语言学在全世界的发展已经形成了相当规模，取得了丰硕成果，并成为21世纪语言学研究的热点之一。我们可以预见，随着语言学的不断发展，认知语言学的理论体系将会变得更加完善和科学。

3.3.3　与本书研究相关的语言学理论

认知语言学的大框架下有很多理论。本小节结合本书的研究，对相关的几种语言学理论进行简述，以说明本书研究中隐语的生成与理解机理的分析模型的由来。

3.3.3.1　认知语言学框架下的语用推理理论

推理是从一个或几个已知命题出发，推出一个新的判断的思维形式。推理的结构主要包括前提和推论。根据认知科学的普遍观点，推理依赖类似于逻辑演算的心理规则的推导，基于一定的心理表征来进行。含意等语用现象都离不开推理的过程。

推理是思维的基本形式，人的内部思维大多是以不同的推理方式进行的。思维任务的要求和复杂程度的差异都会要求人们运用不同的推理形式，运用不同的加工策略进行思维加工，这使得推理过程和推理方式都有所不同。推理可分为线性推理、条件推理和演绎推理（邵志芳，2001），推理还可以分成归纳、演绎和溯因。归纳是从个别到一般，寻求事物普遍特征的认识方法。演绎是从一般到个别，推论和判断个别事例的认识方法①。溯因法亦称反溯法、回溯推理法，是从已有的大前提和结论出发，在多元的集当中择优选出一个最合理的、最可能的作为解释（徐盛桓，2005：1－7）。

语用推理是指在语言交际的过程中，语言的接受者（听话人）为了准确、深刻地理解语言的发布者（说话人）所传递的信息，根据语用规则，运用自己的语言经验，将语言所固有的信息结合当时具体的语言环境等相关因素，从语句的字面意义推导出说话人所传达的信息（话语含意）的动态推理过程。

在语用学中，语用推理是指为了理解说话人的含意所进行的推导，这样的推导运用的是合情推理。语用推导中用到的合情推理与经典逻辑的演绎推理既有区别又有联系，前者的部分推导规则可以参照形式逻辑的推理规则（徐盛桓，2005：163－169）。

语用推理有不同的模式。例如，格赖斯以及斯铂伯和威尔逊都认为，解释听话人如何理解话语的意图要靠语用推理，但他们采用了两种不同的语用推理模式。格赖斯的会话含义理论是从社

① 参看：《归纳与演绎》，http：//byonline. net/new/article-kxcx. asp? id = 2934，2006。

交语用角度出发建立在合作原则基础上的推理。斯铂伯和威尔逊的关联理论是从认知角度出发以大脑中的演绎为基础的推理模式。

近些年来，随着认知科学研究的不断深入，认知语言学还在经验主义认知观的基础上提出了关于语用推理的理论。经验主义观点中的经验是指由人的身体构造以及与外部世界互动的基本感觉——运动经验和在此基础上形成的有意义的范畴结构和意象图式。经验主义认知观的主要观点包括：思维是不能脱离形体的；人类认知结构来自人体的经验，并以人的感知、动觉、物理和社会的经验为基础，对直接概念和基本范畴以及意象图式进行组织和建构；语言符号不是对应于客观的外部世界，而是与认知参与下形成的概念结构相一致；意义与推理也是基于以上概念结构与认知模式；概念结构和认知模式具有完形特性（gestalt properties）。学习和记忆的认知过程依靠完形结构，而不是抽象符号的机械运算（赵艳芳，2000：22－26）。

认知语言学建立在体验哲学之上，以心智主义、互动论和连通论为心理学基础，强调概念和心智在普遍意义上的体验性（embodiment）、认知的无意识性、思维的隐喻性（Lakoff & Johnson，1999：462）[①]。在以上经验主义认知观的基础上，认知语言学提出，推理从根本上讲是体验性的（embodied），源于我们的大脑、身体和身体经验，神经和认知机制也同样创造了我们的概念体系和推理方式；思维和语言的所有方面都是认知的（Lakoff & Johnson，1999：4－17），语言经由认知间接地反映客观世界，语言运用是认知活动的一种，语言能力不是独立于其他认知能力的一种自主系统，而是认知能力的一种，“支配语言运用的认知过程……原则上同其他过程的认知能力是一样的”（Croft & Cruse，

① 此处为笔者的翻译。以下如无特别说明均为笔者所译。

2004：1－2）；语言意义来源于身体、身体经验和社交经验（Lakoff & Johnson，1999：462）。因此，语言的生成和理解的语用研究都要以认知为基础，语用推理是认知主体在对客观世界的感知、经验的基础上经过认知加工与外部世界互动的结果。

认知语言学框架下的语用推理研究就是要从认知心理学的角度描述和分析语言的推理、理解过程，解释语用推理的机制。语用推理的基本运作要靠人的大脑中的各种抽象知识构成的复杂网络结构。语用推理通过构建基于前提（说话人的表面话语）的各种抽象知识的集合，推导出结论（说话人的真正表达意图）。语言的符号表征提供了如何获取这些表征以及如何加工与之有关的信息的定向，因此特定语言的特性会影响认知加工过程。个体在运用自己的语言知识和一般知识的基础上构建有关心理模型。语用推理过程极大地依赖于有关的言语内容与个体的已有知识。在实际的语用推理过程中，表面的话语主题内容可以激活认知主体的语用推理模式，推理者可以在心中建构起由抽象知识构成的复杂网络结构，并通过这一网络结构进行推理。

具体地讲，在语用推理这样的复杂认知任务中，推理者首先要获取相关语言信息，也就是从说话人的表面话语中获取话语内容信息和逻辑信息，作为语用推理必要的前提和依据；推理者再排除和抑制不相关的知识、经验和信息的干扰，从可以利用的相关背景知识中提取与内容相关的背景知识。接下来，推理者在保持信息的基础上，根据不同的输入手段所提供的信息进行综合整合加工与操作，形成初步的心理表征，建立与言语所描述的情境相符合的抽象知识系统。这个系统包括各种范畴和层级的抽象知识，是进一步推理的重要前提条件。推理者作出初步推理，并为下一步的加工操作提供所需依据，以得出进一步的推理结果。

3.3.3.2 基于心理模型的语用推理理论

在认知语用学的大框架下，我国学者徐盛桓结合多年的语言学研究，建构起自己的认知语用学理论，即“基于心理模型的语用推理理论”。

心理学家唐纳德·诺曼（D. A. Norman）对心理模型的定义进行了论述和说明，并概括了心理模型的六个特征①。近二三十年，对心理模型的描述主要有两种代表性的观点。一种心理模型的观点以根特纳和斯蒂文斯等学者为代表。他们认为心理模型是大脑里以长期记忆为基础的知识结构所形成的内心映像，包含一系列人们所面对的情景，而且提供同这些情景有关的各种系统的活动的信息，是可表征外部世界的物理系统因果机制的心智内部的概念系统（Gentner，1983：99－129）。另一种心理模型的观点以约翰逊－莱尔德（P. Johnson-Laird）为代表，认为心理模型是认知主体知识结构的一种表现，包括需要短期记忆或长期记忆的知识。在心理模型里的知识结构，是人们的知识、经验和信念经由大脑的工作记忆（包括长短期记忆）储备起来并整合成的复杂的知识网络系统，是心智中的知识的基本组织形式（Johnson-Laird，1980：71－115）。心理模型是一种信息表征和心理表征，是人们以即时的短时记忆为基础建构起来的知识结构所形成的心理映像（Johnson-Laird，1983：45－51，397）；是“世界的有结构类比”（Johnson-Laird，1983：165），“与所描述的事件的结构有直接对应的结构”（Johnson-Laird，1983：125），人们为表征现实而建构起来的这样的内部模型与外部世界的“关系模型”具有相似性。心理模型是对问题信息的表征；推理要建立心

① 参看：《什么是心智模型》，http://www.ueui.com.cn/wiki/ueid/mental-model，2008。

理模型，心理模型的运用是人类进行推理的基本形式（Johnson-Laird，1983：45-51，397），人们针对推理问题建立一个或者多个心理模型或表征，并用这些心理模型判断结论的真假。

我国学者徐盛桓的心理模型理论有承上启下的作用。徐盛桓发现，心理模型的建构和推理机制，与他多年来探索总结出的“常规关系”相似（徐盛桓，2007：2-9）。任何事物在其发生、发展、变化、终结的过程中都会表现出一定的性质特点，具有自身的形式、结构和功能，并同周围环境或他事物相互作用，从而建立起与他事物或环境的时间、空间、条件、因果等规约性关系，这就是“常规关系”（徐盛桓，1993：11-18）。对这些常规关系的把握是人类对现实世界认识的结晶，因此可以用来推定世界事物之间的隐含关系。语言所表达的是人类的思维方式以及对现实世界的认识，因此常规关系一定会被语言交际所利用。也正因为如此，常规关系被语用学研究用作语用推理的机制，进行话语含意推导。徐盛桓还发现，含意在语言表达中具有本体地位，而不仅仅是修辞性的（徐盛桓，1996：21-27）。话语的字面表达即显性表述通常都是不完备的，要达成对话语相对完备的理解，就必须对其所蕴含的隐性表述即含意加以补足或阐释，而利用“常规关系”则是补足和阐释过程的必由之路。因此，常规关系推理是含义推导的有力工具，对话语推导具有很强的解释力。

在对常规关系深刻认识的基础上，徐盛桓结合语用推理又进一步提出，从认知的角度来看，语用推理的实质是根据有关的显性表述，利用心理结构的知识集，通过一连串的“如果 x 则 y”的推导进行显性表述和隐性表述的交替编码、组织和补偿，不断获得新认识，最后得到对有关话语用在这里的恰当理解。他基于心理模型的语用推理范式是建立在他对语用推理机制长期探索的基础上的，被称为"基于心理模型的含意推理因果化模型"。这一模型的基本内容为：以心理模型的知识结构为参数，根据初始条件约束和边界条件约束在知识结构里建立下向因果关系域，话语的显性表述在域内搜索常规关系，并在下向因果力的制约下被因果化，使话语在知识结构里突现因果关系从而获得理解。同时他对模型中涉及的因果化过程和约束条件进行了阐释，并对模型作了形式化表述（徐盛桓，2007：2－9）。

语用推理与心理模型有着密切联系，语用推理的基本运作要依靠心理模型，心理模型是推理的基本形式。因此，语用推理是依赖心理模型并创建和操作模型的认知过程。在基于心理模型的语用推理理论中，常规关系是一个重要概念，而常规关系在较为抽象的层次可以从［相邻 ±］和［相似 ±］两个维度进行观察（徐盛桓，2007：2－9）。相邻/相似关系这两个关键概念就是语用理论对格式塔心理学研究的运用。格式塔是德语"Gestalt"的音译，意思是整体、完形，又意译为完形心理学。格式塔心理学（Gestalt Psychology）是诞生于德国的欧洲两大心理学派别之一。格式塔学派认为心理现象是一个整体，反对冯特的构造心理学的元素主义，反对冯特学派只强调分析的做法。格式塔心理学的代表人物是韦特海默（M. Wertheimer）、科夫卡（K. Koffka）和克勒（W. Kohler）。这个学派主张心理学研究人脑的内部过程，其基本观点包括：人的感知是整体呈现的，不能用分解的各个元素来解释；人在观察外界事物的时候，所看到的东西并不完全取决于外界，而是在人的头脑中有某种"场"的力量把刺激组织成一定的完形，从而决定人看到的外界东西是什么样的；整体并不等于部分的总和，整体是先于部分而存在并制约着部分的性质和意义①。格式塔心理学的完形趋向律中的相邻律（Law of Proximity）和相似律（Law of Similarity）两条重要规律说明，任何两个能构成关系体的成分或事物都倾向于成为一个整体，相邻和相似是其中两种重要关系，是人们感知事物的两个十分重要的特征，即具有相邻性或相似性的两事物会分别被识解为一个整体。相邻和相似作为常规关系的两个抽象维度，体现了认知语用理论对格式塔心理学研究的运用。

徐盛桓在他基于心理模型的语用推理理论中进一步提出，人的心理模型中存在着类层级结构，而类层级结构可以看做人类对事物的一种认识方式（徐盛桓，2007）。具体来说，心理模型表现为认知主体心智中的知识结构，即基于人们对事物之间的常规关系的认识建立起来的心智中的抽象知识的组织结构，体现为小型"知识集"。这些小型"知识集"分布为类层级的支系统和分系统，由相邻关系和/或相似关系两个抽象维度纵横连接起来。

徐盛桓对类层级结构提出具体假设并认为任何一个事物都处于世界事物系统中的一个类层级（TyH）中的一个范畴内。假设事物 E_1 处于类层级 TyHe 的一个范畴内，并和与其处于同层级的事物 E_2，E_3，E_4…为邻；E_1，E_2，E_3，E_4…之间既是相邻的，又在内在特性、功能和外表特征等方面有不同程度的相似。在不同的情况下，可能分别强调它们的相邻性或相似性。E_1，E_2，E_3，E_4…组成 TyHe 层级里的一个范畴 EA，EA 又同这一层级里的其他范畴 EB，EC，ED…有相邻/相似性。TyHe 有其上位的类层级（supertype hierarchy）TyHd 和下位的类层级（subtype

① 参看：《心理学发展简史》，http://www.lansin.com/diggNewsAction.html?artid=194&channel=xldt,2006。

hierarchy）TyHf。TyHd，TyHf 等可如此类推，从而形成一个超大型的类层级结构。TyHe 的上位类层级 TyHd 是这样形成的：对 EA，EB，EC…根据其内在特性、功能和外表特征等进行抽象，就舍去不相似的地方，留下相似的地方，形成一个上位层级 TyHd。这一上位层级的某（些）属性就是其直接下位层级 TyHe 各成员的某一相似性之集中体现。越处于下位，具体性越大；越处于上位，抽象性越强。

由此，类层级结构可以分为两类：分类类层级结构（taxonomic type hierarchy structure）和整体—部分类层级结构（mereological type hierarchy structure）。在分类类层级结构中，其直接下位层级分别是上位层级的一类或一例，多强调其相似性，或者说下位层级之间有相似关系。在整体—部分类层级结构中，其直接下位层级分别是上位层级的组成部分，彼此联结，多强调其相邻性，或者说下位层级之间有相邻关系。越是处于世界事物系统类层级结构下位层级的范畴之内或范畴之间的相邻/相似性就越具体明显，越容易被人们注意和利用，反之就越抽象微弱，越不容易被人们注意和利用。分类类层级结构中的分类离不开对整体—部分的认识，整体—部分类层级结构中的整体—部分也与分类有关，正是分类类层级结构和整体—部分类层级结构共同构成了事物的整体类层级结构。

人们大脑中的心理模型的结构表现为类层级结构，不但范畴间和范畴内从横向可以认定一些相邻关系，相邻的上下位层级的相关范畴也可以从纵向认定其相邻关系。这就是人们大脑中心理模型知识结构的存在形式（徐盛桓，2007）。而类层级结构的分类结构和整体—部分结构分别是从事物的外延和内涵进行的分类，上位类与下位类之间有传承性，上位类的所属和特征的基本内容可以“传”给下位，下位也可以“承”受或继“承”这些内容，形成传承的关系，使得上位类与下位类之间或者同一类的范畴之间可以互相替代（徐盛桓，2008：69－77）。

3.3.3.3 显性表述—隐性表述分析框架

显性表述—隐性表述的分析框架是"基于心理模型语用推理"的理论中的一个有关语言理解的重要构件，也是徐盛桓经过潜心研究得到的有关话语表述的深刻认识。

徐盛桓在长期的研究中发现，话语的表述通常包含显性表述和隐性表述。在这两重表述中，通过字面作出的表达是人们能够听到的；在交际意图的制约下以不同的表达方式传递出想要表达的原意，是显性表述。而含意可以看成是话语的隐性表述，即交际者想要表达的原意。含意本体论认为，话语的含意性（implicativeness）[①]是话语的一种基本特征；含意性在语言的形成、发展和话语的表达中具有本体地位。

因此，徐盛桓在"基于心理模型的语用推理"的理论模型中提出三点理论假设：

（1）话语表达是表达意向（Grice，2002：36，86－137）；

（2）话语表达一般是不完备的；

（3）话语的不完备依靠常规关系补足或/和阐释。

也就是说，话语的显性表述通常都是不完备的，要通过体现为相邻/相似的常规关系的补足或/和阐释得到显性表述所蕴含的相对完备的隐性表述，从而对不完备的表述加以补足和/或阐释，成为相对完备的表述，达至对话语的理解。有关语言理解的显性表述—隐性表述的分析框架如图3.3所示（徐盛桓，2007：34－40）。

---

① 语用学中的"含意"通常用"implicature"。这里的"含意性"是在徐盛桓的含意研究框架下，所以用"implicativeness"。

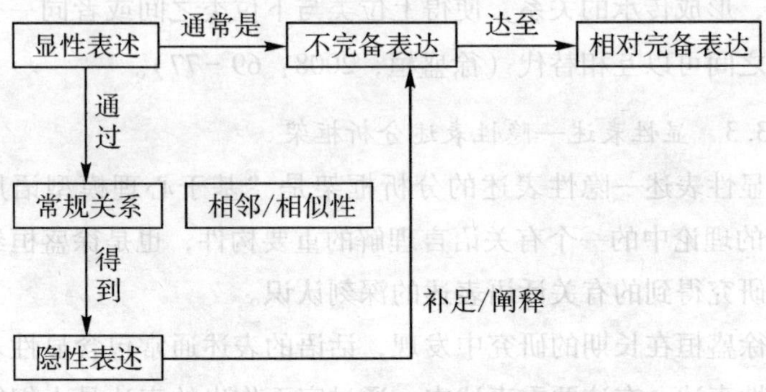

图 3.3　显性表述—隐性表述的分析框架

认知主体在实际交际过程中使用的显性表述是由隐性表述生成的，即隐性的意向推衍出显性的表述，而显性表述又体现了隐性表述；话语的显性表述通过常规关系得到它所蕴含的隐性表述，使之得到理解。在隐性表述与显性表述的转换中，常规关系是个关键概念，在此作一个简单说明。常规关系是“理解话语的认知工具，特别作用于话语的隐性表述”（徐盛桓，2002：6－16），而常规关系在更抽象的维度上又可以体现为相邻/相似关系。徐盛桓将相邻/相似律形式化表示如下：

$$HY: x \wedge x \trianglelefteq y \rightarrow \Diamond HY: (x)\ y$$

“HY ”表“话语”；“∧”表“合取”；“→”表“内在地蕴含着”或“可推衍出”；“⊴”表“曾相邻/相似”；“◇”表“可能”。

以上公式可读如：在话语 HY 中出现 x，如果在某一可认定的情境中（语言的和非语言的、实际出现过的和只是认识上的，等等）x 曾同 y 相邻/相似，则可能 HY：x 成为 HY：（x）y。徐盛桓还对相邻/相似律的逆向作用律、替换律、传递律、集约律和集成律五条引理进行了总结（徐盛桓，2007：34－40）。

3.3.3.4 自主—依存关系理论

自主—依存关系中的一对概念“自主”和“依存”在语言学的研究史上出现过多次，但是内涵不同。这是因为不同的理论研究有着不同的价值取向、研究目的和各自的研究视角。例如，生成语言学、依存语法、配价语法、范畴语法、链式语法和认知语言学等都对自主和依存的概念和自主—依存的关系进行过研究和探讨。萨法（K. Safir）的《（非）依存句法》（*The Syntax of (In) dependence*）就是用生成语言学中普遍语法结构的原则来研究依存和非依存的句法。

另外，依存语法（Dependency Grammar）也研究过自主和依存。依存语法也称从属关系语法，最早是由法国语言学家特思尼耶尔（Lucien Tesnièr，1893—1954）提出的。特思尼耶尔在1959年出版的《结构句法基础》（*Element de Syntaxe Structurale*）一书中提出他的主要思想。依存语法可以指所有以依存为基础的句法和语法理论。句子中的词汇依靠有向的依存关系（directed dependencies）组成层级结构。依存语法考虑的是单词和连接、组织单词成为层级结构（hierarchies）的依存关系[①]。

配价语法（Valence Grammar）是依存语法的一个发展。特思尼耶尔最初在他的《结构句法基础》中使用了“配价”这一概念。特思尼耶尔在语法学中借用“价”这个化学术语来分析动词的配价问题，说明一个动词能支配多少个名词词组（即“行动元”），动词的价由它所支配的行动元的数目决定[②]。20世

---

① 参看：“Dependency grammar”，http://en.wikipedia.org/wiki/Dependency_grammar.,2006。

② 参看：胡明扬，《西方语言学名著选读》，中国人民大学出版社，2007。该书将“Tesnièr”译为泰尼埃尔，即特思尼耶尔。

纪60年代初期，德国学者把特思尼耶尔的从属关系语法和“价”的概念引入德语进行研究，通过对词语配价的描述来刻画一种语言。

范畴语法（Categorial Grammar）的基本思想可以追溯到卡兹米耶日·阿热杜凯维奇（Kazimierz Ajdukiewicz）和叶赫苏阿·巴尔-希列尔（Yehoshua Bar-Hillel）的研究中。范畴语法只使用很少量的规则，用N，NP和S三个基本范畴（basic categories）来描写所有的句法成分，其他所有的句法现象都是由特定词语的词项导出，并将所有导出的范畴与适当的功能类型（function type）相联系①。

链式语法（Link Grammar）由美国的丹尼尔·斯里特（Daniel Sleator）和戴维·坦伯利（Davy Temperley）共同提出。链式语法与依存语法有关但是又不同于依存语法，是一种重视词汇关系的语法体系，不考虑句法功能（syntactic functions）或句法成分（constituents），而是考虑一个句子中每两个词之间的关系（relationships between pairs of words）。在一个有效的句子中，所有词汇的使用方式是基于规则的有效方式，同时也满足某些整体规则的要求②。

依存语法、配价语法、范畴语法和链式语法主要是用自主—依存的关系来研究词法和句法的问题。认知语言学中对自主—依存关系的研究有了进一步拓宽，其中比较系统的研究主要以兰纳克为代表。兰纳克在其专著《认知语法基础（I）理论前提》（*Foundations of Cognitive Grammar Vol. I: Theoretical Prerequisites*）

---

① 参看：“Categorial grammar”，http://en.wikipedia.org/wiki/Categorial_grammar，2006。

② 参看：Temperley，Davy. “An Introduction to the Link Grammar Parser”，http://www.link.cs.cmu.edu/link/dict/introduction.html#1，2006。

中认为，概念的自主与依存（conceptual autonomy and dependence）是四个主要配价因素之一。配价成分是概念自主的，配价的核心成分是概念依存的。自主成分是“一个自在（existing on it own）的结构，它的呈现不以预设另一个结构的存在为前提”，而依存成分的“呈现则要预设另一个成分的存在”（Langacker，2001：486，488）。在一个自主—依存联结（autonomy-dependence alignment）的结构中，“两个组成部分对对方依存的程度是很不相同的，其结果是一个表现为自主的，另一个表现为依存的”（Langacker，2001：486）。“结构D是依存于结构A的，如果A在D结构里构成了一个显著次结构的具体体现（elaboration）”（Langacker，2001：300）。兰纳克认为自主—依存的不对称（A/D asymmetry）是语言中普遍存在的对立。他认为自主和依存的概念在语音和语义两极都可以用。一般来说，自主—依存在语音、语义两极是平行的，也就是说在语音极为自主，一般在语义极也为自主，但是也有颠倒的情况；两极之间的迟滞（语音极先于语义极以及形式上的不对称）会给概念化带来困难。

兰纳克用自主和依存的概念分析语音结构，认为元音与辅音、重读音节与轻读音节都是自主与依存的关系，还研究在语音结构中元音和辅音是如何相互影响的；他还用自主—依存对立分析了一些单词的构词结构。这是对语言成分中的自主—依存关系较为系统的利用。但是他主要将自主—依存关系运用于语音和构词，没有涉及话语运用。

我国一些学者认为，语言中有依存关系的普遍性，句子成分之间相互支配与被支配、依存与被依存的现象普遍存在于汉语的词汇（合成词）、短语、单句、复合句直到句群的各级能够独立运用的语言单位之中（车万翔，刘挺，秦兵，等，2001）。在句子派生过程中有称为非局部依存性的现象，即由普遍重写规则生成并且语法上相互依存而联系在一起的两个词语能够被插入其中的词语分开。填充语—空位依存关系加工是一个能够揭示言语工作记忆与句子理解之间关系的重要领域，也运用了自主—依存关系。

我国学者牛保义在兰纳克等人研究的基础上从认知语法的角度对自主—依存联结作了深入研究。牛保义在对认知语法配价关系理论进行深入研讨的基础上建立了自主—依存联结分析模型，认为自主—依存联结是对语言运用中构式组成部分之间的配价关系概念化的一种方式。他将这一分析模型的认知特征概括和抽象为两个原则——不对称原则和对应原则。他将该模型运用于对英语常规的SVO句型和形容词短语的分析和解释，并认为这样的分析简单易行，合情合理，具有较强的解释力（牛保义，2008：1－5）。

我国学者徐盛桓突破了兰纳克对自主—依存的定义，将自主—依存的关系扩展为一种分析框架，将其用作语用推理的重要解释工具。“研究话语表达中的自主成分和依存成分的联结（autonomy-dependency alignment），是研究话语理解和生成的一个关键环节”（徐盛桓，2007：34－40）。同时，自主—依存的框架也是对自主和依存关系的认知语言学的理论概括。

以这样的认识为基础的“自主—依存分析框架”的主要内容是：隐性表述为自主成分，显性表述为依存成分，在交际中，显性表述体现隐性表述。从隐性表述开端，自主成分以交际的意向性为导向，以相邻/相似关系的认定为主要手段，推衍出依存成分，即实现显性表述的生成；自主成分主导着依存成分，并对依存成分发生拈连的作用；依存成分的存在和运作是以自主成分的意向性为其导向的，依存成分的运用要体现自主成分的意向性；依存成分向意向性回归，在需要时原则上可以反溯出自主成分的内容，如图 3.4 所示（徐盛桓，2007：34－40）。

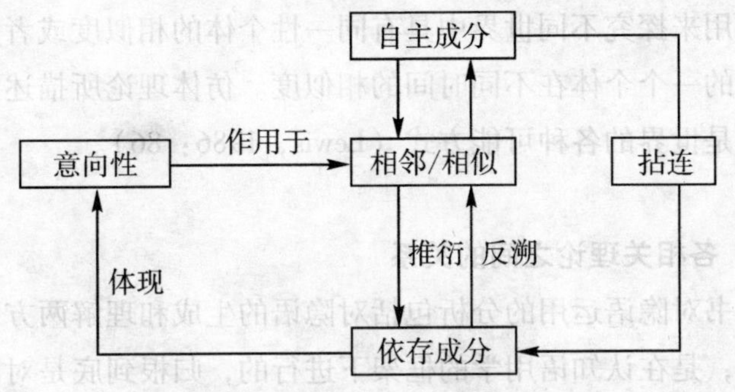

图 3.4 自主成分—依存成分分析框架

徐盛桓对自主—依存关系的研究不仅是以单极分析来描写参与元素的内部结构，而是更加偏重详述整合的本质。徐盛桓把自主—依存关系的概念分析从语音、构词结构领域扩展到整个构句结构和语义表述上来，极大地提升了自主—依存研究的层级并丰富了自主—依存关系这一语言理论，使我们获得了一种更为有力的语言分析工具。他不仅提出“自主—依存分析框架”作为研究话语生成这一特征的理论工具，同时将这种框架作为基础，引入新的概念来描述语义的生成和意向的传达，研究语言识解过程中自主和依存对认知的影响，从而使得自主—依存关系的研究得到进一步发展。

3.3.3.5 “可能世界”理论

“可能世界”理论是由德国近代哲学家莱布尼兹（G. W. Leibniz）最早提出来的。“可能世界”理论认为，可能世界是世界可能存在的方式或状态，包括我们能够想象的任何一个世界；在认知主体的认知域内存在着多个“可能世界”（possible worlds），我们可以将有关的认知域按可能世界分为现实世界 W_1、想象世界 W_2 和特设世界 W_3（徐盛桓，2008：69－77）。

仿体理论（counterpart theory）是可能世界观念的一个重要理论，用来探究不同世界中具有同一性个体的相似度或者同一个世界中的一个个体在不同时间的相似度。仿体理论所描述的各种可能性是世界的各种可能方式（Lewis，1986：86）。

3.3.4 各相关理论之间的关系

本书对隐语运用的分析包括对隐语的生成和理解两方面内容的解释，是在认知语用学的框架下进行的，归根到底是对隐语现象的语用分析。在认知语言学的框架下有众多的理论，而与本书研究最相关的是认知语言学有关语用的理论。认知语言学在经验主义认知观的基础上提出了关于语用推理的理论，而认知的语用理论也是比较宽泛的，包括很多理论。本书研究的分析框架主要是在徐盛桓的“基于心理模型的语用推理”的理论的基础上，根据笔者研究的具体语言现象的实际情况发展起来的，这里对这一理论的几个重要构件作详细的说明。

“基于心理模型的语用推理”理论将心理模型作为认知工具，试图对语言的运作机制作出简明、统一和合理的解释。心理模型是认知主体大脑中对知识进行操作的心理结构，类层级结构是心理模型的具体表现形式。类层级结构虽然不是人们作为认知主体对外部事物进行认知活动的时候大脑中可以进行生物验证的实际结构，但是却是对人类头脑中抽象知识的组织方式的一种合理假设，认为大脑中的各种关于外部事物的知识与信息是以横向分类、纵向分层级的交错方式密织在一起的，形成了复杂的网络状知识结构。隐喻和转喻的运作机制涉及事物概念的外延和内涵的传递与承继，是对类层级知识在逻辑层面上的分、合等的操作。本书第五章对隐语的隐喻和转喻机制的分析就涉及类层级结构的相关理论，因此这里也对类层级结构先作一个简要说明。

“基于心理模型的语用推理”理论是对语言运用进行解释的理论工具，而语言运用分为话语的生成和话语的理解两个方面。因此，这一理论也就相应地有两个分析框架，即说明话语生成过程的“自主—依存分析框架”和说明话语理解过程的“显性表述—隐性表述分析框架”。“自主—依存分析框架”是与本研究相关度最大的理论。本研究就是在这一框架的基础上，针对隐语现象的研究发展出了具体的自主—依存的理论框架。这不仅可用来解释隐语的生成机理，还可用来解释隐语的理解机理。其中，自主成分对应隐性表述，依存成分对应显性表述。这两个框架是这一理论中的重要构件，也都与本研究相关，所以笔者对两个框架都进行了说明，并特别将“自主—依存分析框架”作为重中之重进行介绍。在下一小节中笔者还将结合本研究的实际情况简述自主—依存的发生原理和运作机制，以此进一步说明本研究的“自主—依存分析模型”的由来。

上面提到的“基于心理模型的语用推理”理论中的心理模型的产生源于作为认知主体的人对世界的认知，而这样的认知可以按照不同的需要和标准来分类构建认知网络（徐盛桓，2008：69－77）。可能世界是认知主体构建的认知网络的基础，是影响和制约自主—依存框架的语境，也是客观世界透过心理模型在认知主体中的投影。因此，心理模型与可能世界有着密切关系。“可能世界”理论是语义研究中的一个重要理论，可以用来分析话语交际中的“反逻辑”现象。隐语从表面上看是“反逻辑”的，其实却是符合认知逻辑的。对隐语可能世界的分析不仅有助于更好地理解心理模型，而且有助于对隐语的生成和理解过程进行更加透彻的分析。

可以看出，以上认知语言学大框架下的各个理论不仅相互之间有着环环相扣的递进关系，而且也与本研究有着密切关系。当然，在对隐语进行研究的理论框架中，针对隐语现象的各个角度的分析还可能涉及其他一些相关理论，如复杂整体论等理论，但是由于这些理论不是本研究“自主—依存分析框架”中的主体部分，所以将在之后的章节中结合不同的隐语分析角度再引入并作说明。

3.4 本书研究隐语分析的自主—依存模型

本小节首先结合本研究的实际情况简述自主—依存的发生原理和运作机制，以此说明隐语研究的“自主—依存分析模型”的由来，再提出本研究具体分析隐语的“自主—依存分析模型”。

3.4.1 自主—依存关系与联结

任何事物都存在两个不同的方面，它们既相互区别，相互冲突，又相互联系，相互依存。有着这样关系的两个方面是事物的自主成分与依存成分。自主成分是事物在依存的基础上应有的状况、内容或变化倾向。依存成分的存在依赖于自主成分，又是自主成分的体现，是事物能够存在或正常运行的基础。任何事物都是自主成分和依存成分的对立统一关系体。

在语义的层面上，这个对立统一关系体中的自主成分在显性表述—隐性表述分析框架中对应隐性表述，而由自主成分推衍出来的依存成分则对应显性表述。在语言的生成过程中，这一从自主成分向依存成分的推衍是在意向性制约下并在相邻/相似关系作用下发生的，推衍机制是拈连。在推衍过程中的某一个阶段，可能会出现一个自主成分同时对应若干个依存成分选项的情况。这些依存成分作为待选成分同时存在于人的大脑中，它们都可能被认知主体根据语境等因素选中从而进入下一个阶段。在推衍的整个过程中，由于自主成分 1、依存成分 1（自主成分 2）、依存成分 2（自主成分 3）、依存成分 3 等可能连续出现，就可能出现若干个自主成分与依存成分都参与到推衍运作中的情况。在语言的理解过程中，依存成分在意向性的导向下最终可以反溯到自主成分。

从自主成分与依存成分的关系来讲，依存成分是对应自主成分含意的外显形式，是依赖于自主成分而存在的，没有自主成分就没有依存成分；自主成分是推衍出依存成分的起点，也是对依存成分的表述来源和含意阐释。因此，自主成分和依存成分之间是不平衡的对应关系。在自主成分—依存成分的关系中，自主成分是主导性的，依存成分是依赖性的，依靠自主成分而存在。由于二者是在动态的过程中形成的，而不是事先在静止的状态下规定出来的身份，所以它们是可以互相转化的，二者的关系是相对的，而不是绝对的。在语言的生成过程中，从 A_1（第一个自主成分）推衍出 D_1（第一个依存成分），D_1（第一个依存成分）再演变为 A_2（第二个自主成分）并转化为 D_2（第二个依存成分），D_2（第二个依存成分）再演变为 A_3（第三个自主成分）并转化为 D_3（第三个依存成分），等等。不断的相互转化形成了递进式的推衍。也就是说，在某一个层级中的依存成分到了下一个层级中可能就变成了自主成分，再继续生成下一个依存成分。语言的理解过程也是同理，这里不再详述。这样，自主成分—依存成分可以在相邻/相似性的联结下，持续转化、演变，形成认知连续体。

自主成分和依存成分在自主—依存关系的联系下就结成了一个自主—依存联结体，将一个自主成分和一个依存成分内在地关联起来。自主成分和依存成分的内在关联是自主—依存联结结构形成的必要基础。这样的联结是意义的动态变化过程。在这样的过程中某一个层级是相对完整和独立的复杂结构体，在不断的动态变化过程中还可以继续向下分解为更小单位的自主—依存联结结构体或继续向上合并成更大单位的自主—依存联结结构体。结构体的级别可以如图 3.5 所示。

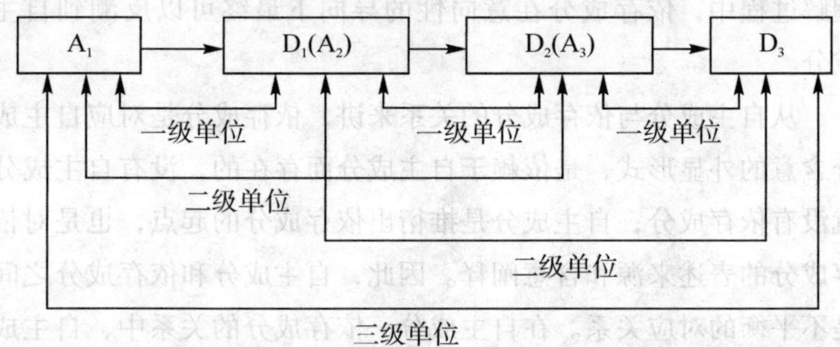

图 3.5　自主—依存联结体的级别图

在以上的自主—依存联结体的级别图中，自主成分 A_1 与依存成分 D_1、自主成分 A_2 与依存成分 D_2、自主成分 A_3 与依存成分 D_3 等可以分别组成一个自主—依存联结的基本结构体（在此称为一级单位），自主成分 A_1 与依存成分 D_1 与 D_2、自主成分 A_2 与依存成分 D_2、D_3 等可以分别组成更大单位的自主—依存联结结构体（在此称为二级单位），而自主成分 A_1 与依存成分 D_1、D_2、D_3 又可以组成更大单位的自主—依存联结结构体（在此称为三级单位），等等。自主成分与依存成分身份的不断相互转化形成了不断递进更新的自主—依存关系，从而形成了新的自主—依存联结。

每一个级别的结构体都是相对独立的，但是单位的级数越大，结构体的组成越复杂，对基于含意的自主—依存联结所体现的语义关联就反映得越复杂和越彻底。从一个意向内容出发推衍到最后的显性表述的中间环节越多，自主—依存联结体的内在对应关系就越复杂，意向内容与最后的显性表述在意义上的关联就越松散。相应的，自主—依存联结体的内在对应关系越复杂，要从最后的显性表述反溯到最初的意向内容就越困难，越是要求认知主体付出更大的努力。在一个语言表述单位中，语义的最终定位除了要取决于这个表述单位的纯语言要素和语境因素外，还要取决于认知主体在大脑中调用心理模型的类知识结构中的各种小型知识集，从而实现对自主—依存联结体的内在对应关系进行的解读。

3.4.2 解释隐语生成和理解机理的自主—依存模型

从国内外的隐语研究现状我们可以看出，前人对隐语的语言学研究主要是从语言学角度、社会语言学角度和文化语言学等角度进行的。前人的这些研究取得了很多有说服力的重要成果，是本书研究的重要基础，但是也有其不足之处。现在的语言学研究更注重研究中的解释性取向，而认知语言学就是以解释性为重要研究取向。

因此，本书研究是在前人研究成果的基础上，在我国学者徐盛桓发展起来的“自主—依存分析框架”的启发下，提出了解释隐语生成与理解机理的模型，系统地分析、说明、研究隐语运用的深层的认知机理。这里的“模型”是指语言学研究中“模型法”中的模型，即研究主体比照着研究的原型（即被研究的语言现象）而构建起来的一个“仿真”的研究工具。模型的建立归根结底是为获得对原型作为研究对象的认识服务的。本书将把隐语的生成和理解的机理结合起来，在自主—依存框架下提出解释隐语生成和理解机理的模型，见图3.6。

图3.6包括隐语生成与理解机理中的主要构件及其关系，对隐语的生成与理解机理进行了全面说明。在自主—依存分析框架中，隐语的自主成分是隐性的意向内容，隐语的依存成分是显性

的隐语表述。隐语的生成过程是在说话人意向性的导向下，从自主成分（较完备的意向内容）到依存成分（较不完备的隐语表达）的推衍过程，以拈连为机制。隐语的理解过程就是从较不完备的依存成分回溯到较完备的自主成分的过程。

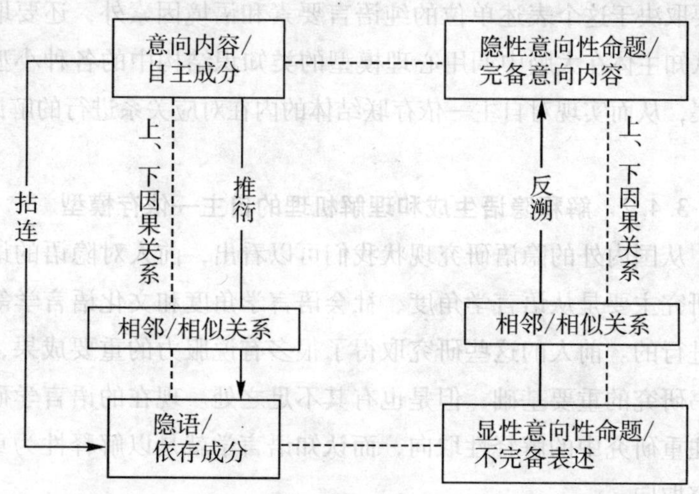

图 3.6　自主—依存分析框架下的隐语的生成与理解机理的模型

隐语中的自主—依存关系建立的过程是大脑处理信息的过程，从语义上讲是相邻/相似关系建构的过程，从思维机制上讲是隐喻与转喻实现的过程。隐语中的相邻/相似关系构成了自主—依存框架的纽带，隐喻与转喻是自主—依存框架中自主成分与依存成分之间转换的认知机制，隐喻与转喻机制建立在相邻/相似律及其引理的认知基础之上。

用图 3.6 的模型可以对隐语的生成和理解机理进行分析。先说明图 3.6 的模型对隐语的生成机理的分析。隐语的生成可能涉及一次或多次的从自主成分（意向内容）到依存成分（隐语的显性表述）的推衍。多次推衍只是一次推衍的重复，可以以前一次推衍的结果为基础或出发点，重复进行推衍。从自主成分到依存成分的每一次推衍都表现为自主—依存关系（A-d alignment）的建立，充分体现出自主成分与依存成分之间的对立统一关系。

隐语的生成以拈连为机制。隐语的显性表达的诞生就是从自主成分拈连到依存成分的结果。具体来讲，拈连机制的运作包括互相关联的三个方面：意向性（形成自主—依存所受到的制约）、相邻/相似关系（形成自主—依存所依靠的关系），以及通感、通知（形成自主—依存所使用的手段）。从这三方面内容可以看出它们之间的紧密关系和拈连机制的具体运作情况。

用图 3. 6 的模型不仅可以解释隐语表达形式的生成机理，还可以对隐语语用含意的理解机理进行分析。在隐语的理解过程中，依存成分向自主成分的回溯以目的性为导向。听话人在意向性的引导下，以输入的话语为起点，回溯到自主成分，回到意向性，得到较完备表述，从而达成对隐语的解释。隐语的理解同样可能涉及从隐语的显性表述（依存成分）到意向内容（自主成分）的一次或多次的反溯。每一次反溯都是自主成分和依存成分身份的一次转化和自主—依存关系的形成，最初的出发点（显性表述）和最后的反溯结果（意向内容）形成依存—自主关系。

从图 3. 6 的模型可以看出，隐语的生成是从自主成分（意向内容）到依存成分（隐语表达）的推衍过程，而隐语的理解过程就是从依存成分回溯到自主成分的过程。隐语的生成和理解是几个方面因素的综合互动结果。隐语的生成和理解都以相邻/相似关系为中介，体现了在意向性的导向下自主成分和依存成分的复杂转换关系，是一个上向与下向因果力之间发生互动的过程，是一个整体、动态的认知过程。

自主—依存框架是研究隐语运用的重要理论工具，建立在心理模型的基础上。隐语的可能世界是影响隐语推衍与反溯流程的认知域，是客观世界透过心理模型在认知主体中的投影，是制约自主—依存框架的语境。

3.4.3 自主—依存模型的意义

本书尝试在自主—依存的框架内，用自己构建的隐语“自主依存分析模型”系统地分析隐语的生成和理解机理，说明从隐语自主成分到隐语依存成分的推衍，即依存成分作为显性表述生成的机理，并说明隐语的理解过程就是反溯到原来的意向内容，即回溯到诸多可能因素之一。这个隐语分析的“自主—依存分析模型”具有相对独立的解释力。它可以解释隐语现象的有关表达形式生成的机理，也可以用作隐语含意的语用推理的重要解释工具，从而丰富和深化对隐语的研究。同时，用这个模型可以为语言运用中的某些语言现象的研究分析带来新的启发，帮助我们更加深刻地认识人类运用语言和理解语言的认知机制，最终达到探讨人类认识事物的策略、特征等普遍规律的目的。

3.5 小结

认知语言学在反思以往语言学理论的基础上逐步发展起来，并作为新的语言学研究范式，从新的研究视角研究语言，成功地解释了一些语言现象和语言学研究中的很多问题，为语言学研究作出了重要贡献。

随着认知语言学的研究将认知与文化语义学、修辞学、篇章语言学、模糊语言学、词典学、逻辑学、计算语言学、翻译学、哲学、心理学、人类学、计算机科学以及神经科学等结合起来进行跨学科交叉研究，认知语言学必将拓宽自身的研究领域，丰富研究层面，极大地促进认知科学的发展，为语言学以外的学科作出贡献。经过人们不断的深入研究，认知语言学必将进一步发展完善，展现出更强的生命力和更广阔的前景。

本书的研究从认知语言学的理论切入，用认知语用学的视角研究隐语。本书在前人研究的基础上，结合各种相关的语言学理论，特别是在我国学者徐盛桓发展起来的“基于心理模型语用推理”的理论模型的基础上，在自主—依存的分析框架内，构建起自己的理论模型作为解释隐语生成和理解机理的语言模型，系统地分析、说明、研究隐语运用深层的认知机理，努力丰富和深化对隐语的研究。

由于话语表达形式的选择与人们的认知特点有关，所以话语的形成和理解机理是完全可以分析解释的。许多话语的表达形式都具有双重表述的特征，包括一些看似不太正常或不正常的修辞格、成语、歇后语、谜语等表达形式中的显性表述的背后都有自主成分在起制约作用，这些现象都可以用“自主—依存分析框架”进行分析。隐语也不例外，同样可以用这一理论框架进行分析。因此，本章构建起来的新的分析框架为后面的章节制订了简明、统一和可行的框架，打下了坚实的理论基础。接下来的几章将对隐语的生成和理解机理进行逐层深入的分析和说明。

第四章

隐语中的相邻/相似关系

4.1 隐语的特性和来源

隐语是一种在语言运用中形成的具有特殊语义和语用功能的语言现象。本章首先对隐语的构成要素和创制手法进行细致的考察，再进一步探究隐语运用中所蕴藏的相邻/相似原则及其引理，从而认识隐语与日常话语形成的连续统。

在对隐语内部的构成要素进行考察之前，我们可以先简单讨论隐语外部的特性和来源问题。

隐语有隐秘性、传承性、系统性等特性。实际上，这些特性不是隐语所独有的，日常话语也或多或少地具有这些特性。隐语的这些特性只不过是相当典型，突出地反映了语言表达的不完备、不透明的共性。隐语表现出的极大的隐秘性，其本质仍然是含意现象。下面对隐语的这几个特性分别进行说明。

首先是隐语的隐秘性，这是隐语最突出的特点。隐语的隐秘性是指隐语的表面意义在各种构成手段的作用下十分曲折地表现内涵的真实意义，生成有别于字面意义的特殊意义，从一个一般意义单位成为一个特殊的意义单位，使得使用隐语的团体成员即使在公共场合使用隐语也不会被团体外的人理解，从而达到保守本团体机密的效果。有些隐语的理据不明显，有些隐语的理据甚至已经无法找到。但是，不论隐语的理据情况如何，也不论隐语的理解难度如何，隐语作为蕴涵某个意义的象征符号和一个具有非一般意义的语义结构整体，蕴含着它所要表示的全部意义，而且可以间接地引发意义的补足或阐释而得到理解，只是有些隐语的隐秘性极强，其理解需要理解者付出极大的认知努力，从它的各种特性来寻求它的语义指向。

隐语的传承性是指隐语的使用具有延续性，隐语的具体表达法具有基于历史用法的新陈代谢性。这种传承性使得隐语的外在形式具有相对固定性和稳定性，体现了历史性、社会性因素对隐语的约束。尽管隐语的应用因受使用者和语境等因素的影响会产生差异，出现一些隐语同义或近义词，但是个体的语言运用者首先要比较严格地遵守一定的字面义与一定的实际内涵义之间已经牢固建立起来的对应关系，在此基础上灵活性很小，几乎很难按照自己的意愿进行发挥。

隐语还具有系统性。隐语的系统性是指使用隐语的每个团体都有一套相对完整的、自成体系的、区别于其他团体用语的交际符号，涉及该团体的活动和成员生活的方方面面，行使着各种职能，也是增强团体内部成员凝聚力的一种手段。

由于隐语的目的、功能要求和其隐秘性等特性，有些隐语的理据不明显，甚至无法找到。但是如果我们追溯隐语的来源的话，大致可以分为以下几类：文字游戏、历史典故、地理环境、前辈隐语、《三国演义》等文学作品、民俗事物、民间市语、谜语等。

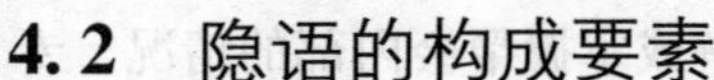

4.2 隐语的构成要素

在了解了隐语的特性和来源之后，我们可以进一步对隐语的结构要素进行考察。从最终表现出来的隐语显性表达来看，四川帮会隐语的构成要素包括语音、文字、词汇、句子、语义等。

4.2.1 语音要素

在四川帮会隐语创制中，语音要素发生了变化，这主要是指谐音。字词的音相同或相近叫做谐音。谐音法指利用词语间的同音关系，以甲代乙，达到隐秘表达的目的。汉字的同音关系有两种，一种是音同、字同，义不同，称为同形同音字；一种是音同，字、义不同，称为异形同音字。谐音是构成四川帮会隐语的语音手法的常用手法，以后者居多。例如，四川哥老会取当时常见词语“依苗苗草”、“耳子草”、“散钱花”、“狮子头”、“乌供养”、“留支皮”、“凄凉冈”“巴地虎”、“舅普子”、“柿子圆”的首字谐音分别构成一至十的数目隐语（傅崇矩，2006：276），就是在这些三字俗语的首字读音上下工夫，利用谐音关系来隐指数字，构成了数字隐语。再如，隐语“肚子头撑船”意指“内航”，谐音指“内行”（杨青山，1993：197）。

在很多情况下，谐音法构成的隐语不是单一的谐音，往往要与其他创制手法结合起来综合使用。

4.2.2 文字要素

在四川帮会隐语创制中，文字要素也可以发生变化，即利用汉字书写符号形体的笔画结构特点，运用析字和改字的手段构成隐语。文字要素的变化构成的隐语与被利用的汉字符号之间只存在形体结构上的某种联系，而在音和义上几乎毫无关联。

帮会为严守秘密，不让外人了解或掌握帮会内部的情况，专门制作各种字句，有些去掉偏旁，有些写成不常见的字，有些借用同音同义之字，有些将几个字合并为一个字，有些将一个字分成一句话。四川帮会隐语的文字要素变化主要指析字中的离合与增损两种变化。

析字在现代汉语修辞学中被认为是一种修辞手法。陈望道认为：“字有形、音、义三方面；把所用的字析为形、音、义三方面，看别的字有一面同它相合相连，随即借来代替或即推衍上去的，名叫析字辞。”析字修辞的基本方法有化形、谐音和衍义三类，而化形析字（变化字形的析字）又可以分为离合、增损和假借三种（陈望道，2008：128－129）。

这里的析字主要指析字中的离合和增损两种，是利用汉字的结构特点，将汉字的笔画结构进行拆分来构成隐语的一种手法。其中既包括将字形直接拆开来用的离合，又包括对汉字结构部件的形体笔画进行增、减等变形以形成隐语的增损。

四川帮会隐语中有一些是利用析字中的离合来构成隐语。例如：隐语“山灰”指“炭”，就是离合“炭”的字形变为“山”和“灰”形成的；隐语“牛一”指“生”，就是离合“生”的字形变为“牛”和“一”形成的（傅崇矩，2006：283－284）。

四川帮会隐语中用到析字中的增损来构成隐语。例如：隐语“尖”指的是“小”，是对“小”字进行增加构成的；隐语“己”指“配”，是删减“配”字的部件构成的；隐语“昔”指“借”，是删减“借”字的部件构成的；隐语“木”指“末”，是删减“末”字的部件构成的；隐语“破田”指“丑”，是删减“田”字左边的笔画一竖构成的。而表示数字“一”、“二”、“三”、“四”的隐语“刘”、“月”、“汪”、“則”（“则”的繁体）分别是取“刘”、“月”、“汪”、“則”几个字的笔画结构中的横写笔画数，再用数字“一”、“二”“三”、“四”加以代替构成的（傅崇矩，2006：283－287）。

隐语“川大车日”和“川大丁首”分别指“顺天转明”和“顺天行道”（李子峰，1989：266）。这两个隐语因为一般竖式连写，看形态类似东汉道教之符，从字面上看没有合理的意义，几乎不可能猜出背后的意思，而实际是用来指“反清复明”的组织宗旨。由于帮会是秘密组织，其宗旨不能为外人所知，就使用了增损，只取“顺”、“天”、“转”、“明”、“行”、“道”等字的一部分，形成隐语“川大车日”和“川大丁首”。

4.2.3 词汇要素

在四川帮会隐语的创制中，词汇要素也可以发生变化，即运用词法学的手段和变化形式构成隐语，主要包括借助词头和词尾来构成隐语。

4.2.3.1 词头

从形式上看，词头是词干的前加成分；从功能上看，词头是构词的一种标志，是一种构词成分。词头没有词汇意义，不能作造句材料，但具有语法意义和语法功能。

四川帮会隐语中用到的词头主要有“老”和“小”。现分别举例如下：

由词头“老”构成的隐语有“老圈”等。“匪”的外围近乎圈形，先通过形近的方法用“圈”代指“土匪”的“匪”，再加上词头“老”，最后构成“老圈”。加上“老”后增加了亲切的感情色彩，这是“老”附加在整个词上面的语法意义。“老”又是名词的标志，其语法功能是确定词性。此外，还有其他一些隐语也是借助词头“老”来构成的。例如：隐语“老至”、“老谄”

用来指“装扮成道人沿街叫卖符箓的骗子”，“老秋”用来指“理发匠”，“老摇”用来指“浑水袍哥的头目”，以及“老送”用来指“以念劝世文送药的骗子”等①。

由词头“小”构成的词都是名词，其中尤以指人的名词为多。“小”除了具有确定词性的语法功能外，还具有表示各种如亲昵、喜爱以及厌恶等感情色彩的语法意义。例如，由词头“小”构成的隐语有指“干杂役的初入会成员”的“小老幺”等（郝志伦，2001：266）。

四川帮会隐语中，构词能力较强的词头主要是上述的“老”和“小”，这与汉语尤其是四川话的日常用语是一致的。

4.2.3.2　词尾

从形式上看，词尾是词干的后加成分；从功能上看，词尾和词头一样，是构词的一种标志，是一种构词成分。词尾没有词汇意义，不能作造句材料，但具有特殊的语法意义和语法功能。

四川帮会隐语中用到的词尾主要有“子”、“老”、“儿”和“头”。现分别举例如下：

“子”附加在整个词上面的语法意义是“小称”的附加意义。“子”的语法功能主要是确定词性。在四川帮会隐语中，词尾“子”用得很普遍，构成的词几乎都是名词，既可指人，也可以指其他事物。

由词尾“子”构成的隐语很多，分为人物、人体器官、动物、地点、事物、姓氏、事件等类别。例如，由词尾“子”构成的指人物的隐语有：“马子”指“官差吏役”，“外马子”或“刁滑马子”指“外人”，“阴马子”指“女人”，“硬里子”指

① 此段语料见：郝志伦，《汉语隐语论纲》，巴蜀书社，2001：257；潘庆云，《中华隐语大全》，学林出版社，1995：466。

"演戏时的重要配角"，"童子"指"儿童"，"摇线子"或"带线子"指"行窃时引路的人"等。

由"子"构成的指人体器官的隐语有："鸡爪子"或"扒子"指"手"，"金刚子"指"腿"，"盘子"指"脸"，"定盘子"指"心"，"才条子"指"牙齿"，"罗汉子"指"肚腹"，"樱桃子"指"嘴"，"踢土子"指"脚"，"招子"指"眼睛"，"气桶子"指"鼻"，"顺风子"指"耳"，"口条子"指"舌"等。

由"子"构成的指动物的隐语有："摆尾子"指"鱼"，先通过摹形的方法用"摆尾"指"鱼"，再加上词尾"子"。其他指动物的隐语还有："凤凰子"指"鸡"，"尖嘴子"指"鼠"，"海条子"指"龙"，"尖条子"指"蛇"，"扁嘴子"指"鸭"，"大耳子"指"兔"，"弯腰子"指"虾"，"扒山子"指"虎"，"高腿子"指"马"，"爬杆子"指"猴"，"嚎天子"指"狗"，"寿头子"指"鹅"，"缩头子"指"乌龟"，"滑皮子"指"骡"，"海嘴子"指"狼"，"藤子"指"牛"等。

由"子"构成的指地点的隐语有："哑巴窑子"指"庙宇"，"玉子窑子"指"酒馆"，"落马窑子"指"旅馆"，"威武窑子"指"衙门"，"圈子"指"县城"等。

由"子"构成的指事物的隐语有："亮壳子"指"灯笼"，"饼子"指"洋钱"，"滚盘子"指"车子"，"黄连子"指"茶"，"底子"指"船"，"四脚子"指"马"，"穿心子"指"马甲"，"踢头子"或"船帮子"指"鞋子"，"顶官子"指"帽子"，"望乡子"指"楼"，"八面子"指"风"，"花花子"指"钞票"，"宝莲子"指"灯"，"鹅毛子"指"雪"，"玉子"指"酒"，"粉子"指"饭"，"蛾眉子"指"月"，"花叶子"指"名片"，"莲花子"指"饭碗"，"片子"指"肉"，"冰股子"

指“分得的赃物”，“叶子”指“钞票”，“歪子”指“船”，“开花子”指“雨伞”，“熏杆子”指“烟枪”，“小片子”指“刺刀”，“扇子”指“门”，“去风子”指“荷包”，“灰包子”指“点心”，“八狗子”指“棉袄”，“条子”指“会中规则之隐语”等。

由“子”构成的隐语还包括常用的三四十个姓氏。如：“灯笼子”指“赵姓”，“根斗子”或“晚辈子”指“孙姓”，“抄手子”指“李姓”，“匡吉子”指“周姓”，“口天子”指“吴姓”，“四方子”指“郑姓”，“虎头子”指“王姓”，“冰天子”指“韩姓”，“千金子”指“陈姓”，“草头子”指“蒋姓”，“撑肚子”指“魏姓”，“板弓子”指“张姓”，“两截子”指“段姓”，“双梢子”指“林姓”，“顺水子”指“刘姓”，“顶浪子”指“于姓”或“余姓”，“大沟子”指“江姓”，“浮水子”指“尤姓”，“横行子”指“谢姓”，“甜头子”指“唐姓”，“振耳子”指“雷姓”等。

由“子”构成的指事件的隐语有：“宰根子”或“掸鞭子”指“借检查为名抢掠财物”，“扎口子”指“设岗哨作为警戒”，“插旗子”指“在新的地方建立帮会的分支机构”，“抬凳子”指“恭维”，“下坎子”指“撤退”，“抹面子”指“洗脸”，“杀内场子”指“使帮会内部成员受到伤害”，“扫面子”指“帮中人与某人有隙，派弟兄故意与他为难”，“冲围子”指“搭人梯入宅抢劫”，“跑底子”指“追踪轮船”，“爆堂子”指“破坏聚会”，“放台子”指“设台聚赌”，“困槽子”指“典当衣服什物”等①。

作词尾的“老”在隐语中也很普遍。词尾“老”构成的词都是名词，其中指人的名词较多。在具体结构中，既有名词词干加词尾“老”的，也有动词词干和形容词词干加词尾“老”的。

由词尾“老”构成的隐语如：“盘老”指“面”，“探老”指“眉”，“容老”指“肚”，“巾老”指“教书先生”，“嵌老”指“枷”，“圆老”指“斗”，“科老”指“升”，“方老”指“斛”，“平老”指“秤”，“昏老”指“床”，“登老”指“靴”，“叉老”指“裤”，“青老”指“茶”，“熏老”指“鸦片”，“撑老”指“帐”，“山老”或“喧老”指“酒”，“食老”指“饭”，“线老”指“挂面”，“信老”指“盐”，“汁老”指“酱”，“烧老”指“烟”，“臊老”指“羊肉”等。

由词尾“儿”构成的隐语有：“魁儿”指“头”，“素儿”指“喉”，“躲儿”指“招牌”，“绞儿”指“剪刀”，“叉儿”指

---

① 此段和以上六段由词尾“子”构成的隐语语料见：易水寒，《中国江湖揭秘（中国江湖系列丛书）》，社会科学文献出版社，1993：183；雪漠，《江湖内幕黑话考》，上海文艺出版社，1991：175；李子峰，《海底》（1940 年版影印本）（民国丛书第一编 16 · 社会科学总论类），上海书店，1989：249 –257；蔡少卿，《中国秘密社会》，浙江人民出版社，1989：62 –66；平山周，《中国秘密社会史》（民间秘密结社与宗教丛书），河北人民出版社，1990：112 –113；刘延武，《中国江湖隐语辞典》，中国社会科学出版社，2003：91；陈崎，《中国秘密语大辞典》，汉语大词典出版社，2002：307，315，318；郑硕人、陈崎，《语海 · 秘密语分册》，上海文艺出版社，1994；《中国帮会史 · 第四部分》，http:// book. cnlu. net/book_jie. asp? id =16513. 2006；《袍哥：江湖上的大众职业》，http:// elife. qlcity. com/life/wenhua/xsy/2005/6-24/130512404. htm，2005。

“裤子”，“踏麦儿”指“面筋”，“飘儿”指“舟”①。

由词尾“头”构成的隐语有：“木头”指“立春”，“火头”指“立夏”，“水头”指“立冬”，“寸头”指“尺”，“杷头”指“梳子”，“丈头”指“年纪”，“错虎头”指“道士书符”等(傅崇矩，2006：279－288)。

总的来说，根据对四川帮会隐语的分析，四川帮会隐语中的词头、词尾虽然没有汉语日常用语的词头、词尾多，但其常用的词头、词尾也是汉语日常用语中常用的词头、词尾。

4.2.4 句子要素

在四川帮会隐语的创制中，句子要素也产生作用，即运用造句法的手段和方式，按照句法结构关系构成新词。句子要素不同于词汇要素，它不用词头和词尾作材料，而是用词作材料。句子要素构成的隐语的结构关系与句子的结构关系一致，同样包括主谓式、动宾式、补充式、偏正式和并列式五种。

4.2.4.1 主谓式

这里的主谓式是指用主语和谓语的结构关系来创制隐语的手法。汉语中的主谓式构词比较多，四川帮会隐语中也有很多用主谓式创制的词语。

例如：“水深”指“钱多”，“水涨了”指“作案遇到追捕”，“水紧”指“事急”，“筛子响”指“打更”，“天仓满了”指“恶贯满盈”（雪漠，1991：177）；“汉留”指“汉族保留”，

---

① 由词尾“老”和“儿”构成的语料参见：傅崇矩，《成都通览》，成都时代出版社，2006：282－285；平山周，《中国秘密社会史》（民间秘密结社与宗教丛书），河北人民出版社，1990：112。

"树上清秀"指"身上清洁"[①]；"天墨"指"天黑"，"官川"指"夫死"，"才川"指"妻死"，"东川"指"公死"，"西川"指"婆死"等（傅崇矩，2006：286）。

4.2.4.2 动宾式

这里的动宾式是指用谓语和宾语的结构关系来创制隐语的手法。汉语中的动宾式构词占重要位置，在四川帮会隐语中也占很大比重。

例如，"打响片"指"将事情向袍哥内部公布"，"乘火"指"顶住祸事"，"叫梁子"指"报仇"，"结梁子"指"结仇"，"穿黑袍"指"冒充袍哥"，"通皮"指"与袍哥有交往"，"盘海底"指"询问对方所在的山、水、香、堂（袍哥组织）"（王纯五，1993：61－63）；"搭台子"指"调解私怨"，"换袍"指"逃走"，"吹窑鸡"指"抢人"，"抱童子"指"抢人小儿图财"，"接观音"指"劫妇女图财"，"摸庄"指"谋杀人"，"走水"指"露出计策"等。

4.2.4.3 补充式

这里的补充式是指用谓语和补语的结构关系来创制隐语的手法，主要由动词加形容词或者由动词加动词构成。汉语中的补充式构词比较多，但在四川帮会隐语中较少。

例如，"丢翻"指"打死人"（雪漠，1991：176）；"掷臭"指"失面子"，"打响"指"介绍"，"观亮"指"认得"，"吃通"指"到处都行得通"（王纯五，1993：62）；"站拢"指"叫人集在一处"，"跳高"指"向外交接"，"起发"指"由贫而富"等。

---

① 参看：《中国帮会史·第四部分》，http://book.cnlu.net/book_jie.asp?id=16513，2006。

4.2.4.4 偏正式

这里的偏正式是指运用句法中的修饰、限制关系来创制隐语的手法。汉语中的偏正式构词比较多，四川帮会隐语中也有很多用偏正式创制的词语。

例如，“光棍”指“袍哥”，“矮起说”指“袍哥犯了法规，跪着准备受罚”（刘黎明，1993：35）；“棋盘身”指“种田人”，“皮子朝阳”指“衣店”，“火土朝阳”指“砖瓦店”，“信朝阳”指“盐店”，“册子朝阳”指“书店”，“顶公朝阳”指“帽店”，“踢土朝阳”指“鞋店”，“鱼皮朝阳”指“靴店”，“山朝阳”指“酒店”，“流官朝阳”指“肉店”，“千条朝阳”指“面店”，“光亮朝阳”指“绸缎店”（傅崇矩，2006：280－281）；“小喷筒”指“手枪”，“大生意”指“好事”，“金驾”指“大驾”，“双扇”指“门”，“小老鼠”指“毛贼”等。

4.2.4.5 并列式

这里的并列式是指运用句法中的并列结构来创制隐语的手法。汉语中的并列式构词比较多，但在四川帮会隐语中数量相对较少。

例如，四川帮会隐语中有一些词语由意义相近的字构成或由数字构成。隐语“栽培”指“提拔”，“栽插”指“新加入袍哥”（王纯五，1993：63）等是由意义相近的字构成的；而指“道人”的隐语“廿一”、指“和尚”的“廿三”、指“道士”的“廿四”、指“大盗”的“千七”等（傅崇矩，2006：283）是由数字构成的。

4.2.5 语义要素

语义法是指通过语义的变化来构成隐语。这种方法很复杂，也很丰富，主要通过修辞表现出来。修辞法是指运用修辞手段的各种语言技巧来创制隐语的手法。汉语日常用语中的修辞手段在汉语隐语中都存在。根据现有的资料分析研究，四川帮会隐语的构成中用到的修辞方式主要包括比喻、借代、婉曲、摹状、藏词、引用等几种方式。

4.2.5.1　比喻

比喻是一种常见的修辞方式。陈望道认为："思想的对象同另外的事物有了类似点，文章上就用那另外的事物来比拟这思想的对象的，名叫譬喻"（陈望道，2008：59）。比喻可以分为明喻、隐喻、借喻三类。这里说的"比喻"是指用他事物（喻体或隐语）来指称本事物（本体或日常用语），即利用两种事物之间的相似、相近之处，用一种事物比喻另一种事物的方法构成隐语表达的方式。

在修辞型的隐语结构中，比喻型的隐语数量很多，以名词词性的隐语为主。由于比喻能增强语言的形象性和生动性，能突出被描绘事物的某一方面的特征，以加深印象，因此比喻的使用在四川帮会隐语中相当普遍；同时又由于对隐秘性的很高要求，这些比喻法构成的隐语的意义又有很大的模糊性。

对比喻型的隐语简单举例如下："吹灯笼"指"剜眼睛"，"对红心"指"够朋友"，"踩水"指"侦察情况"，"采荷"指"抢劫"，"开花"指"抢劫回来分赃"，"书房"指"牢狱"，"片子"指"肉"，"枪手"指"专门伺候人吸烟的人"，"喷筒"指"洋枪"（雪漠，1991：175－177）；"观音"指"被绑架的妇女"，"兔子"指"车"或"士兵"（曲彦斌，1995：627）；"门神"指"入室行窃时指挥进退者"，"筛子"指"打更用的锣"，"天表"指"云"，"天线"指"雨"，"天盐"指"雪"，"天鼓"指"雷"，"天隔面"指"雾"，"列齿"指"城"，"水窨"指"井"（傅崇矩，2006：278）；"捡渣渣"指"盗窃零星财物”等。

再如，隐语“腊肉骨头”指“没有多大价值”；“爬地草”以物喻人，指“不能独立作案的人”；“花椒开水”以物喻事，指“手段狡诈厉害”（杨青山，1993：8，332）。这些都是充分利用比喻的特性来构成隐语。

4.2.5.2 借代

修辞上的借代是指“所说事物纵然同其他事物没有相似点，假使中间还有不可分离的关系时，作者也可借那关系事物的名称，来代替所说的事物”（陈望道，2008：65）。这里的“借代”是指隐语中运用借代的方式，把本体（即日常用语）直接说成代体（即隐语）的方式，也就是不直接说出事物的本体（即“所指”成分），而借用另外一种与其有可换关系的事物的名称（即“能指”成分）来代替本体的构成方式。

四川帮会隐语普遍运用了各种形式的借代方法，具有隐晦曲折的特点，保密性强。但是，与修辞的借代不同的是，隐语的借代的本体与代体之间不一定具有直接相关性。

例如，“流寅”指“一”，“月卯”指“二”，“汪辰”指“三”，“执巳”指“四”，“中马”指“五”，“人未”指“六”，“辛申”指“七”，“朔酉”指“八”，“受戌”指“九”，“流执”指“十”（傅崇矩，2006：285）。再如，“细货”借抽象代具体，指“绫、罗、绸、缎等贵重物品”（曲彦斌，1995：662）。这些都是用借代的手法构成的隐语，其中有些隐语的借代的本体与代体之间不一定具有直接相关性。

4.2.5.3 婉曲

这里说的“婉曲”包括修辞法上的婉转和避讳两种。修辞上的婉转是指“说话时遇有伤感惹厌的地方，就不直白本意，只用委曲含蓄的话来烘托暗示”，而避讳是指“说话时遇有犯忌触讳事物，便不直说该事该物，却用旁的话来回避掩盖或者装饰美化”（陈望道，2008：109）。这里的“婉曲”指不直接说，而用委婉的方式来说的隐语构成方式。这一般是因为避讳功能要求很强而使用的手法。

四川帮会隐语有自己的吉凶观、利害观、荣辱观，这就形成了特有的语言禁忌，在禁忌的基础上又形成了婉曲。例如，隐语“失风”指“被捕”，“踩水”指“侦察情况”，“传掉”指“杀死”，“采荷”指“抢劫”，“开花”指“抢劫回来分赃”，“丢翻”指“打死人”（雪漠，1991：176－177）；“年川”指“病死”，“红川”指“产死”，“扁川”指“打死”，“抵川”指“勒死”，“官川”指“夫死”，“才川”指“妻死”，“东川”指“公死”，“西川”指“婆死”，“延年”指“病”，“急延年”指“暴病”，“常延年”指“老病”（傅崇矩，2006：286）；“观音”指“被绑架的妇女”，“门神”指“入室行窃时指挥进退者”，“捡渣渣”指“盗窃零星财物”，“水涨”指“作案后遇到追捕”，“得黄道”指“找到行窃门路”等。

4.2.5.4　摹状

修辞上的摹状是指“摹写对于事物情状的感觉的辞格”。这里的“摹状”是指运用语言手段来摹写事物的颜色、形状、声音，给人以视觉和听觉的刺激并引起听者联想的隐语构成方式。

例如，隐语“闪光子”借助于视觉，对物体形状如实描摹，指“闪电”（曲彦斌，1995：538）。

再如，“地出头”指“山”，“如烟”指“雾”，“空青”指“晴”，“皂线”指“头发”，“圆老”指“斗”，“方老”指“斛”，“四脚子”指“凳”，“朝天”指“桌子”，“响踢土”指“木履”，“乌薪”指“炭”，“摇红子”或“亮子”指“蜡烛”

等（傅崇矩，2006：278－285）。

4.2.5.5 藏词

陈望道在《修辞学发凡》中将藏词定义为："要用的词已见于习熟的成语，便把本词藏了，单将成语的别一部分用来在话中替代本词的，名叫藏词。"（陈望道，2008：128）藏词起源于汉，盛行于魏晋南北朝时期，与诗歌、骈文等文体形式有关。藏词的兴盛主要不是为了隐蔽性，而是为了满足骈文的字数和对仗等目的或是为了显示较深的文字功底。汉语藏词主要分为藏头词、藏尾词、藏腰词和隔字藏词四类。

四川帮会隐语对藏词的运用主要是采用"藏脚"方式构成。"藏脚"亦称"歇后"、"缩脚"或"截尾"，即把一个较固定的短语的最后一个字或后一部分省略掉，只说前一部分，并用剩下的部分来指这个被省略的部分。例如，指茶的隐语"半夜巡"就是将"半夜巡查"中的"查"加以隐藏，再以"查"谐"茶"。

4.2.5.6 引用

修辞上的引用是指"文中夹插先前的成语或故事的部分"(陈望道，2008：85)。这里的"引用"是指暗中借用成语故事、历史典故及神话传说等历史文化方面的典故来构成隐语的方式。例如，"洪门海底"指洪门组织的范本《金台山实录》，因为这本书是从金台山下的海底取出的。隐语"苑内人"是因为郭永泰有林苑名为"松柏苑"，开尽忠山时，常聚哥弟于苑内，商洽事件，当时以苑内人称呼，所以称洪门兄弟为苑内人（王纯五，1993：65）。

以上这些修辞方式的运用屡见不鲜，是构成上的突出特点。这些修辞方式无论是在数量上还是在使用频率上，在四川帮会隐语中都居于主体地位。

从以上可以看出，语音、文字、词汇、句子、语义等作为构成要素都在四川帮会隐语的创制中起到作用。四川帮会隐语的创制是以这些要素为材料，并在此基础上再通过创制手法的运用最终构成隐语。

4.3 隐语的创制手法

四川帮会隐语的结构要素的变化是无穷尽的，但是经过总结概括可以看出，所有的变化都可以归结为以下六种创制手法：省、增、析、借、造和换位。

(1) 省：省的手法是指四川帮会隐语的创制可以通过音、笔画结构的省略，通过词中用字的省略，还可以通过句子中词的省略。

例如：隐语“己”指“配”，隐语“昔”指“借”，隐语“木”指“末”，隐语“破田”指“丑”，隐语“刘”、“月”、“汪”、“则”指数字“一”、“二”、“三”、“四”（傅崇矩，2006：283－287）。在这些隐语中，“己”是删减“配”字的部件构成的；“昔”是删减“借”字的部件构成的；“木”是删减“末”字的部件构成的；“破田”是删减“田”字左边的笔画一竖构成的。这些数字隐语分别是由“刘”、“月”、“汪”、“則”（则的繁体字）的笔画结构中的横写笔画数“一”、“二”、“三”、“四”构成的。这些隐语的创制都用到了省的手法。

再如，隐语“川大车日”和“川大丁首”也是用了省的手法，只取“顺天转明”和“顺天行道”中的“顺”、“天”、“转”、“明”、“行”、“道”等字的一部分，形成了隐语“川大车日”和“川大丁首”。指“茶”的隐语“半夜巡”是将“半夜巡查”中的“查”加以隐藏，再以“查”谐“茶”。隐语“换袍”是将“曹操换袍”典故中的“曹操”省略构成的。隐语“洪门海底”指洪门组织的范本《金台山实录》，因为这本书是从金台山下的海底取出的。

（2）增：增的手法是指四川帮会隐语的创制可以通过音、笔画结构的增加，通过词中用字的增加，还可以通过句子中词的增加。

例如，隐语“尖”是对“小”字进行笔画的增加构成的。

再如，增加词头“老”构成的隐语“老圈”、“老至”、“老送”等；增加词头“小”构成的隐语“小老幺”等；增加词尾“子”构成的隐语“抵码子”、“童子”、“摇线子”、“叶子”、“宰根子”、“兔子”、“歪子”、“藤子”、“盘子”、“照子”、“冰股子”、“摆尾子”等；增加词尾“老”构成的隐语“巾老”、“叉老”、“盘老”、“探老”、“容老”、“嵌老”、“昏老”、“平老”、“青老”、“线老”、“烧老”、“信老”等；增加词尾“儿”构成的隐语如：“魁儿”指“头”，“素儿”指“喉”，“躲儿”指“招牌”，“叉儿”指“裤子”，“踏麦儿”指“面筋”等；增加词尾“头”构成的隐语“火头”指“立夏”，“水头”指“立冬”，“寸头”指“尺”，“杷头”指“梳子”，“丈头”指“年纪”等。

（3）析：析的手法是指四川帮会隐语的创制利用汉字的结构特点，将汉字的笔画结构进行离合、增损从而构成隐语的一种手法。

例如，隐语“山灰”指炭，就是将“炭”析为“山”和“灰”形成的；隐语“牛一”指“生”，就是将“生”析为“牛”和“一”形成的。

（4）借：借的手法是指四川帮会隐语的创制通过改变、歪曲显性表述的语义来进行，具体手法包括：语音的相同与相似；字体结构的相似；词义的相同、相似与相反；语义的关联；其他属性（大小、长短、形状、新旧、颜色、材料等）的相邻与相似等。这里的借主要指意义上的借。

例如：四川哥老会用“依苗子”、“耳子草”、“散钱花”、“狮子头”、“乌供起”、“留支皮”、“凄凉冈”、“巴地虎”、“舅普子”、“柿子园”的首字谐音分别构成指一至十的数目隐语，就是借这些三字俗语的首字读音与数目字读音的相近，从而隐指数字，构成了数字隐语。再如，隐语“肚子头撑船”意指“内航”（杨青山，1993：197），而“内航”谐音指“内行”，也是借音的相同。

再如，“观音”指“被绑架的妇女”，“兔子”指“车”，“门神”指“入室行窃时指挥进退者”，“筛子”指“打更用的锣”，“书房”指“牢狱”，“枪手”指“专门伺候人吸烟的人”，“喷筒”指“洋枪”，“捡渣渣”指“盗窃零星财物”，“踩水”指“侦察情况”，“采荷”指“抢劫”，“开花”指“抢劫回来分赃”，“吹灯笼”指“剜眼睛”，“摆地坝”指“分赃”，“点水”指“出卖同伙”等①。这些都是用借代手法形成隐语。

又如：数字隐语中借“流寅”指“一”，“月卯”指“二”，“汪辰”指“三”，“执巳”指“四”，“中马”指“五”，“人未”指“六”，“辛申”指“七”，“朔酉”指“八”，“受戌”指“九”，“流执”指“十”等。而“水深”、“筛子响”、“换袍”、“抱童子”、“拔香头子”等隐语也是用借的手法形成的。

---

① 此段语料见：傅崇矩，《成都通览》，成都时代出版社，2006；雪漠，《江湖内幕黑话考》，上海文艺出版社，1991；平山周，《中国秘密社会史》（民间秘密结社与宗教丛书），河北人民出版社，1990。

（5）造：造的手法是指四川帮会通过新字、新词的编造或赋予旧词以新意义的方法创制出隐语。有些编造出来的新字、新词与隐性表述之间几乎没有联系，意义十分隐晦，甚至不可思议。还有些隐语通过赋予旧词以新意义而造出来，与隐性表述之间有或多或少的联系。汉字是形声文字，汉语是意会的模糊语言，借用旧语素创造新词语，赋予旧词以新意义的方法在汉语的日常用语中很常见。例如，“火箭”一词原指古代的一种兵器，后用来指航天飞行装置等，是因为前者与后者有着相似的飞行形态。四川帮会也是利用造的手法创制出很多隐语。

例如：“闪光子”指“闪电”（曲彦斌，1995：538），“片子”指“肉”，“天表”指“云”，“天线”指“雨”，“天盐”指“雪”，“天鼓”指“雷”，“天隔面”指“雾”，“列齿”指“城”，“水窖”指“井”，“失风”指“被捕”，“得黄道”指“找到行窃门路”，“对红心”指“够朋友”，“地出头”指“山”，“如烟”指“雾”，“空青”指“晴”，“皂线”指“头发”，“圆老”指“斗”，“方老”指“斛”，“四脚子”指“凳”，“朝天”指“桌子”，“响踢土”指“木履”，“乌薪”指“炭”，“摇红子”或“亮子”指“蜡烛”，“水紧”指“事情急”，“升红”指“放火”，“赶水”或“崩棚子”指“中途加入行动”等，都是用造的手法构成隐语。“水深”、“筛子响”、“换袍”、“年川”、“才川”、“急延年”、“常延年”等隐语也是用造的手法形成的①。

（6）换位：换位的手法是指四川帮会通过句法成分的常规位置的换位的方法创制出隐语。

---

① 此段主要语料参看：《袍哥：江湖上的大众职业》，http://elife. qlcity. com/life/wenhua/xsy/2005/6-24/130512404. htm，2005。

例如：隐语“汉留”指保留汉族，采用换位的手法增加了隐秘度；“插柳上山”指“从小老幺一步一步提升上去”，而“上山插柳”指“（越过小老幺）中途参加”。“翻山越岭”指“袍哥升堂口”，因为从山（陆地隆起之部分）到岭（山顶可通之道路），岭高于山；而“越岭翻山”与此相反，是从高到低，用来指“降堂口”。

以上讨论了四川帮会隐语的几个构成要素和各种创制手法。如果将构成要素与创制手法结合起来看，将会呈现出丰富的作用形态，见表4.1。某一个创制手法对某一个构成要素产生作用，在表中用“+”来表示。

表4.1　隐语创制手法对构成要素的作用

构成要素 创制手法	音	字	词	句	义
省	+	+	+		
增	+	+	+		
析		+			
借	+	+	+		+
造		+	+		+
换位			+	+	

4.4　隐语中的相邻/相似关系

在“基于模型的语用推理”理论中的“自主—依存分析框架”下，隐语的生成和理解都是通过相邻/相似关系的中介的认知过程。由此可见，相邻/相似关系起着重要作用。隐语之所以能有以上六种创制手法，究其根源，还是在于概念间的相邻/相似关系。

心智中的知识结构是由人们对事物间的常规关系的认识建立起来的，常规关系作为认知工具阐释和补足话语的隐性表述时以相邻和相似为两个基本选择，心智中的知识结构体现为以相邻/相似关系的抽象知识为维度组织起来的类知识。我们可以通过常规关系来把握世界，具有常规关系的两个事物互为“关系体”，提到其中一个可能内在地蕴含另一个（Croft & Cruse，2004：67）。两事物间的常规关系必定可以体现为[±相邻]和/或［±相似］两个维度。相邻和相似在格式塔心理学中被概括为完型趋向律中的相邻律和相似律。这两个原则指出，［±相邻］和［±相似］是从相邻到不相邻、从相似到不相似的连续体，人们感知外界事物时总是以以往的经验为参照，将当前所感知的具有一定强度相邻性和相似性的两事物尽可能识解为该事物的一个完整的典型或从一个完整的典型辨识其中的组成成分，也就是人们对相邻/相似的事物倾向于分别感知为一个整体。人们对客观事物的相邻/相似性进行认知加工，在语言运用中也会利用话语所涉及的对象和事件之间的相邻/相似关系。这样，在抽象层次上的［±相邻］和［±相似］两个维度就成为常规关系，并作用于隐性话语表述的认知解释（徐盛桓，2006：107－111）。因此，同样可以用含意推导理论的常规关系和相邻/相似性来解释隐语。

根据这一假设，人们对相邻/相似的事物可能经历如下的感知过程，概括为“相邻/相似律”及其若干引理（徐盛桓，2007：34－40）。从隐语的构成要素和创制手法来看，隐语的形成和理解也依照相邻/相似原则及其引理。下面结合隐语具体举例。

相邻/相似律：

$$HY: x \wedge x \trianglelefteq y \rightarrow \Diamond HY: (x)\ y$$

"HY"表"话语";"∧"表"合取";"≌"表"曾相邻/相似";"→"表"内在地蕴含着"或"可推衍出";"◇"表"可能"。

以上公式用文字表述如下：如果在话语 HY 中出现 x，如果在某一可认定的情境中（语言的和非语言的、实际出现过的和只是想象的，等等）x 曾同 y 相邻/相似，则 x 可能蕴含 y。在认定了 x 曾同 y 相邻/相似这一前提下（以下各引理同）这可简化为因果式：x → ◇（x）y（读作：如果在话语中出现 x，则 x 可能蕴含 y）。

例如，想要表示帮会组织的范本《金台山实录》的意向内容，可用"海底"。也就是说，当时四川帮会的成员如果要想说《金台山实录》，就可以用隐语"海底"来表达，因为《金台山实录》和"海底"是相邻的。"海底"即《金台山实录》是帮会中视为最珍贵而不为外人道的东西，只有帮会中的老兄弟们才知道其来历。据说在清嘉庆年间，福建厦门渔民在海底打捞起一只铁匣，打开一看，里面藏着旧书一部，题作《金台山实录》；还有印章一枚，文作"延平郡王招讨大将军印"。书中所记，是"反清复明"的宗旨，以及"金台山会盟"的规章、暗号、称呼等。清道光十五年，四川永宁人郭永泰路过这户渔民家，见其书，异之，遂以重金购下。于是，《金台山实录》作为洪门先烈郑成功的遗物，到了郭永泰的手里。为了使得其书适合四川袍哥的需要，郭永泰请人照原本加以增改，又因为这本书是从金台山下的海底取出的，所以称这本书叫《海底》，又叫做《金不换》。清道光二十八年，郭永泰根据《海底》教义，在四川永宁大会袍哥，开尽忠山，盟誓者达四千余人。一切香规礼节都照《海底》进行，还发出会员证书，洪门将此证书称之为"宝"。这本《海底》便成了洪门组织的范本，是洪门的组织法和花名册的代名词。（平山周，1990：112）找到《金台山实录》的地方，即金台山下的海底就与这本书形成了地点上的相邻，从《金台山实录》就可以推衍出金台山下的海底。

再如，想要表示办事的意向内容，可用“办交涉”。也就是说，当时四川帮会的成员如果要想表达办事，就可以用隐语“办交涉”来表达，因为“办事”和“办交涉”是相似的关系。“办交涉”中的“涉”意为“涉水”。四川帮会认为，此方有事，达之彼方，就像是涉水而过，所以称为“办交涉”①。“办事”与“涉水”在起点、终点与过程上具有相似性，从“办事”就可以推衍出“办交涉”。

相邻/相似律还可以引申出若干引理（corollaries）。

（1）相邻/相似律的逆向作用律：

$$HY: xy \rightarrow \Diamond HY: (x \vee y)$$

“∨”表示“析取”。即，如果在话语中出现 xy，则可能 xy 蕴含 x 或 y。

例如，“四排和七排”在四川帮会的语境下就可推衍为“四七”。袍哥每个堂口中不设四七，也就是没有四排和七排的位置。据说这是因为袍哥在四川刚刚兴起的时候，雅安一个叫胡四的人和一个叫李七的人出卖帮会组织，密报官府，被袍哥头目当众杀头。从此以后，四和七这两个数字为袍哥所忌讳，所以堂口中都不设四排和七排②。

（2）相邻/相似律的替换律：

$$HY: x \rightarrow \Diamond HY: x'y$$

① 参看：刘联珂编著的《中国帮会史》第五部分的《海内洪门组织》。

② 参看：《袍哥：江湖上的大众职业》，http:// elife. qlcity. com/life/wenhua/xsy/2005/6-24/130512404. htm，2005。

即，在话语中出现 x，则可能与 x 相似的 x′蕴含 y。这就是同一词语的替代。替换律也可能发生逆向作用。

例如：想要表示从一至十的数字的意向内容，可以用“依苗子”、“耳子草”、“散钱花”、“狮子头”、“乌供起”、“留支皮”、“凄凉冈”、“巴地虎”、“舅普子”和“柿子园”等隐语来表达，因为这些三字俗语的首字“依”、“耳”、“散”、“狮”、“乌”、“留”、“凄”、“巴”、“舅”和“柿”的读音与从一至十的数字的读音相同或相近，形成了同音词语的替换，从一至十的数字可以推衍出这十个同音字。

（3）相邻/相似律的传递律：

$$x \trianglelefteq y \wedge y \trianglelefteq z \rightarrow (HY: x \rightarrow \Diamond HY: y) \rightarrow \Diamond HY: z$$

即，在话语中出现 x，如果在过去某一语境中 x 曾同 y 相邻/相似，而在过去某一语境中 y 又曾同 z 相邻/相似，则 x 可能蕴含 z。

例如，想要表示请安的意向内容，可用“扯仟子”，也就是说，当时四川帮会的成员如果要想说“官场请安”，就可以用隐语“扯仟子”来表达。因为“扯仟子”和明清时代的官场请安的说法“打仟”是相似的。明清时代之官场请安，称为打仟，俗呼“卖火腿”。洪门不说“打仟”，而说“扯仟”，以不同于官场请安的“打仟”。洪门扯仟惟武弁行之，因洪门发源于郑成功之金台山，当时会盟者皆郑部下营弁，见山主皆扯仟，所以洪门扯仟，均取武弁之上马式，以示不忘本（刘联珂，2004）。“扯仟子”与“打仟”用法极其相似，形成了近义词的相似关系，想要表达请安的意向内容，就想到明清时代的官场请安的说法“打仟”，又要与“打仟”在具体用词上有所区别，就想到有近义关系的“扯仟”，再加上词尾“子”，就形成了“扯仟子”。也就是说，在过去某一语境中请安曾同官场请安相似，而在过某一语境中官场请安又曾同“打仟”相邻，“打仟”又可以同“扯仟”和“扯仟子”相似，从请安一步步传递到“扯仟子”，所以提到“扯仟子”就可能理解为请安。

再如，四川帮会称局外人为“宽宽”。因为“宽”指“宽泛”，认为局外人宽宽泛泛未受过帮会的熏陶（刘联珂，2004）。也就是说，在过去某一语境中未受过帮会的熏陶 x 曾同“宽泛”y 相似，而在过某一语境中“宽泛”y 又曾同“宽”z 相邻，从未受过帮会的熏陶一步步传递到“宽”，所以提到“宽”就可能理解为未受过帮会的熏陶。

（4）相邻、相似律的集约律：

$$HY: x \wedge x\{a, b, c, \cdots\} \rightarrow \Diamond HY: a, b, c, \cdots$$

即，在话语中出现 x，而在过去某一语境中 x 包括了 a，b，c，…，则 x 可能蕴含 a，b，c，…

例如，隐语“办交接”是指“初出上覆时，先将言语申明，次丢拐子，其名为办交接，犹言一交一接也”①。“办交接”中的“交接”至少包括“此方有所言→彼方应即答复→斜身歪臀，作歪屁股揖”等彼此相邻的若干环节。提到“办交接”就可被识解为这几个环节。集约律也可能发生逆向作用，即反过来，想要表达“此方有所言→彼方应即答复→斜身歪臀，作歪屁股揖”这样一连串的动作和步骤，也就可以以集约的方式说成“办交接”。这样就把一系列的动作集约为一个概念“办交接”。通过运用集约律，先见面说明情况再行礼这一内容就可推衍为显性表述“办交接”。

① 参看：刘联珂编著的《中国帮会史》第五部分的《海内洪门组织》。

再如，隐语“恩保三兄”是指“入流（参加袍哥）须有一人引进、一人保举和一人新识（或超拔，指提拔）”，总称“恩保三兄”①。所以，“恩保三兄”包括从引兄（入会介绍人）、保兄（入会的保证人）到提拔的人这三个彼此相邻的人（潘庆云，1995：465－469）。提到“恩保三兄”就可被识解为这三个人。集约律也可能发生逆向作用，即反过来，想要表达“一人引进、一人保举和一人新识”这样一系列的三个人，也就可以以集约的方式说成“恩保三兄”。这样就把一系列的人集约为一个概念“恩保三兄”。通过运用集约律，“一人引进、一人保举和一人新识”这一内容就可推衍为显性表述“恩保三兄”。

（5）相邻/相似律的集成律：

$$HY: x \rightarrow \{y\}$$

即，在话语中出现 x，x 是关于 {y} 的，则 x 可能蕴含 {y}。

例如，想要表示见面说话行礼的意向内容，可用“办交接”。也就是说，当时四川帮会的成员如果要想说见面说话行礼，就可以用隐语“办交接”来表达。孟子云：“其交也以道，其接也以礼。”因为“交、接”和整个这句话是相邻的，提到其中的“交、接”，就蕴含整个话语。“交接”是对“其交也以道，其接也以礼”整个一句话的集成。反过来，集成律也可能发生逆向作用，想要表达整个话语的内容，可通过提到其中的“交、接”两个字。

相邻和/或相似认定的过程就是一种以关系的方式来把握世界的认知方式。相邻性是从［相邻＋］到［相邻－］的连续统，而相似性是从［相似＋］到［相似－］的连续统。相邻性/相似

① 参看：成都方志网，http://www.cdhistory.chengdu.gov.cn/html,2006。

性可以分为替换与变化两种主要类型，也可以分为物理、心理、象征意义三种类型（徐盛桓，2006：107 －111）。以上的隐语“相邻/相似律”及其若干引理涉及的结构要素并不相同，在隐语生成与理解的具体语境下，与不同背景因素相结合，又表现出不同的性质、方向、级别、路径、相邻度/相似度等，可以形成更细、更复杂的相邻/相似的类别结构。

具体而言，相邻主要包括时间相邻、空间相邻、因果相邻、性状相邻、领属相邻等（徐盛桓，2007）。我们结合帮会隐语举例如下。

（1）时间相邻：想要表示“鼠年”的意向内容，可用“豕后牛前”。也就是说，当时四川帮会的成员如果要想表达“鼠年”，就可以用隐语“豕后牛前”来表达。因为“豕”指“猪”，即“猪年”，“牛”指“牛年”。根据十二生肖的排序，猪年是十二生肖的最后一个，鼠年是十二生肖的第一个，牛年是十二生肖的第二个，所以猪年之后牛年之前即为鼠年，在时间顺序上鼠年与猪年和牛年都具有相邻的性质，从“鼠年”就可以推衍出“豕后牛前”。

再如，想要表示“前年”的意向内容，可用“前太岁”。也就是说，当时四川帮会的成员如果要想表达“前年”，就可以用隐语“前太岁”来表达。因为太岁指“今年”，在时间上今年与前年具有相邻的性质，从“前年”就可以推衍出“前太岁”。

（2）空间相邻：想要表示“桥”的意向内容，可用“撑江”。也就是说，当时四川帮会的成员如果要想表达“桥”，就可以用隐语“撑江”来表达。因为桥总是架在江河之上，在空间上桥总是与江河等具有相邻的性质，从“桥”就可以推衍出“撑江”。

再如，想要表示“井”的意向内容，就可以用隐语“水窖”

来表达。因为井是容纳水的一种地方，在空间上井总是与水具有相邻的性质，从“井”就可以推衍出“水窖”。

又如，想要表示“广西”的意向内容，就可以用隐语“粤金”来表达。因为粤指广东，金指西方，广东以西即广西。在空间上广西与广东具有相邻的性质，西指示相邻的方向，所以从“广西”就可以推衍出“粤金”。

(3) 因果相邻：想要表示“(姓) 钟”的意向内容，就可以用隐语“老撞”来表达。因为撞与钟之间有因果关系，有钟才能撞钟，撞与钟在因果上相邻，所以从“(姓) 钟”就可以推衍出“老撞”。与此相类似的，还有用来表示“(姓) 余、于”的隐语“老摆”，用来表示“(姓) 胡”的隐语“老焦”，用来表示“(姓) 高”的隐语“老悬”，用来表示“(姓) 罗”的隐语“老响”，用来表示“(姓) 袁”的隐语“老滚”，用来表示“(姓) 肖”的隐语“老吹”，用来表示“(姓) 朱”的隐语“老拱”，用来表示“(姓) 姜、江”的隐语“老辣”等[①]。

(4) 性状相邻：想要表示“东房当阳”的意向内容，可用隐语“木阳”。也就是说，当时四川帮会的成员如果要想表达“东房当阳”，就可以用隐语“木阳”来表达。因为隐语“木阳城”中的“木阳”指“东房当阳”，东在金、木、水、火、土五行中属木，“木”与“东”具有性质的相邻。从“东房当阳”就可以推衍出“木阳”。

(5) 领属相邻：想要表示“顺治十八年、康熙六十一年、雍正十三年、乾隆六十年”的意向内容，就分别可以“木立斗世”四个字作隐语。因为通过拆字把“木”字拆成“十、八”，

① 此段的隐语例子参看：成都方志网，http:// www. cdhistory. chengdu. gov. cn/html,2006。

把“立”字拆成“六、一”，把“斗”字拆成“十、三”，把“世”字拆成“二、卅”，这样“木立斗世”四个字分别与拆出来的字形成空间上的相邻，从“顺治十八年、康熙六十一年、雍正十三年、乾隆六十年”就可以推衍出“木立斗世”。

再如，想要表示“马”的意向内容，可用“四脚子”。也就是说，当时四川帮会的成员如果要想表达“马”，就可以用隐语“四脚子”来表达。因为马有四只脚，四只脚是马的一部分，“马”与“四脚子”具有领属的相邻，从“马”就可以推衍出“四脚子”。

相似主要包括类比相似、模拟相似、象征相似和概括相似等（徐盛桓，2007）。下面结合帮会隐语举例。

（1）类比相似：A、B 两具象概念的同一抽象属性连接 A、B 两个概念，就形成了类比相似。例如，想要表示“挖眼”的意向内容，可以用隐语“吹灯笼”来表达。吹灯笼和挖眼都是具象概念，抽取它们的同一抽象属性灭去光亮，就在这两个概念之间形成了类比相似，从“挖眼”就可以推衍出“吹灯笼”。与此同理，抽取“绑架富人”和“拉肥猪”的同一抽象属性，从而在这两个概念之间形成类比相似，即可以用隐语“拉肥猪”来表达“绑架富人”的意向内容。抽取“绑架小孩”和“抱童子”的同一抽象属性，从而在这两个概念之间形成类比相似，即可以用隐语“抱童子”来表达“绑架小孩”的意向内容①。

（2）模拟相似：A、B 两具象概念的同一具象属性连接 A、B 两个概念，就形成了模拟相似。例如，想要表示“手”的意向内容，可以用隐语“鸡爪子”来表达。手和鸡爪子都是具象概

① 此段和下段中的隐语例子参看：成都方志网，http:// www. cdhistory. chengdu. gov. cn/html,2006。

念，抽取它们的同一具象属性长有几个指头的动物肢体，就在这两个概念之间形成了模拟相似，从“手”就可以推衍出“鸡爪子”。与此同理，抽取“嘴”和“樱桃子”的同一具象属性，从而在这两个概念之间形成模拟相似，即可以用隐语“樱桃子”来表达“嘴”的意向内容。抽取“鸡”和“凤凰子”的同一具象属性，从而在这两个概念之间形成模拟相似，即可以用隐语“凤凰子”来表达“鸡”的意向内容。再如，隐语“篙竿”指“筷子”。抽取“筷子”和“篙竿”的同一具象属性，从而在这两个概念之间形成模拟相似，即可以用隐语“篙竿”来表达“筷子”的意向内容。

（3）象征相似：用一个具象概念 A 的某一抽象属性来指代一个抽象概念 B，就形成了象征相似。例如，四川帮会以“灭清复明”为职，所以凡问“从何处来”，一定要回答“从昆仑来”。也就是说，想要表示“志向高远”的意向内容，可以用隐语“从昆仑来”来表达。昆仑山是一个具象概念，它的一个抽象属性是高远，可以用来指代人的志向的高远。再如，想要表示“升堂/从低向高上升”的意向内容，可以用隐语“翻山越岭”来表达[①]。翻山越岭是一个具象概念，陆地隆起之部分称为山，山顶可通之道路称为岭，岭高于山，翻山越岭是从低到高的上升，上升的抽象属性可以用来指代袍哥升堂时的抽象概念“上升”，所以从“升堂”可以推衍出“翻山越岭”。与此同理，隐语“越岭翻山”指“降堂口”。越岭翻山是从高到低的下降，下降的抽象属性可以用来指代袍哥降堂口时的抽象概念“下降”，两者之间形成象征相似，即可以用隐语“越岭翻山”来表达“降堂口”

① 此段语料参看：《中国帮会史·第四部分》，http:// book. cnlu. net/book_jie. asp? id = 16513，2006。

的意向内容。

(4) 概括相似：用概念 A 的某一具象或抽象属性来指代本概念 A，即提取某物的某个属性来指代全物，就形成了概括相似。例如，想要表示“鸭”的意向内容，可以用隐语“扁嘴子”来表达，提取鸭的一个具体属性扁嘴来指代整个鸭。在这二者之间形成了概括相似，从“鸭”就可以推衍出“扁嘴子”。与此同理，提取虾的一个具体属性弯腰来指代整个虾，在这二者之间形成了概括相似，从“虾”就可以推衍出“弯腰子”。提取大刀的一个具体属性大片子来指代整个大刀，在这二者之间形成了概括相似，从“大刀”就可以推衍出意向内容“大片子”。

4.5 隐语是不完备性的典型表现

4.5.1 话语表达的不完备性

任何系统都是不完备的，这得到了哥德尔的不完备定律(Gödel’s Incompleteness Theorem)的证明。任何一个看来是足够完备的系统，都是不完备的，有待系统外的因素加以补足①。话语表达涉及语言系统的若干子系统；每一段话语也是一个系统，甚至话语里的一个个语句都是一个个的小系统。因此可以说，一段话语或一个语句通常都是不完备的，有待话语或语句之外的系统的补足。话语的理解要有语境才能实现，其中一个重要原因就是语言的释义系统是不自足的，要同外部环境交换信息才能达到对语言意义的阐释目的。一个句子的句法结构不能把它所要求的所有语义因素都映射进去，因此一个句子的句法表达也要得到句

① 参看：Gödel’s Incompleteness Theorem. http://www.miskatonic.org/godel.html,2008。

法以外的因素的支持，表现出一个句法结构作为一个系统自身的不完备性。这些都说明语言系统及其若干子系统都是具有不完备性的。

任何系统都不完备的这种特征体现在语言系统中就是话语表达的不完备性。话语的表达都具有不同程度的不完备性，这一语言运用的特征在含意本体论中称为话语的含意性。含意可以看成是话语的隐性表述，话语的字面表达是话语的显性表述。显性表述通常都是不完备的，这种不完备可能体现为语法、语义的信息量不足，要有语境所提供的语用信息加以补足或/和阐释，推导出隐性表述即含意，成为相对完备的表达，最终达成对话语相对完备的理解①。

具体说来，徐盛桓的含意本体论的论点就是，话语通常都是有含意的。含意泛指“人类运用语言表达时所利用到的，言词以外的，但又确为语言单位的形音义所承载的意思”（徐盛桓，1996：21－27）。这里的含意是显性表述所“隐含”的意义，还因为它符合含意的可取消性（cancellability）等基本特征。含意是话语的隐性表述，用以补足和/或阐释话语不完备的显性表述，即话语的字面表达，得到相对完备的隐性表达，实现特定交际中对话语的理解。

对话语的表达就是借助常规关系在显性表达中蕴含隐性表述。对话语的恰当理解，是借助常规关系对不完备的显性表述进行补足或阐释，找出其中可能蕴涵的隐性表述。含意推导中运用的常规关系是人们对客观世界认知在语言运用中的投射。这种以

① 参看：徐盛桓，《话语的含意性》，外语研究，1996，（3）：1－8；徐盛桓，《隐性表述论略》，张绍杰、杨忠，《语用·认知·交际》，东北师范大学出版社，1998：88－105。

关系的方式把握世界也就是认知语言学所说的把握世界的“关系性”（relationality），具有常规关系的两事物互称为对方的“关系体” （relational entities），一个关系体的存在总是内在地（inherently）蕴含着另一关系体的存在（Croft & Cruse，2004：67）。这样才有可能将事物连成一个可以解释的系统。

在探讨了隐语等话语表达的不完备性之后，我们就可以进一步考察隐语与日常用语的相邻/相似性了。

4.5.2 隐语与日常用语的相邻/相似性

四川帮会隐语由于其隐秘性等特征与功能的要求而在显性表述上显得与日常用语不同，而且其含意的模糊性也增加了这种隐语的神秘性。从这些隐语的显性表述的结构要得到蕴含的隐性表述所需要的补足和阐释比较复杂，不是显性表述的字面上所看到的结构。尽管如此，我们仍可以清楚地看出，四川帮会隐语是源于日常用语的一套用语，在某种程度上必然与日常用语保持一定的联系，原因有以下三个：

一是隐语总的来源是日常用语。隐语虽然是一种特殊的用语，但只是对日常用语进行了较大的改造，其总的来源还是来自日常用语。

二是创制隐语所用的结构材料都是取自日常用语的音、形、义。

在语音上，隐语离不开原有的共同语的语音系统，无论隐语所依赖的共同语是哪一种方言，它都完全借助这一方言原有的语音。这是因为隐语具有口耳相传的特点。任何口语性质的语言变体，都依赖于语音来交际，语音就成了沟通的最主要物质材料。

从词汇和语法看，隐语没有自己独立的词汇系统和语法系统。隐语的构词方式完全依赖日常用语，其词汇不能离开日常用语而单独运用。隐语大部分是对日常用语的词语或汉字在某方面加以改变而成的。汉语隐语有时可以创制新的语素，但这样的语素也只是原来旧的语素的变化形式，而且其构词法和构成短语的规则本身并不独立。少数隐语的词语有可能是使用隐语的组织集团或群体任意约定的，没有造词的理据，或者由于社会、历史等方面的原因找不出当初产生的理据。除了这些隐语词语，绝大多数的隐语词语都是依据某种构造方式制造出来的，其构造是有规律的。

三是隐语的创制手法的实质也与日常用语相同。

从前述四川帮会隐语的创制手法来看，尽管手法多种多样，十分丰富，但是经过分析后发现，从构成四川帮会隐语的构成要素来看，可以将隐语的创制手法总结为音、形、义的变化。虽然隐语的理据不明显甚至是不可知，而且随着对隐语传统研究的深入，今后可能还会发现新的创制手法，但是只有从认知的高度才能够概括、总结各种可能变得越来越丰富的手法。

由于有音、形、义的改造和编制等变化，隐语与日常用语的表达相比较，具有相邻/相似性，而且受到相邻/相似性的限制，只是不同的隐语与正规表达法的相邻/相似度不同，音、形的婉转变化主要借助物理上的相邻/相似，义的婉转变化主要借助心理及象征意义上的相邻/相似。日常用语也有若干基于相邻和相似的比喻性质的表达。隐语显性表述的语义尽管和想表达的真实交际意图不同，但两者仍有性质、情状等的相邻和相似。如果两者既不相邻也不相似，那么隐语也就不可能生成和存在了。

隐语的生成和理解都与隐秘度密切相关。我们将隐语与隐语所指的意向内容之间的差异称为隐秘度。差异越大，隐秘度越高；差异越小，隐秘度越低。

构成要素变化得越多，隐语的隐秘度越高，与隐语所指的意向内容的相邻/相似度越低；反之，构成要素变化得越少，隐语的隐秘度越低，越接近日常用语的表达，与日常用语的相邻/相似度越高。

虽然有些四川帮会隐语的理据不很明显，而且随着研究的深入，今后可能还会发现新的构成手段，但是从认知的高度应该能够概括地总结各种构成手段。不论四川帮会隐语采用怎样的构成手段，各种手段的实质都是形成离不开相邻/相似性的比喻性的语言，都是基于相邻/相似性的音、形、义三方面的改变，都是通过对日常词语加以改造、变换或歪曲来构成隐语。

四川帮会隐语遵循着语言发展的一般规律，符合语言的社会性、语言符号的任意性、语言的沿习性、语言的交融性等特性；同时，四川帮会隐语也体现出对日常用语固有的依附性，在形、音、义三方面与社会日常用语的联系始终没有也不可能割断。

4.6 小结

隐语是在自然的共同语基础上人为创造的，经过组织规定的特殊而隐秘的语言符号，是交际中使用的一套特殊话语，是话语的一部分，既规定整体，又体现整体。隐语作为话语的一个组成部分，对话语的性质有影响，能体现话语的基本性质和特征。不论能否找到隐语的理据，理据是否明显，不论隐语的显性表达的隐秘性有多强，曲折度有多大，隐语与日常用语有着不同程度、形式与性质的相邻/相似性，其显性表达都要指向一定的语义，只是更典型地体现出语义的缺省，其含意的推导可能涉及更多的语用推理步骤。隐语和日常用语一样处于话语的认知连续统中，含意都具有不完备性。

含意是话语形、音、义的意义。为了适应隐秘的功能需要，隐语的显性表述的结构成为典型的蕴含较深的隐性话语含意的语法—语义结构。这些结构与汉语正常的语法—语义结构不相符，有些甚至与汉语正常的语法—语义结构相去甚远。隐语再分类向我们揭示出，隐语是根据特殊话语要求而采用的具有较高程度的不完备性的显性表述。但是隐语各种不同的显性表述仍然形成了一个从不正规表达式到正规表达式的连续统，也就是从不完备表达到相对较完备表达的连续统。

隐语正是利用了形、音、义的不同程度，不同形式与不同性质的变化而使意义变得更加晦涩隐秘，是不完备性的集中、深刻的体现。在话语的连续统中，一般话语处于含意比较不丰富的一端，隐语处于含意性比较丰富的一端，想表达的交际意图即话语蕴涵的含意更加隐晦而隐秘，蕴涵含意的方式更加独特，从显性表述出发，向相对完备表述的目的进发的隐语含意的推导是比较复杂的认知过程，涉及较多的认知方式和策略。隐语的隐秘性等特性只不过是语言表达的不完备与不透明的共性的更加典型的表现。

从隐语的构成要素和创制手法来看，隐语的形成和理解也依照相邻/相似原则及其引理，隐语中的相邻/相似关系构成了自主—依存框架的纽带。隐语与日常话语连成的连续统从认知语言学的视角说明了二者的共核本质，为进一步说明隐语的内部机理打下了基础。

第五章

隐语自主—依存分析框架中的隐喻与转喻机制

隐语的形成和理解都要以相邻/相似原则及其引理为基础，隐语中的相邻/相似关系构成了自主—依存框架的纽带。隐喻与转喻是自主—依存框架中自主成分与依存成分之间转换的认知机制。隐喻与转喻机制建立在相邻/相似律及其引理的认知基础之上。

隐语作为一种特殊的语言现象，是比较典型的不完备表达，在意义的转换和改变方面，既使用了隐喻，也使用了转喻。这一章主要讨论隐语表达的不完备性基础和隐语表达中的隐喻与转喻作为认知机制的运作。

5.1 自主—依存：元表述和隐语表述

隐语的表述包含了两个层次——显性表述与隐性表述。这两层表述的地位不是对称的，一个自主，另一个依存。隐语中的显性表述与隐性表述之间的相邻/相似关系构成了自主成分与依存成分之间的关系。隐语的隐性表述（即隐语创制者的头脑中想表述的较完备的意向内容）是自主成分，显性表述（即从意向内容推衍出来的较不完备的表述）是依存成分，二者构成自主成分与依存成分的联结（Autonomy-dependency alignment/A-d alignment）（徐盛桓，2007：34－40）。我们在讨论隐语表达的不完备性基础之前先对隐语的自主成分与依存成分作一个简单的界定。

5.1.1　对元表述的界定

语言是概念有序化的过程。在隐语的概念有序化过程中，不像仿语中的原语与仿语的关系那么简单，与隐语（即实际表达出来的显性表达）相对的那个部分比较复杂。实际上，隐语是用元表述来表达的。那么，什么是元表述呢？在此，我们需要先对元表述作一个界定。

元表述分为两种：一种是显性元表述，话语虽然没有表达出来，但是在说话人的脑中已经形成了话语形式，也就是表达出来的隐语有了其原语；另一种是隐性元表述，话语没有表达出来，只是在说话人的脑中形成了表述意图，不一定通过话语形式外显，而是隐在听话人对显性话语的演绎过程中。

5.1.2　隐语中的自主成分与依存成分

任何事物都存在两个不同的方面，它们既相互区别、相互冲突，又相互联系、相互依存。有着这样关系的两个方面是事物的自主成分与依存成分。自主成分是事物在依存的基础上应有的状况、内容或变化倾向。依存成分是事物能够存在或正常运行的基础。任何事物都是自主成分和依存成分的对立统一关系体。

多种语言学理论虽有不同的理论目标，但都提到过自主和依存的概念。生成语言学、功能语言学都曾分别从不同的角度研究过依存问题。认知语言学家也从不同角度研究过自主—依存的问题，其中兰纳克较为系统地对语言成分中的自主—依存关系进行研究与利用。兰纳克专门讨论了自主—依存的联结，依存成分预设并完备自主成分，自主成分同依存成分之间的关系是不对称关系，依存成分必须预设自主成分的存在。

兰纳克用自主和依存的概念分析语音结构和一些单词的构词结构，主要将自主—依存关系运用于语音和构词，没有涉及话语运用。我国学者徐盛桓进一步发展了自主—依存关系的研究，突破了兰纳克对自主—依存的定义，将自主—依存的关系扩展为一种分析框架，使自主—依存的关系不仅是以单极分析来描写参与元素的内部结构，而更多的是偏重详述整合的本质。把自主—依存关系的概念分析从语音、构词结构领域扩展到整个构句结构和语义表述上来，极大地提升了自主—依存研究的层级并丰富了自主—依存关系这一语言理论，使我们获得了一种更为有力的语言分析工具。徐盛桓将其用作语用推理的重要解释工具，不仅提出"自主—依存分析框架"作为研究话语生成这一特征的理论工具，同时将这种框架作为基础，引入新的概念来描述语义的生成和意向的传达。"自主—依存分析框架"是对自主和依存关系的认知语言学的理论概括，自主成分以相邻/相似关系的认定为主要手段推衍出依存成分。

话语表达形式的选择和人们的认知特点有关，所以话语的形成和理解机理完全是可以分析解释的。显性表述和隐性表述这两层表述的地位并不对称，研究话语表达中的自主成分和依存成分的联结是研究话语理解和生成（understanding and producing of utterance）的一个关键环节（徐盛桓，2007：34－40）。隐语的表达形式具有两重表述的特征，包含显性表述和隐性表述两层表述，在看似不正常的隐语表达形式中的显性表述（依存成分）背后都有自主成分起制约作用。在隐语的两重表述中，元表述是隐性表述，是自主成分；而通过字面作出的表达是人们能够听到的，依附于自主的交际意图，在交际意图的制约下以不同的表达方式传递出想要表达的原意，这样的隐语表述是依存成分。

自主成分和依存成分的关系主要分为两种：

（1）从整体（主要包括起点和终点）来看，自主成分和依存成分是一对多的关系。在隐语的认知过程中，自主成分在相邻/相似关系的作用下推衍出依存成分，自主成分可以是唯一的，但在推衍过程中可能出现多个未完结的依存成分，最后完结的依存成分也可以是多个选择，呈现出一对多的复杂对应关系。

（2）从局部（主要包括中间过程的每一个步骤）来看，自主成分和依存成分是转换替代的关系。在隐语中，自主成分有着强烈的主导性，在交际的意向性的导向下，以相邻/相似关系的认定为主要手段，推衍出依存成分；自主成分以交际的意向性为导向，依存成分的存在和运作受到自主成分的意向性的导向，甚至可以在拈连的作用下承继自主成分的某些特点、规则、意向、性质或用法等。也就是说，依存成分靠自主成分而存在，自主成分为依存成分的推衍依据。但是，在认知过程中自主成分和依存成分的身份不是固定的，而是相对的，中间过程的每一个步骤都可能表现出身份的双重性。由于自主成分是相对完备的表达，蕴涵了丰富的推衍可能性，在推衍过程中可能出现多个未完结的依存成分，而其中的每个依存成分都可能成为下一步推衍的起点，从而变成自主成分，再进一步形成下一个依存成分，在认知过程中滚动变化，不断形成新的自主—依存联结，形成互相转化的连续过程。

5.2 隐语表达不完备性的基础

人们能够通过隐语来表达元表述，必须具备两个基础，一是概念的一致性，二是概念关系或概念连接的不完备性。

概念是思维的一个形态，反映事物的特有属性（金岳霖，1979：18－19）。概念在我们认知事物的同时创建。当语言被操作的时候，作为认知标志的概念就成为我们反省事物、认知语言内容的工具和起点，是意义形成的基点。

概念的一致性是隐语表达的生成与理解的一个重要认知基础，没有概念的一致性，隐语表达的生成与理解都将是不可能的。人因为有感知器官，所以能够分别事物，人的感性认识就源于这种分别能力。概念的基本属性是人类对客观世界的感性认识进行提炼或精简的结果。概念属性具有相邻/相似性，概念关系也具有相邻/相似性。

概念关系或概念连接又具有不完备性。概念的属性分布于人的大脑中。念头出现前，概念关系离散地分布于人的大脑中。产生念头后，概念按属性的不同进行分类，发生连接，产生范畴，范畴或概念的关系随着认识的加深而变得丰富。人类的逻辑思维建立在概念内和概念间的属性连接的基础上，连接可以通过形、音、典故等多种多样的方式进行，概念关系和概念的连接可以是不完备的。

现代认知科学的研究表明，大脑有很强的自组织和自适应的特性，具有很强的容错能力和联想能力，而且善于概括、类比和推广。心智表现为认知行为，而行为不是有机体对刺激的单一的反应，而是表现为高度整合的功能，心智在与环境的互动中得到进化①。近二十年来拓扑知觉理论的研究在知觉基本表达的根本问题上，向近代占统治地位的“由局部性质到大范围性质”的理论提出挑战，认为知觉和认知过程是“由大范围性质到局部性质”，即从整体到局部，从而为知觉组织研究提供了一个既有科学准确描述，又有生物学约束的不变性知觉的系统理论②。

从认知语言学的角度研究隐语等语言现象就是要研究人类对语言的感知和思维信息处理过程，包括从语言或言语材料的输入到对复杂而隐晦的隐语等语言现象的求解，从人类个体到人类社会的隐语生成与理解的智能活动，以及这种人类智能活动的策略和性质等。

由于隐语的历史使用环境，隐语的使用基本是基于听觉，还有少部分是基于视觉。因此，知觉和认知过程从整体到局部的特征同样适用于隐语的运用。在语言环境的制约和激活下，人们利用基本认知策略和思维中对相邻/相似关系的整体把握，既能够生成又能够最终达到对隐语的理解。

整体论认为，知觉过程开始于物体的整体性的知觉，是从大范围性质到局部性质。对隐语的创制和接受开始于对隐语材料整体性的把握，也是从整体到局部，而不是从局部到整体。

无论一个具体的隐语可以被分解成什么样的组成部分，仅有这样的分解不可能解决隐语的识别问题；人们并不是对孤立的各个隐语部分进行知觉，而是知觉一个具体而完整的隐语表达或隐语理解。汪堂家在诠释隐喻时认为：“隐喻既可以成为理解的障碍，也可以成为通达新的理解的桥梁。”（汪堂家，2004：71 -

① 参看：《认知科学的几个基础假设》，http://teiba. baidu. com/f? kz = 125929785，2008。

② 参看：《认知科学和实验心理学家——陈霖》，http://blog. sina. com. cn/s/blog_ 4a003f8c010008du. html，2007。

77）同样的，隐语的使用就是广义上的隐喻。隐语虽然是以语词为表达形式，但是脱离不开所在的句子甚至更大的语境，只有在话语的整体环境中才能生成和理解隐语。隐语可以起到隐秘晦涩的表达效果，但是同时也为理解提供了线索。

由此可见，大脑是在相互作用中完成整体心智活动的，体现出一种内在的、依存性的、整体自涌现的形式。以上这些都进一步说明了概念关系和概念的连接可以是不完备的。正因为如此，隐语的隐性表达才成为可能。

5.3 隐语表达中的隐喻与转喻

自主—依存的思维机制为隐喻与转喻思维。隐喻与转喻机制建立在相邻/相似律及其引理的认知基础之上。

如果把隐喻和转喻从纯修辞学角度分离出来，可以看到隐喻和转喻是人类认识世界的普遍心理机制。这里的隐喻与转喻不是修辞格意义上的隐喻与转喻，而是作为基本思维方式的隐喻与转喻。隐语的产生和理解从认知机制上说，都是隐喻与转喻思维的体现。隐语作为一种特殊的语言现象，是比较典型的不完备表达，在意义的转换和改变方面，既使用了隐喻，也使用了转喻。

5.3.1 隐语表达中隐喻机制的运作

这里说的隐喻（metaphor）不同于普通修辞学中的比喻，而是作为认知机制之一的隐喻。

从词源学的角度来讲，“隐喻”（metaphor）一词源于希腊语

"metaphora"，意指"转换"（transference）①。

从修辞格的角度讲，比喻就是打比方，是用某一事物或情境来比况不同类的另一事物或情境。比喻是扩大话语意义空间的最基本的手段之一。隐喻又称暗喻，是比喻的类型之一；构成比喻的本体和喻体之间为相合关系，本体、喻体间常用"是"等词相联结（戚雨村等，1993：567）。

人们对隐喻的研究有着悠久的历史。亚里士多德将隐喻作为一种重要的修辞手段来研究。进入20世纪后，人们从语义学、语用学和其他学科的角度来研究隐喻。随着认知语言学的兴起，隐喻上升到思维领域，其认知功能及其对人类思维的推动作用得到了普遍认可和高度重视。

从认知的角度对隐喻进行的研究主要从理查兹（Richards）和布莱克（Black）等人的研究开始。他们认为隐喻涉及隐喻的本体和喻体的抽象概念图像及其在大脑中的互动。理查兹最先探讨了隐喻的认知功能。布莱克提出隐喻创造相似性这个观点，即有时只有在使用某个隐喻之后，人们大脑中才出现本体和喻体之间的某种新的特别的联系。20世纪60年代，雅可布逊（Jakobson）提出隐喻和换喻是语言运作的两个重要原则。隐喻既是一种表达方式和思维方式，又是一种人类组织概念系统过程中的认知方式和认知工具，是通过甲事物来理解乙事物的重要手段。20世纪末莱可夫和约翰逊（Lakoff & Johnson）关于两个认知域的投射理论详细说明了"投射"的运作过程。他们认为，隐喻不只是一种修辞的工具和手段，也不只是一种语言现象，而是影响人们心理、文化、思想和生活各个方面的认知现象

① 此处为笔者的翻译，参看：Bussmann，H. Routledge Dictionary of Language and Linguistics. 外语教学与研究出版社，2003：304。

（Lakoff & Johnson，2003：3－6）。福克涅尔和特纳（Fauconnier & Turner）的心理空间合成理论从“合成”来研究隐喻的机理。这些研究都进一步将隐喻机理的研究引向了认知科学的层面，有着重大的影响。

作为语言运作的重要原则之一，隐语中的隐喻同样有两个概念领域。也就是说，隐语中的隐喻同样涉及两个不同范畴的事物之间的关系。但是，隐语中的本体并不出现，在概念之间的相似性的基础上，仍然可以从范畴 A（头脑中想要表达的意向内容）推衍出范畴 B（比较完备的隐语显性表述）；从原则上讲，从范畴 B 也可以回归范畴 A，获得理解。

隐喻内部本体和喻体之间的关系可以分为以下三种：比例关系、比照关系和比较关系。

（1）比例关系：事物之间的比例关系是客观存在的普遍现象。这里说的比例关系是指概念之间也存在比例关系，虽然不一定很准确。隐语的隐喻机制中的比例关系是指概念之间，即隐语的自主成分 A 与依存成分 B 之间的一种大致的度量关系。这种比例关系不一定很准确，既可以包括概念整体之间比较大的比例关系，也可以包括概念局部之间比较小的比例关系。

例如，想要表示“筷子”的意向内容，可以用隐语“篙竿”来表达。“筷子”和“篙竿”是两个不同的概念，但是它们整体之间有一种大致的长度比例关系。提取范畴“篙竿”的某一较具体的特性“细长”，建立以“细长”为特性的新范畴细长之物。范畴“筷子”和范畴“篙竿”分别发生类知识网络结构的格式塔转移，归入新范畴“细长之物”，都具有细长的特性。确定范畴“篙竿”对范畴“筷子”的关系是长度比例关系。这样，在比例关系的连接下，这两个概念之间构成了以比例关系为具体模式的隐喻，从自主成分“筷子”就可以推衍出依存成分“篙竿”，并可以比例关系为根据从范畴“篙竿”回归范畴“筷子”，获得理解。

(2) 比照关系：事物之间的比照关系也是客观存在的普遍现象。这里说的比照关系是指概念之间也存在比照关系。隐语的隐喻机制中的比照关系是指概念之间，即隐语的自主成分 A 与依存成分 B 之间的一种比较或对照的关系，这种比照关系通常可以包括概念之间的正反比照关系，也可以包括概念之间的虚实比照关系。

例如，想要表示“劫妇女图财”的意向内容，可以用隐语“接观音”来表达。“劫妇女图财”和“接观音”是两个不同的概念，但是它们整体之间有一种比照的关系。提取范畴“接观音”的某一较抽象的特性“接近女性从而得到好处”，建立这一特性的新范畴；范畴“劫妇女图财”和范畴“接观音”分别发生类知识网络结构的格式塔转移，归入新范畴，并都具有“接近女性从而得到好处”的特性；“接观音”是好事，而“劫妇女图财”是干坏事，从而确定这两个范畴的关系是正反比照关系。这样，在比照关系的连接下，这两个概念之间构成了以比照关系为具体模式的隐喻，从自主成分“劫妇女图财”就可以推衍出依存成分“接观音”，并可以比照关系为根据从范畴“接观音”回归范畴“劫妇女图财”，获得理解。

(3) 比较关系：事物之间的比较关系普遍存在。这里说的比较关系是指概念之间也存在比较关系。隐语的隐喻机制中的比较关系是指概念之间，即隐语的自主成分 A 与依存成分 B 之间的一种类似的关系。这种比较关系通常可以包括概念之间的相同比较关系，也可以包括概念之间的相似比较关系。

例如，想要表示“鸡”的意向内容，可以用隐语“凤凰子”来表达。“鸡”和“凤凰子”是两个不同的概念，但是它们整体之间有一种比较的关系。提取范畴“凤凰子”的某一较抽象的特性“鸟的一种类别”建立这一特性的新范畴；范畴“鸡”和范畴“凤凰子”分别发生类知识网络结构的格式塔转移，归入新范畴，并都具有“鸟的一种类别”的特性；“凤凰子”与“鸡”并不相同，只是相似，从而确定这两个范畴的关系是相似比较关系。这样，在比较关系的连接下，这两个概念之间构成了以比较关系为具体模式的隐喻，从自主成分“鸡”就可以推衍出依存成分“凤凰子”，并可以比较关系为根据从范畴“凤凰子”回归范畴“鸡”，获得理解。

以上隐语中自主成分（范畴A）与依存成分（范畴B）在隐喻内部形成关系的过程可以总括为图5.1。

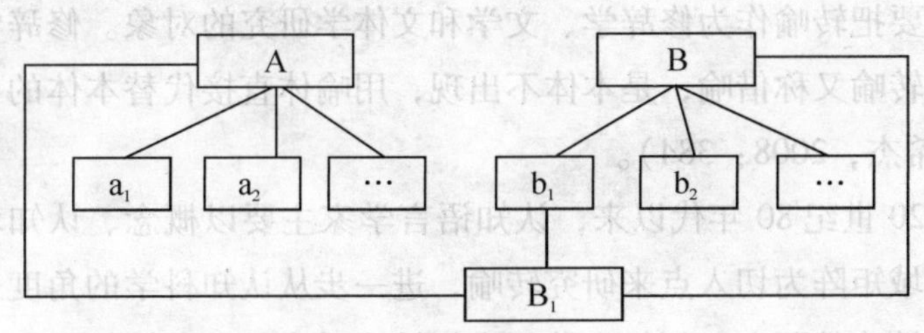

图5.1　隐喻机制图示

对图5.1简要说明如下：

（1）以常规关系确定范畴A和范畴B在心理模型的类知识网络结构中所属的位置，其中范畴A有某一较具体或较抽象的特性 a_1，a_2，a_3，…，范畴B有某一较具体或较抽象的特性 b_1，b_2，b_3，…；

（2）提取范畴B的某一较具体或较抽象的特性 b_1，建立以 b_1 为特性的新范畴 B_1；

（3）范畴A和范畴B分别发生类知识网络结构的格式塔转移，归入新范畴 B_1，并都具有新范畴 B_1 的特性，范畴A和范畴

B 被同化，范畴 B 不仅仅表达相似性，还建立起两个范畴之间的相似性；

（4）确定范畴 B 对范畴 A 的关系是比例关系、比照关系、比较关系等，并以此为根据从范畴 B 回归范畴 A，获得理解。

5.3.2 隐语表达中转喻机制的运作

这里说的转喻（metonymy）不同于普通修辞学中的转喻，而是作为认知机制之一的转喻。

从词源学的角度来讲，转喻（metonymy）来源于希腊语“metonymia”，意指“名称的改变”（change of name）①。

对转喻的最早研究始于亚里士多德时期。长期以来，传统研究主要把转喻作为修辞学、文学和文体学研究的对象。修辞学认为，转喻又称借喻，是本体不出现，用喻体直接代替本体的比喻（王希杰，2008：384）。

20 世纪 80 年代以来，认知语言学家主要以概念、认知域和认知域矩阵为切入点来研究转喻，进一步从认知科学的角度来深化对转喻的研究。例如，莱可夫把转喻看成是一种认知现象，在理想认知模式（ICM）的基础上提出了转喻模式，并且用概念结构分析了转喻模式的特征（Lakoff，1987：68 - 84）。兰纳克认为，转喻过程是一个概念实体经由另一个实体心理可及的认知过程。他把转喻看做是一种概念参照点现象（reference-point phenomenon），也是一种活跃地带现象（an active-zone phenomenon）（Langacker，1993：29 - 35）。克罗夫特（W. Croft）突破了认知域的范围，在更宏观的认知域矩阵中对转喻进

① 此处为笔者的翻译，参看：Bussmann，H. Routledge dictionary of Language and Linguistus. 外语教学与研究出版社，2000：305。

行研究，认为转喻过程是对认知域矩阵（domain matrix）中某个认知域的突显（highlighting）（Croft，1993：335－371）。这些研究都从认知的角度对转喻进行了研究，有着重大意义。

转喻既是一种表达方式和思维方式，又是人类概念系统的基本组成部分（Gibbs，1994：319－320）。作为语言运作的重要原则之一，转喻涉及的是同一个认知领域的事物之间的相邻关系。转喻由本体（被替换事物）、喻体（替换事物）组成，但转喻并非简单地用一个实体代替另一个实体，而是将两者相互联系形成一个新的复杂的意义。

隐语中转喻的自主成分（本体）并不出现，依存成分就是喻体。但是在相邻关系的基础上，通过某一事物本身的特点或与其他事物之间的特殊关系，仍可以从范畴 A（自主成分/头脑中想要表达的意向内容）推衍出范畴 B（依存成分/比较完备的隐语显性表述）；而且，从原则上讲，在一定的语境下，从范畴 B（依存成分/比较完备的隐语显性表述）也可以回归范畴 A（自主成分/头脑中想要表达的意向内容），推断并确定范畴 B 的所指，获得理解。

隐语中转喻内部本体和喻体之间的关系可以分为以下三种类型：整体指代部分、部分指代整体，以及整体中的一个部分指代另一个部分。

隐语中转喻内部之所以可以形成这三种类型的指代关系，是因为人的心理模型中的类层级结构的存在。类层级结构是对人类对于事物的认识试图作出说明的一种假设。不但范畴间和范畴内从横向可以认定一些相邻关系，相邻的上下位层级的相关范畴也可以从纵向认定其相邻关系（徐盛桓，2007）。这就是人们大脑中心理模型知识结构的存在形式。

下面对隐语中转喻内部本体和喻体之间的三种关系类型分别

加以说明：

(1) 整体指代部分：用概念A的整体来指代概念A的各个组成部分A_1，A_2，A_3，A_4，A_5，…，或它的某一外表特征或功能等内在特性a_1，a_2，a_3，a_4，a_5，…，其中可能有若干个概念可以作为A_1，A_2，A_3，A_4，A_5，…，或a_1，a_2，a_3，a_4，a_5，…的上位类层级概念。

例如，想要表示“肚腹”的意向内容，可以用隐语“罗汉子”来表达。“肚腹”是“罗汉子”身体的一个突出的组成部分，在这两者之间建立临时相邻的构成类层级结构，并分别发生类层级结构的格式塔转移，实现心理上的指代，而事物本身不发生任何实际变化。这样，确定转喻内部形成的关系是整体指代部分，从自主成分“肚腹”就可以推衍出依存成分“罗汉子”，并以此为根据从依存成分回归自主成分，获得理解。

(2) 部分指代整体：用概念A的各个组成部分A_1，A_2，A_3，A_4，A_5，…，或它的某一外表特征或功能等内在特性a_1，a_2，a_3，a_4，a_5，…来指代概念A的整体。

例如，想要表示“饭店”的意向内容，可以用隐语“伞窑”来表达。“伞”是以前饭店的一个突出标志和重要的组成部分，而“窑”是指场所的名词。在“伞”和“饭店”之间建立临时相邻的构成类层级结构，并分别发生类层级结构的格式塔转移，实现心理上的指代，而事物本身不发生任何实际变化。这样，确定转喻内部形成的关系是部分指代整体，从自主成分“饭店”就可以推衍出依存成分“伞窑”，并以此为根据从依存成分回归自主成分，获得理解。

再如，想要表示“鸭”的意向内容，可以用隐语“扁嘴子”来表达。“扁嘴”是鸭的一个显著特征，在这两者之间建立临时相邻的构成类层级结构，并分别发生类层级结构的格式塔转移，实现心理上的指代，而事物本身不发生任何实际变化。这样，确定转喻内部形成的关系是部分指代整体，从自主成分“鸭”就可以推衍出依存成分“扁嘴子”，并以此为根据从依存成分回归自主成分，获得理解。同理，“弯腰”是“虾”的一个显著特征，从自主成分“虾”就可以推衍出依存成分“弯腰子”，并以此为根据从依存成分回归自主成分，获得理解。

（3）整体中的一个部分指代另一个部分：这里说的“部分”既可能是组成部分又可能是内在特征，所以包括四种情况：

①用与某一组成部分 A_1 同属某一上位类层级 A 的另一组成部分（如 A_2）来指代 A_1；

②用与某一内在特性 a_1 同属某一上位类层级 A 的另一内在特性（如 a_2）来指代 a_1；

③用与某一组成部分 A_1 同属某一上位类层级 A 的某一内在特性（如 a_1）来指代 A_1；

④用与某一内在特性 a_1 同属某一上位类层级 A 的某一组成部分（如 A_1）来指代 a_1。

例如，想要表示从一至十的数字的意向内容，可以用“依苗子”、“耳子草”、“散钱花”、“狮子头”、“乌供起”、“留支皮”、“凄凉冈”、“巴地虎”、“舅普子”和“柿子园”等来表达。因为这些三字俗语的首字“依”、“耳”、“散”、“狮”、“乌”、“留”、“凄”、“巴”、“舅”和“柿”的读音与从一至十的数字的读音相同或相近。这些字与从一至十的数字可以同属一个上位概念“具有这些读音的字”，在这两者之间建立临时相邻的分类类层级结构，并分别发生类层级结构的格式塔转移，实现心理上的指代，而事物本身不发生任何实际变化。这样，确定转喻内部形成的关系是部分指代部分，从自主成分（一至十的数字）就可以推衍出依存成分（这十个隐语），并以此为根据从依存成分回归自主成分，获得理解。

以上隐语中自主成分与依存成分在转喻内部形成关系的过程可以总括为如图 5.2 所示。

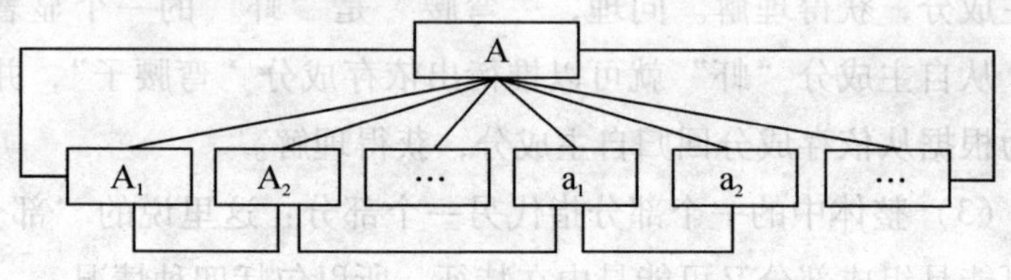

图 5.2　转喻机制图示

对图 5.2 转喻机制图示简要说明如下：

（1）以常规关系确定概念 A 和概念 A 的各个组成部分 A_1，A_2，A_3，A_4，A_5，…，或概念 A 的某一外表特征或功能等内在特性 a_1，a_2，a_3，a_4，a_5，…在心理模型的类层级结构中所属的位置；

（2）建立临时相邻的构成类层级结构和分类类层级结构，其中包括以下几种情况：

①找到概念 A 的某一个组成部分 A_1 或某一内在特性 a_1，在 A_1/a_1 与 A 之间建立临时相邻的构成类层级结构；

②找到某一个组成部分 A_1 或某一内在特性 a_1 所属的上位类层级 A，在 A 与 A_1/ a_1 之间建立临时相邻的构成类层级结构；

③找到与某一组成部分 A_1 同属某一上位类层级 A 的另一组成部分 A_2，或与某一内在特性 a_1 同属某一上位类层级 A 的另一内在特性 a_2，在 A_1 与 A_2 之间或 a_1 与 a_2 之间建立临时相邻的分类类层级结构；

④找到与某一组成部分 A_1 同属某一上位类层级 A 的某一内在特性 a_1，或与某一内在特性 a_1 同属某一上位类层级 A 的某一组成部分 A_1，在 a_1 与 A_1 之间建立临时相邻的分类类层级结构。

（3）概念 A、概念 A 的组成部分（如 A_1 等）、概念 A 的内在特性（如 a_1 等）等分别发生类层级结构的格式塔转移，实现心理上的指代，而事物本身不发生任何实际变化；

（4）确定转喻内部形成的关系是整体指代部分、部分指代整体、整体中的一个部分指代另一个部分等，并以此为根据从依存成分回归自主成分，获得理解。

需要特别作出说明的是，在隐语的实际运用和分析中，情况要比上面的分析复杂得多，主要表现在以下几点：

（1）隐语概念整体与部分的区分具有相对性。由于分类的灵活性和动态性，概念的整体与部分的区分是相对的，可能由于认知角度的差异性而有变化或转换，类层级结构中的构成类层级或分类类层级结构也会有相应变化。

（2）隐语概念整体与部分之间的关系或部分与部分之间的关系需要进行新的深度整合。由于隐语隐秘性的突出特点和含义晦涩的特殊要求，隐语中概念 A、概念 A 的组成部分（如 A_1 等）、概念 A 的内在特性（如 a_1 等）通常都不是在常规可以认定的相邻的构成类层级或分类类层级结构中，一般需要对常规相邻的类层级结构中的上下位关系重新进行深度整合，所以前面的过程说明中加上了“临时”的限制语。

（3）以上为说明隐语中自主成分与依存成分在转喻内部三种关系类型而简化了有些隐语转喻机制中指代发生的全部程序，实际的指代过程可能很复杂，涉及若干复杂的构成类层级或分类类层级关系。

例如，隐语“狮子头”指代数字“四”就要经过从“狮子头”到“狮”，从“狮”［shi］到读音［si］，从读音［si］到“四”的几个步骤；隐语“罗汉子”指代“肚腹”要经过从“罗汉子”去掉词尾“子”到“罗汉”，从“罗汉”到“罗汉肚”，从“罗汉肚”到“肚”，从“肚”到“腹”，再到“肚腹”

的几个步骤；隐语"扁嘴子"指代"鸭"要经过从"扁嘴子"去掉词尾"子"到"扁嘴"，从"扁嘴"到"扁嘴的动物"，再从"扁嘴的动物"到"鸭"的几个步骤。

隐语"依苗子"意指数字"一"，隐语"赤壁"意指"报仇"①。下面试以图解的形式来说明"依苗子"、"赤壁"这两个隐语的指代过程，见图 5.3 和图 5.4。

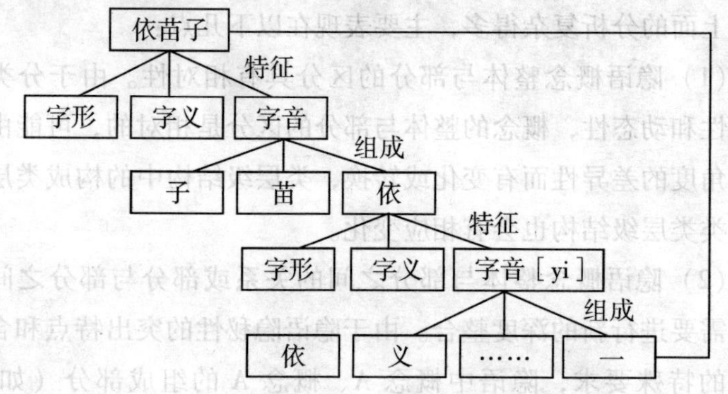

图 5.3 从"依苗子"到"一"的指代图解

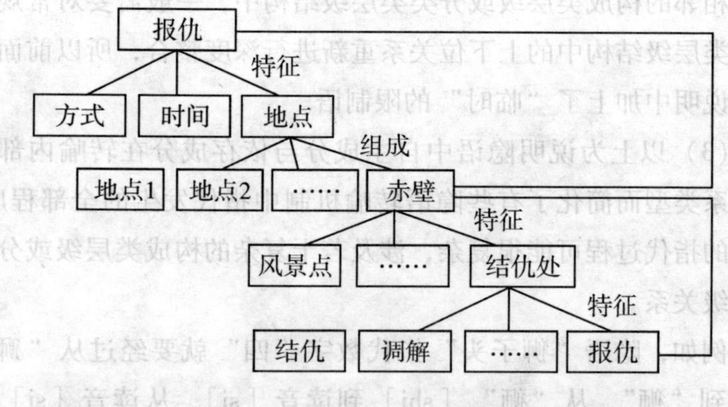

图 5.4 从"赤壁"到"报仇"的指代图解

---

① 参看：《中国帮会史·第四部分》，http://book.cnlu.net/book_jie.asp?id=16513，2006。

从图 5.3 和图 5.4 可以看出，“依苗子”和“赤壁”这两个隐语都表现出实际发生的比较复杂的指代过程，涉及若干复杂的构成类层级或分类类层级关系。

5.4 小结

概念特性之间的各种关系建立在心理模型的认知基础上。概念是人认识世界的基本要素，相邻/相似关系体现为概念间的关系和概念特性间的关系。对隐喻、转喻的研究实质上是对概念间关系和概念特性间关系的研究，隐喻、转喻机制的运作实质是相邻/相似关系的建立。隐语的产生和理解从认知机制上讲，都是建立在相邻/相似律及其引理的基础之上的隐喻和转喻思维的体现。隐语中的隐喻和转喻认知机制的运作是以相邻/相似关系为基础进行的。相邻/相似关系的建立程序是从视觉到意识，即从较具象到较抽象的过程。而之所以能建立相邻/相似关系是因为有概念集的存在和概念特性之间的各种关系。

隐语不但包含词语意义的极大秘密，而且以隐秘的、不同于常规而又隐含常规的方式表达准逻辑的真实。但是隐语陈述是以逻辑的基本语句为基础，从根本上讲不是反逻辑的。在语言逻辑层面上隐语也许表现出来是反逻辑的，但在认知逻辑和思维逻辑层面上都有逻辑，符合认知基础，有其自身的逻辑属性和逻辑特征。

隐语中的自主成分与依存成分看上去似乎并不相干，但通过一定语境的创造，它们具有意义转换的空间和转换的可能性。这种由此及彼、意在言外的表达方式，造成语义的模糊、隐晦及不确定性，从而为含意创造了较大的解释空间，并为隐语的解读提供了曲折、隐晦的指示性线索，成为认知隐语意义的工具。人们可以借助依存成分通过隐喻和转喻的认知机制，达到把握、认知自主成分的最终目的。

从隐语中的隐喻和转喻的认知机制可以看出，依存成分尽管对自主成分有依存性，但其本身的重要性并不能因此受到忽视。隐语中的依存成分多是对语词的日常用法的违反，依存成分隐晦而曲折的运用使得自主成分的某一部分特征和性质在某种范围内和某种程度上得以巧妙呈现和突出，更深刻地揭示平常不被人们注意到的、不同于常规分类的不同概念之间的意义关系，更深刻地揭示事物之间的关系和概念特性之间的相邻/相似性，不仅开辟认识世界、范畴化世界的新途径，扩大人们的认知视野，而且增大人们的认知深度。自主成分与依存成分之间存在的较大差异创造出新的意义和新的思想。

因此，隐语的使用不仅是有意识使语词偏离原有意义的过程，最大限度地体现词义空间的扩大，体现一种复杂的语言结构，而且是人们用来传达对世界的基本经验并加以独特解释的一种方式，暗示了思想和现实的深层结构。

第六章 隐语的生成和理解机理

6.1 隐语生成和理解机理的模型

本研究构建了解释隐语生成与理解机理的自主—依存分析框架。在这一框架中，隐语中的自主—依存关系建立的过程从语义上讲是相邻/相似关系建构的过程，从思维机制上讲是隐喻与转喻实现的过程。这个过程同时也是大脑处理信息的过程。隐语的生成过程是从自主成分（即意向内容）到依存成分（即隐语表达）的推衍过程，而隐语的理解过程就是从依存成分回溯到自主成分的过程。本章对隐语的生成和理解的深层机理分别进行全面、系统的分析和讨论。

徐盛桓在“基于心理模型的语用推理”的理论模型中提出以下三点理论假设：（1）话语表达是表达意向（Grice，2002：36，86－137）；（2）话语表达一般是不完备的；（3）话语的不完备依靠常规关系补足或阐释。也就是说，话语的显性表述通常都是不完备的，要通过体现为相邻/相似的常规关系的补足或阐释才能得到显性表述所蕴含的相对完备的隐性表述，从而达到对话语的理解。在这样的理论假设基础上，有两个分别针对话语的理解和生成的分析框架。其中，显性表述与隐性表述的分析框架主要针对话语的理解问题分析话语显性表述与隐性表述的关系（见图 6.1）。

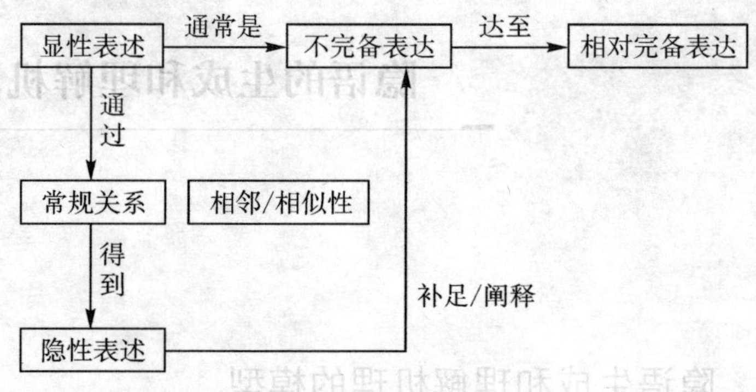

图 6.1　徐盛桓显性表述与隐性表述的分析框架

（徐盛桓，2007：34－40）

显性表述与隐性表述的框架表明交际过程要运用显性表述，而显性表述是体现隐性表述的，因而显性表述的生成既以隐性表述为出发点，又以隐性表述为依归。

自主—依存分析框架主要针对话语的生成，分析话语中自主成分与依存成分的关系。自主—依存分析框架的主要认识基础是：话语的“不完备”从根本上来说就是能较为充分体现意向性的意图和说法的自主成分通过相邻/相似关系的过滤、筛选，推衍为较为简洁的语言表达。这样的语言表达就是依附于自主成分的依存成分。以这样的认识为基础的“自主—依存分析框架”的主要内容是：隐性表述为自主成分，显性表述为依存成分。在交际中，显性表述体现隐性表述。从隐性表述开端，自主成分以交际的意向性为导向，以相邻/相似关系的认定为主要手段，推衍出依存成分，即实现显性表述的生成；自主成分主导依存成分，并对依存成分发生拈连的作用；依存成分的存在和运作是以自主成分的意向性为其导向的，依存成分的运用要体现自主成分的意向性；依存成分向意向性回归，在需要时原则上可以反溯出自主成分的内容。这个框架可以如图 6.2 所示。

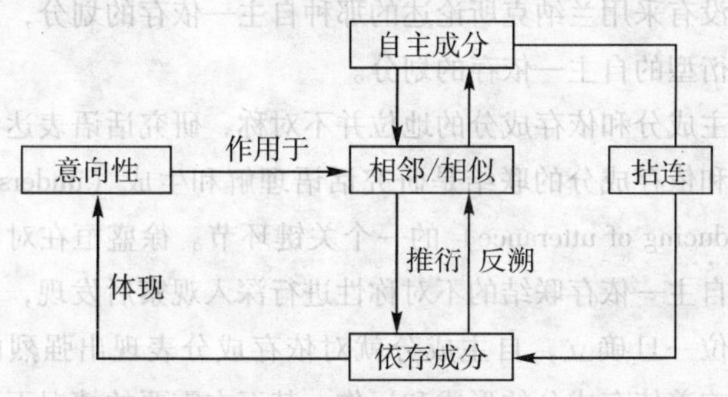

图 6.2　徐盛桓自主—依存分析框架

（徐盛桓，2007：34 -40）

需要说明的是，这个框架中的依存成分是指自主—依存联结中的推衍型依存成分。根据依存成分的来源，依存成分可分为两类：分解型依存成分（segmented dependency）和推衍型依存成分（derived dependency）。分解型依存成分主要指，依存成分同与之相关的自主成分是从同一个母体分解出来的两个成分，分解后的两个成分处于不对称的地位，其中处于依附地位的成分就是分解型依存成分。设分解出自主成分和依存成分的母体为 M（Matrix），自主、依存成分分别为 A（Autonomy）和 d（dependency），那么：M = A + d。也可以说，M 是一个有限集，只包括两个元素：$M = \{A, d\}$ 或 $A \in M \wedge d \in M$。推衍性依存成分同分解型依存成分不同，它是从与之相对应的自主成分推衍出来的次成分或次范畴，自主成分是它的母体，它必定是依存于这个母体的。自主成分同依存成分是集与集内的元素的关系，也就是包含与被包含的关系：自主成分 A 包含依存成分 d，或 d 包含在 A 内；自主成分可以推衍出若干个依存于它的成分。所以自主成分是一个无限集：$A = \{d_1, d_2, d_3, \cdots\}$，$d_1 \in A$，$d_2 \in A$，…（徐盛桓，2007：34 - 40）。徐盛桓的自主—依存理论框架没有采用兰纳克所论述的那种自主—依存的划分，而是采用了推衍型的自主—依存的划分。

自主成分和依存成分的地位并不对称，研究话语表达中的自主成分和依存成分的联结是研究话语理解和生成（understanding and producing of utterance）的一个关键环节。徐盛桓在对语言成分中的自主—依存联结的不对称性进行深入观察后发现，自主成分的地位一旦确立，自主成分就对依存成分表现出强烈的主导性，影响着依存成分的形成和运作，甚至在需要的情况下可以达到对依存成分实施拈连的地步。“自主—依存分析框架”运作的基本规则有四条限制：受次范畴限制、受意向性限制、受相邻/相似关系限制（包括相邻/相似律及其引理）和受拈连的限制（徐盛桓，2007：34 - 40）。

在前人研究的基础上，本研究将对隐语的生成与理解机理的研究结合起来，在自主—依存框架下提出解释隐语生成和理解机理的模型（见第三章图 3.6“自主—依存分析框架下的隐语的生成与理解机理的模型”）。本章结合隐语“半夜巡”，提出了更加详细的模型来对隐语的生成与理解机理进行分析（见图 6.3“以隐语‘半夜巡’为例的隐语生成与理解机理的模型”）。下面对隐语的生成和理解的深层机理分别进行具体、全面、系统的分析和讨论。

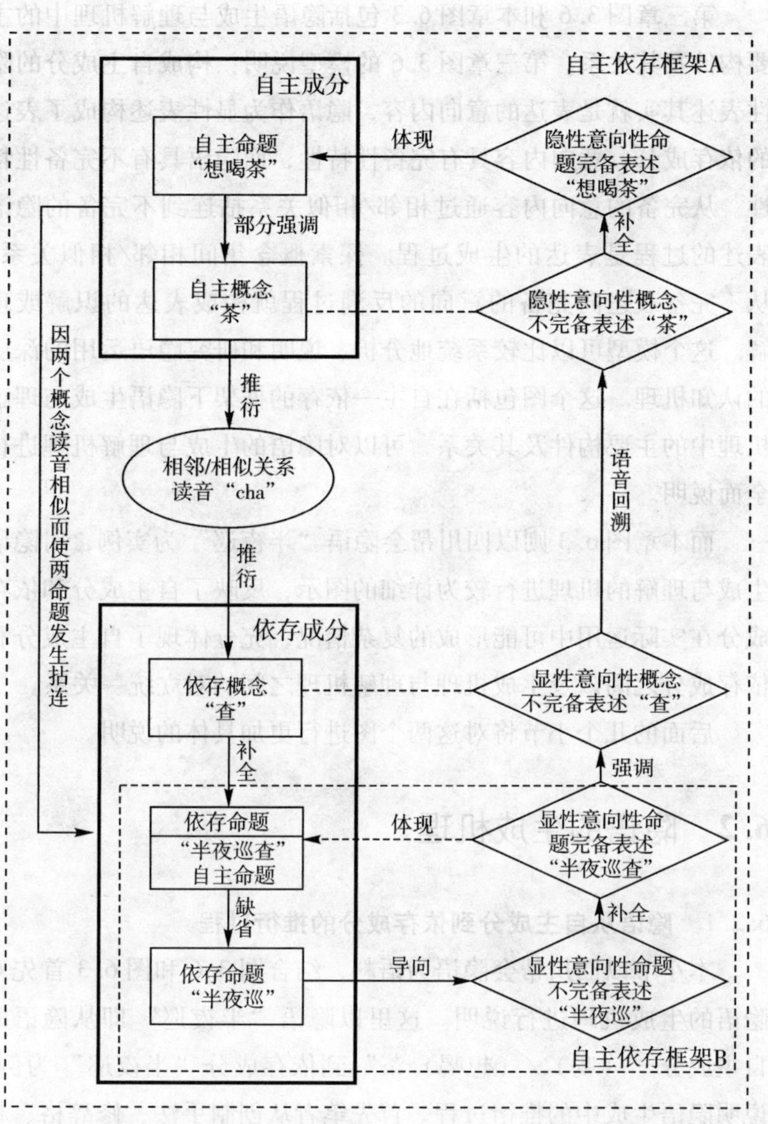

图 6.3　以隐语"半夜巡"为例的隐语生成与理解机理的模型

第三章图3.6和本章图6.3包括隐语生成与理解机理中的主要构件及其关系。第三章图3.6的模型说明：构成自主成分的隐性表述其实就是表达的意向内容，隐语作为显性表述构成了表达的依存成分。意向内容具有完备性特性，而隐语具有不完备性特性。从完备的意向内容通过相邻/相似关系拈连到不完备的隐语表述的过程是表达的生成过程。探索概念集间相邻/相似关系，从不完备表述向完备的意向的反溯过程就构成表达的识解或理解。这个模型可以比较系统地分析、说明和研究隐语运用的深层的认知机理。这个图包括在自主—依存的框架下隐语生成与理解机理中的主要构件及其关系，可以对隐语的生成与理解机理进行全面说明。

而本章图6.3则以四川帮会隐语“半夜巡”为实例，对隐语生成与理解的机理进行较为详细的图示，反映了自主成分和依存成分在实际运用中可能形成的复杂情况，充分体现了自主成分和依存成分之间以及生成机理与理解机理之间的对立统一关系。

后面的几个小节将对这两个图进行更加具体的说明。

6.2 隐语的生成机理

6.2.1 隐语从自主成分到依存成分的推衍过程

本小节以四川帮会隐语为语料，结合图3.6和图6.3首先对隐语的生成机理进行说明。这里以隐语“半夜巡”即从隐语的自主成分“（喝）/（想喝）茶”到依存成分“半夜巡”为例，说明隐语生成中的推衍过程。首先笔者从创制手法、修辞格、相邻/相似性等角度看隐语“半夜巡”是如何生成的。

从创制手法来看，隐语“半夜巡”用了借、增、省三种手法。首先，借“茶”字的读音与“查”字的读音相同，用“查”

隐指“茶”；将单字“查”增加、补全为固定词组“半夜巡查”，再将固定词组“半夜巡查”省略为不完整且不能得到正确理解的晦涩表达“半夜巡”。

从修辞格的角度来看，用“半夜巡”来指“茶”是用了转喻的修辞手法。说话人不直接说出要说的事物“茶”或事件“想喝茶”，而是借用与之有密切关系的其他事件“半夜巡”来代替，这就是运用了转喻的修辞手法。这样的替代使用模糊了“茶”的真正意义，提高了言语行为的隐蔽性，使局外人产生迷惑与不解。

在这个转喻中，借体是“半夜巡”，本体是“茶”，用借体称代本体。但是，构成这个转喻的基础比较复杂，既有事物的相似性（“茶”与“查”相同的读音特征），又有事物的相关性。其中，这里的相关性比较复杂。“巡”是“巡查”的一部分，“查”是“巡查”的一部分，“巡查”又是“半夜巡查”的一部分，“半夜巡”又是“半夜巡查”的一部分，它们之间有不同程度的部分与整体之间的相关性；而“半夜巡”与“查”又有部分与部分之间的相关性。因此，作为“半夜巡查”的一部分的“半夜巡”可以代替同样作为“半夜巡查”的一部分的“查”，在读音相同的基础上又可以进一步用“查”代替“茶”。

再从相邻/相似性的角度来看。隐语“半夜巡”运用了相邻/相似律中的传递律引理。想要表示与“茶”相关的意向内容，可用“半夜巡”。也就是说，当时四川帮会的成员如果要想说“喝茶”、“请喝茶”，就可以用隐语“半夜巡”来表达。在过去某一语境中，“半夜巡”曾同固定词组“半夜巡查”相邻，提到“半夜巡”，听话人就比较容易想到“半夜巡查”，从而将不完整的“半夜巡”补全；又因为说话人没有用完整的表达，反而使没说出来的“查”突现在听话人的脑海里；而在过去某一语境中“查”又曾同“茶”字在发音上相同或相似——从“半夜巡”到与之相邻的“半夜巡查”，再到与“查”相似的“茶”，实现了从“半夜巡”到“茶”的一步步传递，所以提到“半夜巡”就有可能理解为“喝茶”、“请喝茶”等意向内容。

下面笔者再用本研究构建的隐语生成和理解机理的模型对这个隐语的生成作出说明：

语言是人类的一种认知能力，是人认知本能的外显化，它反映了人认识客观世界的内在规律。人的语言机制既包括话语的生成，也包括对话语的理解。

人的认知本能之一体现在不断认识外部世界的过程中。要认识客观世界的规律，就必须对客观世界加以范畴化或者概念化。这里说的范畴化或者概念化是指从某种意义上来说，人要认识混沌的世界就必须对客观世界进行界定或序列化，归入各种范畴，把客观实在条理化为概念。人对客观世界的概念起初是描述性特征的集合，是分布于整个认知域的，不具有特定性。当生成命题时，由于人受到的外部条件的不同刺激，概念所具有的某种特征被激活，并且根据不同的外部条件激发，在意识中发生与概念的联结关系。这种关系通常被称为常规关系，而常规关系的集合就是概念。人在大脑中建立常规关系的过程就是各种特征被人概念化的过程。人的概念化是不断发展的，随着感知的延伸和外界信息的多样化而不断得到丰富。描述性特征通过上述过程被固化下来后，成为定义性特征，概念的边界就越来越清晰。而当这些概念特征没有被外部条件所激发的时候，这些概念特征松散地存在于概念内部和概念之间，为相邻/相似关系的建立提供途径和无穷的可能性。

各种概念特征被外部条件激活后，由于概念间特征的不同性质和不同程度的相邻性或相似性，常规关系有可能被固化成相邻/相似关系。概念的内部特征及概念间的相互关系编织成一张多层级的、多向度的多维网络，这张网络就是心理模型。心理模型的基础是人具有普遍相同的认知过程，同时文化等社会化因素也对心理模型的建构产生极大的影响，使得在不同社会环境或文化背景下的人群具有差异性的心理模型，而相同背景下的人群的心理模型却具有趋同一致性。同时在相同社会文化背景下的人群对同源的心理模型比较易于拷贝和传播。

在隐语“半夜巡”中，心理模型中的一个概念是“茶”，另一个概念是“查”，这两个概念之间的诸多特征具有一定的关系。当外部条件激发其中一个概念“茶”的时候，“茶”的语音特征“cha”便突显出来并在整个心理模型中开始扩散，并与“查”的语音特征“cha”对接。因此，“茶”的常规关系与“查”的常规关系因为“cha”这个语音特征的相似，开始生成了“茶”与“查”的相似关系。

当帮会成员想要表达意向内容“想喝茶”或“请喝茶”等命题时，“想喝茶”或“请喝茶”是自主命题；由于可以只部分地强调“茶”，从而“茶”便成了中心的自主概念。说话人或隐语“半夜巡”的创制人发现由于语境的制约，不允许直截了当地讲出这个命题，而只能秘密、隐晦地讲，就必须借助其他概念来表达意向，于是说话人开始在大脑中检索与“茶”有关系的其他诸多概念。在这个例子中，由于受心理模型的影响，说话人发现“茶”与“查”具有语音上的相似关系，于是决定由“查”来取代“茶”。在此，“茶”是自主成分，是要表达的原意，而“查”成为依存概念，是一种依存成分，也是一种显性表述的方式。

之后，由于说话人或隐语“半夜巡”的创制人选定了“查”来表述“茶”的意向，于是在大脑中检索与“查”相关的各个概念集合。在此，由于外部条件的变化，与“查”相关的概念特征被激活，将“查”补全为固定词组“半夜巡查”。“半夜巡查”成为一个依存命题。在这个命题产生之后，说话人或隐语“半夜巡”的创制人开始采用新的命题来取代原命题。这种部分的相邻/相似关系的外显化，使得作为自主成分的意向内容“想喝茶”（A_1，即 Autonomy 1）与作为依存成分的“半夜巡查”（d_1，即 dependency 1）之间的关系被松散地建立了起来。新命题与原命题之间的这种联系，还只能说是一种松散的自主—依存关系。

说话人或隐语“半夜巡”的创制人前一次推衍出来的依存成分“半夜巡查”（d_1）并未达到推衍的目的，容易产生歧义，也可能被听话人误解为真正意义上的“出去半夜巡查”，不能达到秘密、隐晦、准确表达的效果。于是说话人或创制人开始考虑要重点表达“茶”（cha）这个意向，因为这正是他要表述的原意。但是说话人受到“半夜巡查”命题的限制和语境的制约，又不得不考虑舍弃“查”（cha），这样反而可以使听话人得到一定的启示，从而达到理解的目的。这是基于人类共同的心理模型所作出的推理。在人类的认知本能中，补全概念或命题是一个共有的特点，这个特点可以用格式塔心理学的整体重构原则加以解释。

于是，在第二轮中，依存成分“半夜巡查”（d_1）又成为自主成分（A_2）并转化为作为依存成分的“半夜巡（查）”（d_2）。至此，这种自主—依存关系构成了与此关系相匹配的特定的语言模型。基于此语言模型，“半夜巡”这个隐语产生了，完成了从自主成分“（喝）/（想喝）茶”到依存成分“半夜巡（查）”的推衍过程。

再如，隐语“码头”（指“袍哥组织”）。这个隐语在最初创制时，首先是创制人头脑中产生了“自己的袍哥组织”这个意向内容，这是自主成分（A_1）。那么到底接下来用什么表述才能够既大体表达这个意向内容又比较隐晦难懂不至于被局外人轻易识破呢？创制者可能想到“自己活动的地方”（d_1/A_2），再想到更大活动范围的江湖（d_2/A_3），再到江湖中一个比较小而固定的部分（d_3/A_4），最后到依存成分或显性表述“码头”（d_4）。这是因为袍哥组织起于清康熙初年，是以“反清复明”为目的并在社会下层活动的民间秘密团体。这个团体最初是仿效三国时期刘备、关羽、张飞结拜为异姓兄弟的形式而组织起来，后来虽然在社会上逐渐公开，但是组织内部纪律比较严明，并使用一套专门的隐语，以避人耳目。所以，袍哥组织不能称为“组织”或“团体”，而通称为“码头”，也有称“公口”或“堂口”的，指“在江湖上混生计依靠的一个团体”①。具体说来，“码头”就是袍哥成员活动的范围与会务机构，在其内部有组织系统和等级制度，有自己的经费来源，在非公开活动中有内部通用的联络隐语。袍哥的“码头”组织虽有势力大小、人数多少之分，但彼此间只有横的联系，即除总社与支社外，均无隶属关系。“跑江湖”是过去民间很早就有的固定说法，从一个地方到另一个地方谋生，更多的也是横向的联系。在袍哥眼中，社会就是江湖，江湖就是一个个自己赖以生存的地方的集合，而自己的主要活动是在一个或几个比较固定的小地方。这些地方比江湖小，但是比较固定，又与江湖有关，所以选用“码头”来指称自己的组织。这样，经过自主成分与依存成分的几轮转化和几次推衍，作为自主成分的隐语意向内容生成了作为依存成分的隐语显性表述。

由上可以看出，隐语的生成可能涉及从自主成分（意向内

① 参看：成都方志网，http:// www. cdhistory. chengdu. gov. cn/html,2006。

容）到依存成分（隐语的显性表述）的一次或多次的推衍。每一次推衍都是自主成分和依存成分的一次转化和自主—依存关系的形成，最后的推衍结果又和最初的出发点形成自主—依存关系。“半夜巡”和“码头”的例子涉及多次的推衍，其他还有一些隐语的例子不一定有多次推衍，但是同样能说明从自主成分到依存成分的转化。

6.2.2 拈连在推衍中的三个方面

在讨论了隐语生成的具体推衍过程后，本节继续深入探究推衍的拈连机制。隐语显性表达的生成是从隐性意向的自主成分向依存成分的推衍过程，以拈连为机制。这里的“拈连”是从认知层面上讲的，不同于修辞意义上的“拈连”。

修辞意义上的拈连是指：“当甲乙两件事情，并提或连续出现时，故意把只适用于甲事物的词语，顺势也用于乙事物上去。”（王希杰，2008：408）拈连中的两件事物中，甲事物一般比较具体，多在前；乙事物一般都是抽象的，多在后。这种修辞方式，能赋予抽象事物以具体形象，使上下文的联系更加紧密、自然，使语言表达更加生动、形象。这样的“拈连”使甲、乙两事物在语言形式上有一定的相似性，在语义内容上产生一定的内在联系，对乙事物的理解要联系甲事物才能得到。

本研究中的“拈连”是对作为修辞格手法的拈连的借用，是在广义上对拈连的运用，指的是在话语的推衍过程中，将起主导作用的那个表达的某些内容、性质、结构特点、运作规则、搭配用法、语义关系或情绪意向等，通过一些认知—心理过程的影响，施加于另一个表达，使主导性表达的这些方面的表现在一定程度上也成为另一个表达的特点、规则、意向、性质或用法等表现（徐盛桓，2007：1-6）。

在拈连涉及的两个成分中，自主成分是隐含的，不出现在显性的话语表达中，但是起着主要导向的作用，对依存成分有不同性质、不同程度的影响，并将自身的一些意向、关系等连带地赋予依存成分；依存成分以自主成分为导向，在自主成分的“势”的连带作用下，甚至会因为自主成分施加的影响而在语法结构或语义搭配上出现不同于正常或常规表达的情况，变成与自主成分神似而形不似的成分，其形式是广大人群熟悉的，但语义却发生了较大变化。

任何一次具体的隐语表达的完成都涉及隐性表述（说话人的意向内容）和显性表述（说话人的具体表达）。从隐性表述（即自主成分）到隐语表达（即依存成分）的推衍过程就是话语的生成过程。这个过程以拈连为机制，包含了自主—依存关系的多次运作。从自主成分到依存成分的每一次推衍都表现为自主—依存关系的建立。

这个解释隐语生成机理的模型不仅能解释只需作一次推衍就能得出结果的过程，而且可以解释两次或两次以上的推衍才能得出结果的过程。多次推衍只是一次推衍的重复，可以上一次推衍的结果为基础或出发点，重复进行推衍。在意向性的导向下，说话人想要表达的隐性的意向内容可以通过一次或多次的拈连形成显性的隐语。有些隐语的显性表述的生成只需从自主成分向依存成分推衍一次，有些隐语的显性表述则是多次推衍的结果，这种多次的推衍和两种成分的身份的不断转换充分体现出自主成分与依存成分之间的对立统一关系。

以隐语“半夜巡”为例。以 A_1 作为自主成分，通过相似关系可以推衍出 d_1 的依存成分作为其中一个可选用的话语表达；还可以将 d_1 的依存成分作为一个新的自主成分 A_2 推衍出一个更符合表达意图的话语表达 d_2。d_2 又可转化为 A_3。各次的自主—

依存关系得出该次所需的话语。这样反复循环的推衍可以多次运作。

具体而言，在隐语的生成中，拈连机制的运作包括互相关联的三个方面：意向性（形成自主—依存所受到的制约）、相邻/相似关系（形成自主—依存所依靠的关系），以及通感、通知（形成自主—依存所使用的手段）。以下对这三方面内容的说明可以展示它们之间的紧密关系和拈连机制的具体运作情况。

6.2.2.1 意向性：形成自主—依存所受到的制约

说话或其他形式的交际总是要表达一定的意向，这是人们语言交际中的一个基本特征，也是人类进化的自然结果之一。

意向性（intentionality）来源于拉丁词“intentio”，指的是“涉及（to be about），表征（represent）和代表（stand for）事物、特性（properties）和事态（states of affairs）的心智能力”①。

对意向性的研究源于中世纪的经院哲学。认知科学认为，意向性是指指向（directed upon an object）或关涉（about something）的性质，认知计算状态和日常意向性态度中的意向性是大脑所固有的状态。意向性归根到底就是心理表征（mental representation）（Wilson & Keil，1999：414）。塞尔认为，意向性是许多心理状态和事件具有的一种性质，可以根据意向性来解释语言。（塞尔：2007：1 -6）

隐语的运用是一种高级认知活动。从认知机理来看，在隐语的生成和理解中都有意向性的因素在起作用。在隐语中，自主成分向依存成分的推衍过程以说话人的意向性为起始点，推衍过程受说话人的意向性（或说话人意向所形成的自主成分的意向性）

① 参看：Jacob，Pierre，Intentionality（Stanford Encyclopedia of philosophy），http://plato. stanford. edu/entries/intentionality，2008。

的引导与调节，由此推衍出来的依存成分内在地受到自主成分的制约和规定。

在隐语的推衍过程中，说话人的意向对隐语中的事物、事件的关指、描述、表征作出限制和选择。意向性在隐语的生成中起着重要作用。要表达的意向内容在意向性的作用下，被拈连到表面不通或没有理据的隐语表达上去，推衍出隐语，使得隐语形成。隐性表述所蕴含的说话人意向的两个方面（信息内容和交际态度）主导着显性表述的面貌。在“半夜巡”的隐语中，从隐语要表达的意向内容来说，由于能同“想喝茶”结成相邻/相似关系的可能有多个，所以要将意向内容推衍成为依存成分，可以有多个推衍的结果，但是从一个意向内容到底推衍出哪个结果就要受到意向性的限制。从隐语说话人的意向态度来说，隐语的内容要用秘密、隐晦的态度传递，同样的内容可以用不同的多种话语表达，但是到底由哪种话语来作为显性表述，也要受制于秘密、隐晦的意向态度。被推衍出的依存成分（隐语）受到意向性的选择，而且在产生时被赋予了新的意义，体现出秘密隐晦的交际目的，有效地实现了隐语在其语言环境中的功能，体现了自身的独特价值。

四川帮会隐语中有不少借代和婉曲手法的例子体现了意向性在拈连机制中的作用。四川帮会隐语普遍地运用了各种形式的借代方法。借代修辞方式不直接说出事物的本体（“所指”成分），而借用另外一种与其有可换关系的事物的名称来代替本体（“能指”成分）。运用这种借代方法的隐语体现出强烈的意向性特点，使隐语的显性表述具有隐晦曲折的特点，又有很强的保密性。例如，隐语“细货”借抽象代具体的“绫、罗、绸、缎等贵重物品”。这是将“绫、罗、绸、缎”的细腻柔软的性质、特点拈连到隐语的显性表述“细货”上。要表达的意向内容“绫、罗、绸、缎”可以与多种事物具有可换关系，到底最后从意向内容推衍出哪个结果，选用哪个话语表达就受到了意向性的限制。再如，四川帮会中的人有自己特有的语言禁忌，在禁忌的基础上形成了婉曲的修辞手法。例如，用隐语“失风”来指“被捕”，就是受到帮会组织的吉凶观、利害观和荣辱观中体现出来的情绪意向的制约而选用的表达方式。这些例子都体现出意向性在拈连机制中的作用。

其他还有些例子也体现出意向性在拈连机制中的作用。例如，隐语“圣贤二爷”。这个隐语指的是“袍哥组织中等级排在二排的那个人”。袍哥成员分为一排、二排、三排、五排、六排、八排、九排、十排等若干等级。在这些等级中，一排是最高的位置，地位最高，为大爷，其中龙头大爷掌舵，总揽公口大权，称“舵把子”。二排设一人，指仅次于大哥的圣贤二哥，一般安排德高望重的长辈或僧道弟兄充任，是个受尊敬而闲散的位置，称为“圣贤二爷”（郑硕人，陈崎，1994：1）。袍哥崇尚“桃园”弟兄刘、关、张的义气，对排行老二的关羽的忠义更是推崇备至。关公是袍哥供奉的主神，在开立山堂的时候要举行隆重的仪式，其中就包括拜关公圣像等活动。孔子与关羽并称为“文武二圣”，关羽是“武圣”。袍哥把自己的组织附会成武圣遗教，把关公作为忠义的典范，以增强组织的凝聚力。因此，袍哥组织在排组织等级时就将排行第二并且主持谋议者尊称为“圣贤二爷”。这个隐语的创制者在最初想要表达“袍哥组织中等级排在二排的那个人”的时候，可能会产生很多可选项。在考虑过程中，袍哥组织的性质、宗旨、价值观等可能在众多的决定因素中突显出来，创制者的意向内容和意向态度偏向于表现自己组织与“桃园”三兄弟结成的组织的相似性和第二位领导人在自己组织中的地位与特点。于是，在这样的意向内容和意向态度的导向下，自主成分就从“袍哥组织中等级排在二排的那个人”拈连到了依存成分“圣贤二爷”。这个隐语强烈地体现了认知主体（说话人）的意向性在隐语生成过程的拈连机制中的作用。意向性制约着自主—依存的形成，使隐语的显性表述变得既晦涩又带有强烈的价值观色彩。

6.2.2.2　相邻/相似关系：形成自主—依存所依靠的关系

在建立自主—依存关系的过程中，从自主成分（隐性的意向内容）推衍出依存成分（显性表述）要通过相邻/相似关系的作用。自主成分与依存成分总是具有一定性质和程度的相邻/相似关系。隐语推衍的过程，就是得出与想要表达的意向内容有相邻/相似关系的显性隐语话语表达的过程。

相邻/相似关系的运用是自主成分拈连起依存成分的认知心理学基础。以隐语“半夜巡”为例。“茶”和“查”的读音相同，具有相似性。想要表示“想喝茶”的意向内容，可用“查”；若以“想喝茶”为A，则可推衍出“查”为D。“半夜巡”是“半夜巡查”这一比较固定的说法的一个重要组成成分，与整体中的剩余部分“查”具有相邻性，使人从“半夜巡”很容易就联想到“半夜巡查”。

又如，洪门隐语中的“川大车日”和“川大丁首”分别指“顺天转明”和“顺天行道”，就是使用了增损式的析字修辞手法，从字面上看没有合理的意义，几乎不可能猜出背后的意思，不能算是真正的词语。但是实际上，这些隐语形成的自主—依存关系就是利用了“川”与“顺”、“大”与“天”、“车”与“转”、“日”与“明”、“丁”与“行”、“首”与“道”的相邻关系。这些隐语依靠相邻/相似关系，从想要表达的意向内容出发，在话语的推衍过程中，将起主导作用的那个表达的外部结构特点拈连到看似无意义或不能接受的话语表达上，使后者也或多或少地具有前者的结构特点，成为实际有意义的表达。

隐语中的用典方式指暗中借用成语故事、历史典故及神话传说等来构造隐语，实际上就是利用了相邻/相似律的集成律引理。例如，洪门组织中有个历史典故与一本书有关，即洪门组织的各种规章有个范本叫《金台山实录》。这本书是从金台山下的海底取出的。隐语“洪门海底”就蕴涵这本书和整个事件。隐语“苑内人”是因为郭永泰有林苑名“松柏苑”，开尽忠山时，常聚哥弟于苑内商洽事件，当时以“苑内人”称呼，所以称洪门兄弟为“苑内人”。提到“苑内人”就意指洪门组织内部的人和整个典故。

以上仅举例说明了隐语中对相邻/相似律的集成律引理的运用。实际上，在隐语的生成中还会用到相邻/相似律的逆向作用律、替换律、传递律、集约律等引理。由于篇幅有限，在此不一一举例说明。

有些隐语的生成综合性地运用了几个相邻/相似律及其引理，使得生成过程显得比较复杂。如隐语“舵把子”指的是“袍哥组织高层人物中权力最大的人”。这个隐语涉及几种复杂的相邻/相似关系，体现了几个相邻/相似律及其引理的综合作用。如图6.4所示：

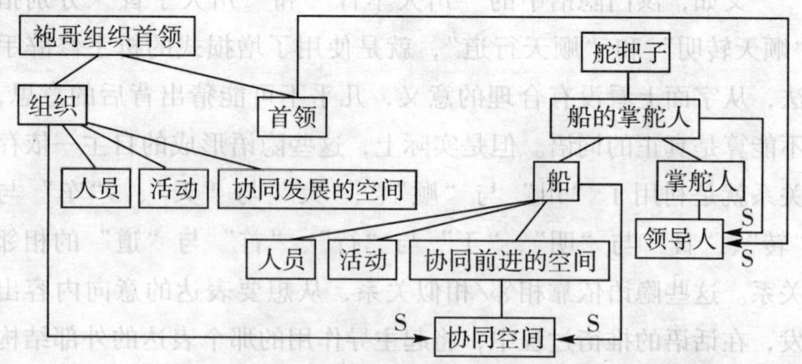

图6.4　隐语“舵把子”的拈连图解

这个隐语的生成涉及几种复杂的相邻/相似关系。前面已经提到，袍哥组织成员分为一排、二排、三排、五排、六排、八排、九排、十排、大老幺、小老幺若干等级。一排称为“大爷”，是团体中的高层人物，在大爷中又推出一人“掌舵”，总揽团体事务，权力最大，称为“舵把子”。这个隐语之所以能从自主成分“袍哥组织的首领”拈连到依存成分“舵把子”主要是靠这二者之间两种相似关系的连接：“组织”与“船”之间的相似关系、“（组织）首领”与“掌舵人”之间的相似关系。

在图6.4中，“S”表示相似关系。基于“组织”与“船”之间的相似关系，“船”所具有的“协同空间”的因素被抽取出来，成为一个范畴，“袍哥组织”中的“组织”临时归于“协同空间”的范畴下，完成了从“组织”到“船”的隐喻。同理，基于“（组织）首领”与“舵把子”（“掌舵人”）之间的相似关系，“舵把子”（“掌舵人”）所具有的“领导人”的因素被抽取出来，成为一个范畴，“袍哥组织首领”中的“首领”临时归于“领导人”的范畴下，完成了从“首领”到“掌舵人”的推衍。由此可见，隐语“舵把子”的创制主要是基于相似关系完成了从“袍哥组织首领”（即“袍哥组织高层人物中权力最大的人”）到“船的掌舵人”（即“舵把子”）的拈连。

6.2.2.3　通感和通知：形成自主—依存所使用的手段

自主成分通过相邻/相似关系拈连到作为显性表述的依存成分，而具体而言，拈连又是通过通感和通知（感觉或知觉的连通）将自主成分同依存成分连通起来而实现的（徐盛桓，2007：34-40）。通感和通知是形成自主—依存关系中拈连所使用的具体手段。

通感（synaesthesia）的概念在修辞学、心理学和美学中都有。在修辞学上，通感又称“移觉”，指的是“在人们的视觉、听觉、触觉、嗅觉、味觉等感觉往往可以彼此沟通的心理基础上，把彼类感觉移用到所描写的本来只产生此类感觉的事物上去”（戚雨村等，1993：565）。从心理学上讲，人的认识活动，一般是从感觉、知觉到表象，进而形成概念、判断和推理。人的各种不同的感官，只能对事物某些特定的属性加以认识，因此从感觉、知觉到表象的过程实际上也是各种感觉器官相通的过程。从审美上讲，通感就是在人们的审美活动中使各种审美感官（如人的视觉、听觉、嗅觉、触觉等多种感觉）互相沟通，互相转化。其中，最普遍相通的感官是视觉与听觉。

这里借用通感来指感觉之间的相通。四川帮会的一些隐语的生成就以通感为具体手段。例如，从“茶”拈连到“半夜巡”，从表面上看这两者之间并无联系，觉得这个隐语没有理据。但是，经过分析和推衍，隐语“半夜巡”之所以又能说得通，是因为人们听觉中不同感觉的通感在起作用。由于“茶”和“查”读音的相似以及“半夜巡”和“半夜巡查”字词相邻的听觉相通，“茶”便能趁势拈连到“查”，“查”又拈连到“半夜巡查”上去，为最终隐语“半夜巡”的生成打下重要基础，使“半夜巡”成为可以解释的隐语。

隐语中使用的摹状的修辞方式又称“摹绘”，指运用语言手段来摹写事物的颜色、形状、声音，给人以视觉和听觉的刺激，引起联想。摹状就是典型地利用通感生成隐语的修辞方式。例如，隐语“闪光子”指“闪电”（曲彦斌，1995：538）。这是抓住闪电给人的主要感觉——视觉，将“闪光”同“闪电”的具体视觉感觉连通，从而用来指“闪电”。

隐语中使用的谐音的修辞方式利用词语间的同音关系，以甲代乙，达到隐秘表达的目的。汉语的同音关系有两种，一种是音同、字同，义不同，称为同形同音词；一种是音同，字、义不同，称为异形同音词。谐音是构成四川帮会隐语的常用手法之一，多采用异形同音词，实际上也是利用听觉中的不同具体感觉的相通而生成的。例如，四川哥老会取当时常见词语“依苗子”、“耳子草”、“散钱花”、“狮子头”、“乌供起”、“留支皮”、“凄凉冈”、“巴地虎”、“舅普子”和“柿子园”的首字谐音分别构成一至十的数目隐语。在音上下工夫，利用“依”与“一”、“耳”与“二”、“散”与“三”、“狮”与“四”、“乌”与“五”、“留”与“六”、“凄”与“七”、“巴”与“八”、“舅”与“九”、“柿”与“十”字的谐音关系造成的听觉相通来隐指数字。

隐语的生成也与通知有密切关系。这里的“通知”是指知觉的相通。知觉不同于感觉。知觉是在多次与多种感觉的基础上，通过发现各种属性之间的关系，从而认识到关于当前事物的一个完整形象。通过知觉得到的认识是一个具有各种属性的个别事物。（金岳霖，1979：16－17）因此，这里所用的“通知”是指不同知觉的相通和同一知觉的不同具体感知的相通，也就是指知此和知彼相通（徐盛桓，2007：34－40）。

四川帮会的一些隐语的生成就以通知为具体手段。由于知觉有整体性，通过通知生成的话语一般与事件有关，排除了只是音响相同。例如，隐指“内行”的隐语“肚子里撑船”就利用了人们的通知。人们知道“肚子里”是一个空间内部的概念，而且也知道“撑船”也叫“航船”、“航行”，因此也就懂得“肚子里撑船”是“（在一定的空间）内部航船或航行”的意思；并且利用相邻/相似律的逆向作用律，形成“内航”，受话人对“肚子里撑船”这样一个较小空间的知觉与对“内航”这样一个较大空间的知觉之间形成通知；最后利用“内航”与“内行”的听觉通感形成隐语“内行”。

再例如，隐语“开红山”指的是“大批杀人”或“胡乱杀人”①，也是利用了通知。“大批杀人”或“胡乱杀人”可能会造成大量的尸体堆积如山，血流成河，尸体的堆放地看上去像是一个红色的小山。人们从真正红色的小山与尸体的堆放地两者当中可以获取相似的整体性感官信息，产生知觉的相通之处。认知主体在从意向内容出发时，运用通知为具体手段，将“胡乱杀人”的性质、情状、特点一并拈连到“开红山”，实现了从自主成分“大批杀人”或“胡乱杀人”到依存成分“开红山”的拈连，生成了隐语的显性表述“开红山”。

另外，四川帮会隐语相当普遍地使用比喻，利用两种事物之间的相似、相近之处，用一种事物比喻另一种事物的方法进行表达，以增强语言的形象性和生动性，突出被描绘事物的某一方面的特征。比喻的修辞方式一般都是利用人们的通知形成。例如，隐语“腊肉骨头”指“没有多大价值”，“爬地草”以物喻人，指“不能独立作案的人”，“花椒开水”以物喻事，指“手段狡诈厉害”等（杨青山，1993：8，332）都是利用人们的物质知觉、关系知觉、社会知觉等不同知觉的相通和同一知觉的不同具体感知的相通而拈连生成的。

6.3 隐语的理解机理

6.3.1 隐语从依存成分到自主成分的反溯过程

在分析了隐语的生成机理之后，我们再来分析隐语的理解机理。在隐语分析的自主—依存框架中，隐语的理解过程就是从依存成分回溯到自主成分的过程。在隐语的理解过程中，依存成分

① 参看：成都方志网，http://www.cdhistory.chengdu.gov.cn/html,2006。

向自主成分的回溯以目的性为导向。听话人在意向性的引导下，以输入的话语为起点，不断结合语境得出阶段性的结果，再通过不断的比较和选择，最后得到最符合意向性和语境的满意解释。下面先以隐语“半夜巡”为例对隐语的回溯过程进行说明。

说话人推衍出来的依存性命题“半夜巡”导向显性意向性命题和不完备表述“半夜巡”。当听到不完备表述“半夜巡”这个不完整的词组时，出于人所普遍具有的格式塔心理的特点，听话人会倾向于将其补全。而且，从相邻性上讲，最可能也是最经常地与“半夜巡”联系在一起的是作为一个普通认知整体的完整词组——“半夜巡查”。也就是说，听话人在听到“半夜巡”的说法时，可以很容易地判断出说话人并不是因为语言能力的匮乏而造成的无意的语法错误，而是故意制造的且另有深意的说法，而且这种说法的真正意思很可能与表面意思有较大的不同。

于是，在故意制造的语法错误面前，听话人将在认知本能的引导下尽力补全不完备表述，即重新建构显性意向性命题，而重构命题所需的知识是由共有的心理模型或语言模型所提供的。说话者相信处于共有的心理模型下的听话人可以重构、补全命题。听话人在接收到显性的不完备命题的同时也意识到因有缺省而不完备的“巡（查）”不可能是指真正的巡查，因为他清楚地知道这种说法是在特殊语境下的不完备表述，其真正的意义不可能是表面用字所指的意向内容。在重构补全原则下，听话人将显性意向性命题、不完备表述的“半夜巡”，补全为显性意向性命题、较完备表述的“半夜巡查”。这个显性意向性命题和较完备表述又体现了推衍过程中具有依存命题和自主命题双重身份的“半夜巡查”。

听话人听到显性意向性命题“半夜巡”后，会凭经验感觉到这个说出来的不完备表述不是较常听到的表达方式。听话人将不完备表述的“半夜巡”补全后，由于一般常见的话语是较完整而且有逻辑规则的，也会凭经验感觉到没有说出的“查”比较可疑，这个没说出的字的背后也许才是说话人的真正意图所在。听话人的听话过程不是一种被动接受的机械过程，而是一种与外部世界进行主动交流的、动态的过程。听话人不仅要感知说话人的各种相关背景信息、说话人的语言表达，同时也在与这些信息进行着基于感知的互动。说话人基于不同的观察方式采用不同的表达方式，而不同的观察方式又体现了不同的突出点。听话人在经验的驱使下，对听到的显性的、较不完备的表达进行超越一般语言逻辑的分析，灵活选择和处理信息。听到“半夜巡”后，听话人的脑海里会出现“半夜巡查”的较完备表达或相关的场景。但是，由于说话人只说出了“半夜巡”，也就是说，只选择了“半夜巡查”的前一部分来表达，因此，从表面上看，说话人的意图之一是将听话人的注意焦点从“查”转移开，引到“半夜巡”。但正是这种欲盖弥彰的做法反而使没有说出来的“查”更加突显出来，起到提示作用，成为理解说话人真实交际意向内容的线索和破解意义的突破口。说话人将更多的注意力转到没有出现的“查”字上去，在自己的心理模型中重构有关“cha”的概念。于是，作为显性意向性概念和不完备表述的“查”得到了突出和强调。

在显性意向性概念“查”得到突出和强调后，听话人还需要进一步将“查”与更加符合语境的概念联系起来，才能最后引向对意义的解释。在听话人的心理模型中，听话人在重构有关“cha”的概念的时候有可能联系到很多概念，其中介是各种性质和程度的相邻/相似关系。以“cha”的概念为起点，在意义、读音、字形等方面的相邻/相似关系的联结下，听话人头脑中可能出现很多从“cha”引发的结果。听话人根据说话人的大致交际意图和在当时具体交际环境中掌握的其他信息进行全面综合判断，筛选出比较符合自己直觉和特定语言环境的结果。在这样的回溯过程中，语义、语音、字形等几条线路合并为一条线，并最终指向隐性意向性概念和仍较不完备的表述——"茶"。

"茶"还需要或还可能补全为更加完备的命题，例如"想喝茶"。这个听话人不断比较、筛选出的结果是最符合说话人的交际意图、听话人的直觉和当时语境的较完备表述。这样，通过"半夜巡"——"半夜巡查"——"查"——"cha"——"茶"——"想喝茶"的回溯，对"半夜巡"的理解在相同的心理模型框架下最终完成了从显性表述到隐性含义的反溯过程。

隐语的理解可能涉及从隐语的显性表述（依存成分）到意向内容（自主成分）的一次或多次的反溯。每一次反溯都是自主成分和依存成分的身份的一次转化和自主—依存关系的形成，最初的出发点（显性表述）和最后的反溯结果（意向内容）形成依存—自主关系。

要实现对隐语的理解，需要经过一个从依存成分反溯到自主成分的复杂过程。以上"半夜巡"的例子涉及多次的反溯，其他还有一些隐语的例子不一定有多次反溯，但是同样能说明从依存成分到自主成分的回溯。例如，隐语"落马"指"被捕"①。在对隐语"落马"的理解中，听话人首先想到说话人要想表达的意向内容很可能并不是"落马"，而是受到环境的限制要用晦涩、隐含的方式来表达。这样的动机就成了说话人的意向性。听话人只能在这样的意向性的导向下去作反溯。这就是反溯的出发点。接着，听话人可能想到落马的种种情况，包括落马的原因、

① 参看：《袍哥：江湖上的大众职业》，http://elife.qlcity.com/life/wenhua/xsy/2005/6-24/130512404.htm，2005。

情景、感受、后果、影响等。落马的情景和被捕的情景虽有不同之处，但是落马后的感受和被捕后的感受、后果相似。落马和被捕二者在感受、后果上的相通之处为听话人提供解读线索，帮助听话人根据具体交际环境得出对这个隐语的解释。在“落马”这个隐语中，尽管其显性表述“落马”和隐性表述“被捕”在语言表达的结构上并不对应，但都是对事件的描述。相似的感受和后果帮助听话人认定二者之间有联系，在说话人要作隐讳表达的意向性的导向和具体语境的制约下，听话人完成了对“落马”的解读过程。虽然这个过程中自主成分和依存成分的身份转化的次数可能没有隐语“半夜巡”多，但是最终都实现了从依存成分到自主成分的反溯，同样能说明自主—依存关系的动态性转化。

隐语的理解是一个从依存成分反溯到自主成分的复杂的动态过程，涉及很多因素，这一点同样可以参见以下例子。

隐语“洗生意”指的是“抢劫”①。这个隐语的显性表述晦涩难懂。当听话人听到不完备表述“洗生意”时，虽然这个表述听上去像是一个完整词组，但听话人还是会立刻感觉到这个表述不同于正常表述，因为一般“洗”不与“生意”相搭配。而且由于人在认知过程中所普遍具有的格式塔心理的特点，听话人会倾向于将“洗生意”补全为另外两个词组“洗衣服”和“做生意”。

听话人根据说话人的意向内容和意向态度可以初步判定“洗生意”与“洗衣服”、“做生意”等同样指的是一个事件，同样带有强烈的目的性，只是含义不同于后者。听话人凭一般语言知识感觉到“洗生意”可能与“做生意”更相关，“洗生意”中的

① 参看：成都方志网，http://www.cdhistory.chengdu.gov.cn/html,2006。

"生意"可能是整个表达意义的重点所在。这样，作为认知主体的听话人选择了词组的"生意"这部分为突破口。"做生意"的目的是赚钱，再根据交际时说话人的相关行动、意图等实时语境，听话人就可以判断"洗生意"很可能与钱有关。

下一步，听话人转而考虑"洗"的含义。"洗"的含义是解读的难点，也是解读整个表述"洗生意"的重要提示。根据字典的解释，"洗"不仅可以指"用水去掉物体上的脏东西"，还可以指"像用水洗净一样杀光或抢光"。由于"洗衣服"与赚钱没有直接的关系，所以听话人会考虑与"洗"相关的其他搭配，其中与钱有直接关系的就有"洗劫"等常见说法。

最后，听话人根据"事件"、"与钱相关"、"'洗'字与钱有关的意义"和"洗劫"等前期判断结果，结合说话人的意向性和层层语境的限制和提示，就可以得出一个后期结果（也是比较完备的表述）"抢钱"，从而使一个听上去不正常的表述最终得到了满意、合理、正确的解读并变成了说得通的表述。

总结起来，以上隐语"洗生意"的理解过程见图 6. 5 所示：

在图 6. 5 中，"I"表示意向性，包括说话人的意向内容和意向态度；"C"表示语境，包括实时交际的各层语境，语境既起到提示、指向作用，又起到限制、检验作用；"P/S"表示相邻/相似关系。由图 6. 5 可以看出，在对隐语"洗生意"的理解过程中，"事件"是前期判断结果（一），"与钱相关"是前期判断结果（二），"'洗'字与钱有关的意义"是前期判断结果（三），而"洗劫"就是前期结果（四），"抢钱"是后期结果（五）。每一个前期与后期结果的得到都是基于诸多因素，包括说话人的显性表述、说话人的意向内容和意向态度、听话人的语言知识、听话人对外部世界的各种抽象知识、交际中每一层语境的限制和提示等等。在对隐语"洗生意"的动态解读中，以依存成分

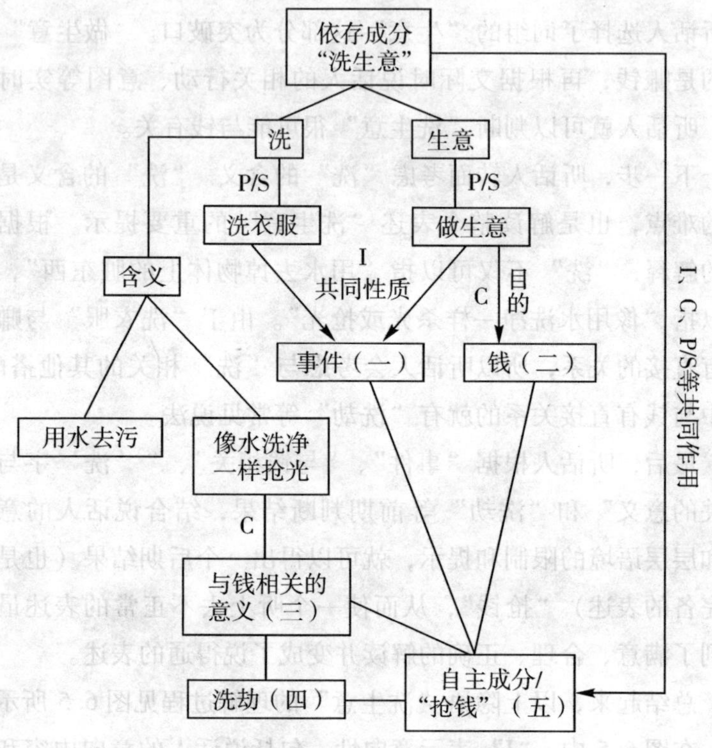

图 6.5　隐语“洗生意”的理解图解

“洗生意”为起点，经过对以上各个因素的有机整合，每一次的判断结果经受了检验，最后到达了自主成分的终点，完成反溯，达成了理解。

6.3.2　隐语反溯中意向性因素与语境因素的共同作用

在从意向内容到隐语的推衍过程中，人类进化过程中的最根本原动力——目的性起了相当重要的作用。前面提到的常规关系和相邻/相似关系也都与目的性有关。进化过程中的回应环境压力等因素突出体现了生物有机体的目的性。在进化中，各个物种要生存和发展都会在其活动中体现出或强或弱的目的性。目的性又称优化，是人类与外界环境交换信息并不断发展自身认知的结果。任何一个有机体的活动都是以各种工具、对象、手段作为中介与外界进行选择性交流，以达到生存、繁衍和发展的目的。这样的目的性制约着有机体的一切活动。人是自然界中最重要的有机体。在长期进化的过程中，人同样离不开进化的根本动力——目的性，形成了以目的性为基础动力和最终指向的各种人类活动。人类整体与人类个体的一切活动都受一定或隐或显的目的的制约。

语言交际是人类重要的言语行为，语言交际中的生成与理解是重要的认知活动，也以目的性为基础动力和最终指向。人类语言的生成与理解在目的性的制约下，要用最少的时间和精力，最大限度地运用语言进行交际意向和相关信息的传达，以达到最佳的交际效果，达到优化的目的。具体而言，目的性在语言行为中反映为优化，具体体现为意向性。说话或其他形式的交际总是要表达一定的意向，这是人们语言交际中的一个基本特征，也是人类进化的自然结果之一。说话人和听话人在任何言语行为中都要先选定一个目标，再充分运用自己的心理模型中的各种知识进行有方向性的搜索和选择性的注意，最终达到自己满意的交际意图。

隐语的运用不是一个简单的线性问题，而是一种高层次的认知活动。隐语的生成与理解都是在意向性的引导下发展出来的一个整体的、动态的过程。这个过程要访问和调用话语运用者心理模型中的各种知识，还要涉及演绎、归纳、类比、分析、综合、抽象、概括、联想和直觉等方面，是各种逻辑方法、认知方法以及感知、记忆、注意、思维等各种认知因素的综合运用。隐语的产生和理解都有着强烈的目的性或意向性。

在隐语的产生中，自主成分在意向性的导向下推衍出依存成分，从而生成隐语。在这一过程中，说话人在目的性的引导下不断根据语境和优先原则将意向内容与备选项目进行匹配，最终选择一个比较合适的隐性表述。

意向性在隐语的理解中也起着重要的作用。在隐语的理解中，依存成分以自主成分原来的意向性为依归，回溯到自主成分，回到意向性，得到较完备表述，达成对隐语的解释。在这一过程中，听话人在目的性的引导下不断根据语境和优先原则将隐性表述与备选项目进行匹配，最终选择一个比较合适的显性表述，在头脑中建构起关于说话人想要表达的意向内容的心理表征。在意向性的导向下，各个层次的表述之间相互影响，最终完成对隐语的合理解释。

意向性在隐语的生成和理解中都起着重要作用。本小节着重结合语境因素分析意向性因素在隐语理解中的作用。从隐语的依存成分（显性表述）向自主成分（说话人想要表达的意向内容）的反溯要以意向性为重要导向，但是也不能忽视反溯过程中的另一个重要因素——语境。语境化（situatedness）因素实质就是体验性（embodiment）。认知语言学中的体验性指心智是涉身的，即心智与具体的身体密切相关。这不仅是说身体是我们思考所必需的，还有一层意思即概念的性质是大脑和身体结构方式的产物，也是大脑和身体在人际关系和物理世界中所起作用的产物（Lakoff & Johnson，1999：37）。随着认知科学研究的深入，体验性的内涵已经被极大地扩展和丰富了，它和情境性的概念已经融合在一起了①。在从隐语表述向说话人想要表达的意向内容的反溯中，意向性与语境因素共同作用，而语境化因素是由意向性即

① 参看：李恒威、盛晓明，《认知的具身化》，http://www.lunwen5.com/zhexue/keji/14032.html，2008。

目的性造成的。

简单地回顾第二代认知科学的特点和认知语言学的发展与特征就可以清楚地看到，语境不仅仅制约着当前的交际，而且还是交际的内在特征。

首先，从第二代认知科学的特点来看。莱可夫和约翰逊在《体验哲学——体验心智及对西方思想的挑战》（*Philosophy in the Flesh*: *The Embodied Mind and Its Challenge to Western Thought*）一书中根据不同的哲学理念区分了认知科学的两种研究范式：第一代认知科学或非体验认知科学（first-generation cognitive science; the cognitive science of the disembodied mind）和第二代认知科学或体验认知科学（second-generation cognitive science; the cognitive science of the embodied mind）。第一代认知科学的发展主要是在20世纪五六十年代。第一代认知科学隐喻性地把心智看成是一种可以在任何适当的硬件上运行的抽象的计算机程序，认为可以从认知功能来考察心智，而不考虑这些功能与身体和大脑的关系。心智的特征在于其独立于身体的形式化功能。思想（thought）可以用形式化的象征体系来表征，并且可以被看成是依据形式化规则对象征所做的运算处理，这些规则不考虑任何意义（Lakoff & Johnson，1999：75－78）。

到20世纪70年代中后期，在概念和推理对身体有很强的依赖性等证据的基础上，第二代认知科学出现了。第一代认知科学和第二代认知科学在哲学基础和方法论上都有所不同。第一代认知科学认为意义只是符号之间的抽象关系，或者认为意义是符号间或世界的各种事件的状态之间的抽象关系。而第二代认知科学认为，我们的体验经验对意义的所有方面，对思想的结构和内容起着重要作用。第二代认知科学对心智的体验观点主要有：（1）心智结构的内在意义在于其与身体的联系和人们的涉身经验；

(2) 基本层次的概念部分地源于我们的运动图式以及我们进行格式塔认知与形成意象的各种能力；(3) 概念的结构包括不同类型的原型；(4) 推理的体验性在于我们的基本推理形式源于感觉运动系统和其他基于身体的推理形式；(5) 概念系统是多元的，而不是一元的；(6) 抽象概念由多个概念隐喻所定义(Lakoff & Johnson, 1999: 77-78)。

第二代认知科学的特点主要有：

(1) 体验性：身体或神经系统的作用要远高于传统的"生理机制"的含义，但第二代认知科学又是非生理决定论的。体验的心智本质上是一种生物神经现象，这种现象是长期进化的结果。

(2) 情境性：情境性捍卫了人所具有的心理对"人的属性"的本质。认知系统是大脑、身体和环境三者构成的统一体，环境是认知系统的重要组成部分，认知总是情境化的，情境对认知能力的形成、发展起决定作用。人（包括人的身和心）是在社会环境当中发育而生成的。过去研究的情境是对当时交际的约束，第二代认知科学认为环境对人的有机体不是外在的，而是内在的特征。

(3) 发展性：发展性是认知固有的本质特性。认知是发展的，不是一开始就处于高水平。这里的"发展"实际上是一种生成的、动态的含义，我们对事物的认识只不过是整个认识的动态过程中的一个瞬间、一个片段。认识本身是变动的、变化的、发展的。

(4) 认知是一种动力系统，是联通状的网络。只有动力系统才能作为刻画第二代认知科学的模型和工具。认知所包含的变量或因素相互作用，构成一种非线性因果关系。变量或因素互为因果、相互塑造，彼此是一种对偶关系，而非单向的决定。身体和环境是认知不可或缺的部分[①]。

再从认知语言学的发展与特征来看。认知语言学从认知科学的母体中发展而来，用认知科学的观点、理论、方法研究语言。具体来说，认知语言学以语言为研究对象，探究语言知识的基础、起源和实现这些知识的能力的形成和发展。第一代和第二代认知语言学的研究分别与第一代和第二代认知科学的研究相对应。第二代认知科学认为，认知具有体验性，认知能力是人类长期进化的结果。第二代认知语言学对应于第二代认知科学，其基础是体验哲学，强调心智的体验性、认知的无意识性、思维的隐喻性。昂格雷尔和施密德指出："认知语言学是根据对世界的经验、感知和概念化的方法来研究语言的。"（Ungerer & Schmid，2001：x）第二代认知语言学认为，语言的形成和发展与人类的身体经验和认知密不可分；语言能力是人类整体认知能力的一部分，语言的出现和发展又促进了人类认知的发展；认知和语言都是基于对现实的体验之上的。

从以上认知语言学的发展与特征可以看出，语境不仅仅制约着当前的交际，而且还是语言运用的普遍特征之一。具体到隐语而言，隐语的认知不是一个简单的线性现象，而是一个复杂的系统现象，是认知的主体（包括说话人和听话人）与语境（包括自然环境、社会环境、文化环境、语言环境等各种环境）进行的内在的互动作用过程。在这样的认知过程中，认知主体的认知轨迹中的每一个环节都是以一定语境为特征的。

在隐语从显性表达向意向内容反溯的过程中，意向性与语境因素共同作用，使得对隐语的理解成为一种整体、动态、复杂的

① 参看：李奇维，《"第二代认知科学"刍议》，http://xb.ecnu.edu.cn/edupro/2007/2007,a004,010277.html,2008。

推理过程。从隐语表述向说话人想要表达的意向内容的反溯是非线性的因果关系的运作。意向性即下向因果力，制约着下面的一切活动，隐语话语受到这种下向因果力的制约。在隐语中，意向性体现为一种开放的动态结构，一切隐语话语活动都要服从最高的意向性。要实现意向性就要有语境原则。下向因果力又反映为一个个层次，在一个个活动范围内表现为语境。隐语的理解是语境化的过程，语境因素在其中起着相当重要的作用。人作为认知主体，在意向性的导向下，在特定的语境中建立新的语境关联即新的认识；这样的新认识与新的语境相结合，又形成新的要素；新要素在语境的网络中不断调配和整合，在经过一系列的放弃与选择后得出合理的解释，实现对隐语话语的理解。

意向性和语境因素在隐语从显性表达向意向内容反溯的过程中起着共同作用。仍以“半夜巡”为例。在听话人的心理模型中可能会有各种知识或常规关系与之发生联系从而得到激活，也就可能对“半夜巡”有多种解释，如“在半夜的时候去做一次巡查”。隐语的理解是一种语用推理，听话人在实际理解过程中，根据显性的较完备表述，在听话人的心理模型的框架内可能产生一系列与语境密切相关的“如果 x，那么 y”推理步骤，并且根据各步骤得出结果，最终得出对隐语的最恰当理解。

（1）由于语境在当时的要求是表达隐秘晦涩，在解读过程中需要逆向将“半夜巡”放到语境中进行契合检验，发现不符合语境要求的，就需要补充为“半夜巡查”。这是对显性表述“半夜巡”进行补全编码而重新得出的新编码。

（2）显性表述如果是“半夜巡查”，那么意思可能是“在半夜时分到外面去做一次巡查”。但在帮会秘密的交际环境中，听话人判断说话人不可能做这样直白的表述，应该另有深意。听话人理解的说话人的总体意图是一种非工作性质的共同活动邀请，而不是一种共同工作的要求或让对方独自工作的命令。这样，将“半夜巡查”的初步语用推理结果放到交际环境与交际目标中进行契合检验，发现不符合这一步骤语境的下向因果力的要求，也不符合更高的隐秘交际的下向因果力的要求。于是，听话人只能认为“在半夜时分到外面去做一次巡查”的意思不是可能的选择，应该放弃并转向其他思路。

(3) 如果“半夜巡查”的意思不是“在半夜时分到外面去做一次巡查”，那么说话人可能是要强调省略的“查”。根据格式塔心理的逆向推理，“查”将作为重点进行审视，“查”成为一个符合隐秘交际的高层级下向因果力的可能选择。

(4) 如果是强调“查”，那么不大可能是“巡查”的意思。这是因为“巡查”仍未脱离最初否定的“在半夜时分到外面去做一次巡查”的总体意思，而这一否定是这一步骤的推理的语境。于是，“巡查”的意思由于不符合更高层级的下向因果力的要求而被放弃。

(5) 如果因省略而被强调的“查”不是“巡查”的意思，那么很可能是与“查”的读音、字形相邻/相似的其他意思。

(6) 如果是与“查”的读音、字形相邻/相似的其他意思，那么因为“查”的意思不多，很可能是与“查”的读音相似的某个意思。

(7) 基于共同的心理模型，受语境的制约，与“查”的读音“cha”相同的“茶”被激活，通过“cha”这个读音，“查”向“茶”进行转移。也就是说，如果是与“查”的读音相似的某个意思，那么很可能是“茶”。“茶”不仅与其读音相同，而且与这一级和较高层级的下向因果力的要求不相冲突。

(8) 如果是与“茶”相关的意思，那么很可能是“想喝茶”、“一起去喝茶”等意思。随后与“茶”相关的“想喝茶”、

“一起去喝茶”等被引入意向性框架，并在意向性导向和语境制约下，解读被导入符合各级语境要求的解释，这也是从最初的常规关系激发出来的多个可能解释经过一步一步转移、选择而收缩得出的最合理、最恰当的结果。这样的解释是在下向因果力作用下符合各级语境要求的最可能、最合理、最恰当的解释。

以上的隐语理解可以概括为以下模型：

（1）隐语从显性表达向意向内容的反溯作为一种语用推理，仍是以常规关系为逻辑前提条件。

（2）隐语意向内容反溯的认知轨迹以隐语的显性表述为起点，以认知主体（听话人）的心理模型为框架，分阶段、分层次、非线性地进行。

（3）在对隐语意义的理解中，当上向信息与下向信息互相冲突的时候，上向信息会结合情境因素被激活并取得支配和主导的优势地位，抑制下向信息的激活甚至代替下向信息。

（4）由隐语的显性表述激发认知主体（听话人）在头脑中产生出来多个可能的解释，这些可能的解释都是以显性表述的语言系统为基础的。

（5）听话人在总体语境要求下，将初步推理结果放到交际环境与交际目标中进行契合检验，看是否符合这一步骤语境的下向因果力的要求，得出新的推理结果。

（6）将因果关系下的新推理结果与各级语境结合进行检验，经过放弃、选择、收缩而最终得到一个隐性表述，达成对该隐语的一个最可能、最合理、最恰当的解释。

条件规定：

（1）初始条件约束：由隐语的显性表述提供的参照系；

（2）边界条件约束：由语境提供的参照系。

由此可以看出，在对隐语的理解过程中，听话人以隐语具体表述的语言系统为基础，在自己的心理模型中，在说话人交际意向内容的目的性的高层级下向因果力的导向下，根据总体语境要求和各个层级的具体语境要求进行层层匹配与判断，这是不断放弃和选择的整体的、动态的推理过程。在此过程中，目的性的高层级下向因果力和各级的语境要求形成了双重压力，使认知主体一步一步作出推理，最终得到一个比较满意的结果。

意向性具有下向因果力，在不同层次中都与语境结合并有所体现。以四川帮会隐语“硬里子”为例。“硬里子”指“演戏时的重要配角”（潘庆云，1995：470）。在对这一隐语的理解中，意向性和语境就是两个共同起重要作用的因素。“硬里子”是显性表述，是依存成分，要能达成对它的理解就要以说话人的意向性为依归，回溯到自主成分，回到意向内容，才能得到较完备表述，而回溯过程中的每一个环节都以一定语境为特征。在这一话语交际中，说话人的表述必须满足隐含、晦涩的交际要求，这是交际最大的目的和最强的意向性。

听话人作为认知主体在戏院或其他类似的听戏场景中，听到“硬里子”这个隐语后，对这个隐语的语用推理的全过程都要在这个意向性的引导下进行。因为有这样一个意向性的制约，听话人知道“硬里子”的含意并不是表面的意思。听话人知道“子”可以充当名词词尾，于是将“硬里子”与听戏场景中的某个东西或人物进行初步匹配，这样听戏场景中的若干人或物就成为备选项目。听话人在听戏场景这样一个特定的语境中建立一个新的语境关联，即“听戏场景中的若干人或物”。在下一个层次的语境中，这个新的备选理解可能又形成一个新的备选理解“唱戏场景中的某个人物”。这样，一个新的备选理解在语境的层层结构中不断匹配、整合，在经过一系列的放弃与选择后最终一个比较合适的显性表述——“演戏时的重要配角”形成了。

隐语“吹灯笼”也能很好地说明隐语理解过程中意向性因素与语境因素的共同作用。隐语“吹灯笼”指的是“挖眼”。“吹灯笼”这个词组在正常的日常表达中也有，听话人最先想到的是它的本义“吹灭灯笼”。但是，把这个意思放到语境中进行检验就显得别扭或勉强，不符合意向性和语境的总体要求。此时，听话人考虑到说话人的总体意向不是一般性的活动，而实时的交际语境提示“吹灯笼”这一活动的承受者做了错事，而做了错事就要受到相应的惩罚。

于是，最初得到的结果被放弃，听话人转而寻找其他与“惩罚”相关的理解。听话人想到如果是帮会组织对成员进行惩罚，那么很可能采取一种伤害身体的方式；如果是一种伤害身体的方式，那么表示身体意义的部分最可能来自“吹灯笼”中的“灯笼”；如果是用“灯笼”来表示身体或身体的一部分，那么至少要满足两个条件：“灯笼”的某一种性质与身体（或身体的一部分）的某一种性质有相似性，且这一性质与“点亮/熄灭”一组概念直接相关。在袍哥组织中有各山堂基本一致的纪律和会规，即必须遵守的“红十条”（伦理要求）和必须受罚的“黑十款”（惩罚条例）。如果有成员违纪，要开“执法堂”，当着关圣帝君举行“神判”。惩罚分最重、较重和较轻三类，挖眼就是较重惩罚中的一种（王纯五，1993：59－60）。在进行与层层语境的比对和检验后，在意向性的制约与导向下，听话人最后缩小了解释的可选项，选择了“挖眼”的含意，最终得到了较完备的隐性表述，达成对隐语的不完备表述的理解。

需要说明的是，在这个反溯过程中，上一个层次和下一个层次的表述之间相互影响，并且在意向性制约下导出的认识要经过语境因素的检验，而不只是上对下的单向影响；这一过程除了有意向性和语境的共同作用之外还受其他因素的影响。如隐语显性表述本身的词义因素、认知主体的基本认知能力（如观察、识记等能力）等因素的影响。

因此，意向性和语境因素在隐语的理解中起着重要作用，而且意向性在不同层次中都与语境结合有所体现。在进行与层层语境的比对和检验后，在意向性的制约与导向下，听话人最后缩小了解释的可选项，选择适当的含意，最终得到较完备的隐性表述，达成对隐语的不完备表述的理解。这样的一个认识是以显性表述提供的参照系为初始条件约束，以语境提供的参照系为边界条件约束，在意向性因素和语境因素的共同作用下进行的非线性的整合过程。

通过对隐语理解过程的分析，我们更深刻地认识到，隐语的理解是一种整体、动态、复杂的推理过程。从隐语表述向说话人想要表达的意向内容的反溯是非线性的因果关系的运作。在隐语中，意向性体现为一种开放的动态结构，制约着隐语话语的一切活动。隐语的理解也是语境化的过程，语境因素在其中起着相当重要的作用。作为认知主体的人在意向性的导向下，根据总体语境要求和各个层级的具体语境要求而进行层层匹配与判断，在语境的网络中不断建立和整合新的语境关联即新的认识，在经过一系列的放弃与选择后得出合理的解释，最终得到一个比较满意的结果，达到对隐语话语的理解。

在隐语的理解中，意向性和语境两个因素非常突出，所以在这里做了重点讨论，在稍后的部分中将讨论下向和上向因果力的互补协同作用。

6.3.3　隐语反溯中从依存成分回到自主成分的条件

隐语在理解的过程中之所以能够回溯首先是因为隐语与要表达的意向内容在形式上，如音、形等方面有关联。当然，日常生活中的普通用语也是因为与要表达的意向内容在形式上有关联才能够被理解。

隐语与要表达的意向内容在形式上的关联是因为概念间存在相邻/相似关系。“概念是反映事物的特有属性的思维形态。”（金岳霖，1979：18）概念与思维模式有着密切关系。无论是概念集还是思维模式，其实质都是心理模型的表征和对心理模型的操作。隐语之所以能进行回溯而得到理解正是因为人们有着相似或相同的心理模型和基于相同心理模型的思维模式。

所谓思维模式，就是指人脑反映事物时所具有的某种相对稳定的样式、方法或途径，是认识主体反映客体时所运用的所有逻辑形式、结构、方法的总和。某种特定的思维模式一经形成，就对人们的存在方式、实践方式起着或消极或积极的作用。思维模式本身是一个由诸多部分构成的有机系统，某种特定的思维模式的形成、变化受认识主体自身诸多因素的影响和制约。从根本意义上说，认识主体的存在方式、实践方式起决定作用，但是具体说来，还有认识主体的价值观念、生活经历、知识结构、生理条件等，任何一因素的相对稳定或重大变化，都会对整个思维模式的稳定或变化产生作用。其中，影响着人们认识活动中所运用的逻辑形式的某种逻辑理论、原则，也对特定主体的整个思维模式产生影响和作用（吴邛，2002：71－72）。

人们的思维模式从承袭与创新的角度来看，可划分为两大类：再生性思维模式与创见性思维模式。再生性思维模式是指不断地再生出前人的思维模式而无新的创见，而创见性思维模式是指从前人处得到启发，又有所创见。这两种类型的思维模式都与概念有密切关系，体现在以下两个方面：

（1）思维模式是概念的逻辑图式。这是因为思维模式是人们认识问题、分析问题、解决问题的概念系统及其逻辑结构。概念系统的顺序结构实质上反映了思维逻辑的顺序结构。思维模式系统地反映了人们的知识结构、思维方式和思维过程。人们凭借其知识结构和所掌握的材料，运用一定的方式进行分析、加工，归纳现象，整理经验和概念，得出结论的整个思维过程的逻辑联系，就形成了思维模式。

（2）思维模式是有别于单个概念模式的系统概念图式。单个的概念模式对对象进行孤立的平面的感知和识别，容易停留在表面现象上。思维模式，则是对对象进行系统的、立体的理解和建构，能够透析事物的内在联系。单个的概念模式，是对单一现象的描述，是概念与现象的单一匹配。思维模式，则是把众多概念作为知识模块并按照内在的逻辑联系组织起来，对客观现象进行结构性的匹配。单个的概念模式，是表面的、零星的认识事物，缺乏结构性的建构，容易被虚幻不定、杂乱无章的现象世界所迷惑。所以，人们的感性经验常常是彼此冲突的、靠不住的。思维模式，则通过怀疑、批判和清晰的思维和逻辑的建构，从主体的感知出发去捕捉纷繁现象背后的本质，发掘其稳定的内在联系。所以，仅凭单个的概念模式无法探寻真知；只有建构一定的思维模式，才能深化对事物实在本质的认识，才可能升华为系统的理论框架或理论体系，产生新知识、新思想①。

徐盛桓在对语用推理机制长期探索的基础上建立起来的语用推理范式称为“基于心理模型的含意推理因果化模型”。前面讨论过的心理模型是作为这一语用推理理论的基础从总体上加以考察的，这里讨论的心理模型更多的是从内部进行的、较微观的并与思维模式相比较的心理模型。

① 参看：谭忠真，《思维模式与教学模式的更新》，http://phys. cersp.com/ KCSZ/sCz/LLYJ/200802/5484_2. html,2008。

对于心理模型，学术界的定义并不统一。最早提出心理模型概念的是心理学家肯尼斯·克莱克（Kenneth Craik）。他在1943年所著的《解释的本质》（*The Nature of Explanation*）中认为，可以通过心理模型完成对事件的解释①。圣吉（Senge）认为，心理模型是关于我们和世界各个方面情形的形象和假设，这个深植于我们心灵中的模型决定了我们对世界的看法。唐纳德·诺曼对心理模型的不完整性、局限性、不稳定性、边界性、不科学性、简约性六个特征进行了概括②。根特纳等学者认为心理模型是大脑里以长期记忆为基础的知识结构所形成的内心映像，可表征外部世界物理系统因果机制的心智内部的概念系统（Gentner & Gentner，1983：99－129）。

英国普利茅斯大学的约翰逊－莱尔德也对心理模型作了深入的研究。他在《认知科学的心理模型》（*Mental Models in Cognitive Science*）中认为，"心理模型"与外部世界的"关系模型"具有相似性。心理模型一经形成，就成为人们描述世界事物的心理经验模型，它反过来作用于视觉经验、想象情景和话语理解等，成为这些活动的心理基础，用以预测世界事件关系。他认为在实际推理中，推理者可以在心中建构心理模型，通过心理模型进行推理（Johnson-Laird，1980：71－115）。

1983年约翰逊－莱尔德提出了推理的理论模型，认为人们推理的过程就是创建并检验心理模型的过程，即首先根据前提条件创建一个心理模型，并得出一个有待证明的结论，然后搜寻其

① 此处为笔者的翻译，参看：Wilson，Robert A.，Frank c. Keil，ed. The MIT Encyclopedia of the cognitive Sciences. Cambridge，Mass.：The MIT Press，1999：301。

② 参看：《什么是心智模型》，http://www. ueui. com. cn/wiki/ueid/ mental-model,2008。

他可能创建的心理模型。如果建立的各模型间没有冲突，就接受开始得出的结论，否则，就要建立另一个结论（Johnson-Laird，1983：45－51，165，397）。

之后，约翰逊－莱尔德不断修改心理模型，于1991年在他和伯恩合著的《演绎推理》一书中，对他所提出的心理模型重新作了论述。对心理模型的新论述指出，人类的推理过程可分为三个阶段：

理解阶段：推理者在这一阶段利用已掌握的语言知识和一般知识来理解前提的含义，并对前提所描述的事物状态建构起内部模型。推理者在这一阶段的推理也可能依赖于知觉，由此对外部世界建构起基于知觉的心理模型。

描述阶段：推理者试着对已建构起来的模型做最简洁的描述。这种描述应指明前提中未能显露的内容。假如不存在这样的结论，他们就会作出“不存在有效结论”的反应。

有效性检验阶段：推理者在这一阶段会去搜寻能证实该结论为假、由这些前提所能构成的其他可能的模型。假如不存在其他模型，那么就证明该结论是有效的；假如存在其他模型，那么推理者就会重新回到第二阶段，去确认在他们已建构的所有模型中是否还存在其他真实的结论。在这一阶段，推理者必须去寻求反例，直到搜寻完所有可能的模型为止。

约翰逊－莱尔德认为，只有第三阶段才是真正意义上的推理过程，前两个阶段只是有关理解和描述的普通加工过程。心理模型可以对能推出有效结论的范畴三段论推理在难度上的差异作出解释，也可以对于发生在更难的范畴三段论推理中的最常见错误作出解释，心理模型也能解释有些无效范畴三段论推理为什么会比其他无效推理更容易得出正确答案①。

徐盛桓认为，心理模型是人们心智中知识结构的组织形式，心智中的知识是人们对事物间的常规关系的认识，体现为以相邻/相似关系的抽象知识为维度组织起来的类知识，并分解为小型知识集（minimal sets of knowledge）。心理模型中包含的小型心理模型实质上体现为小型的知识结构。这些小型的知识结构是若干不同范畴的小型知识集，分布为多层级的支系统和分系统，纵横交错连通在一起。所谓建构和操作心理模型，就是依靠认知主体心智中由抽象知识组织起来的类知识所建构的小型知识集进行信息的编码、组织或补偿，以期获得新知识（徐盛桓，2007：2-9）。

由上可以看出，思维模式指人们思考的概念系统及其逻辑结构，它以多个概念为知识模块和思考基础，以概念之间的逻辑联系为纽带。思维模式逻辑性较强，体现了有规律的逻辑思考的特征，而较少非逻辑性的思考。而心理模型是认知主体的知识结构的一种表现，是多层级的类知识的结构。它以若干小型知识集为组织基础，以相邻/相似关系的抽象维度为纽带，更多地体现了事物间的常规关系。思维模式与心理模型既有相似处，又有相异处。但是，因为隐语之所以能进行回溯而得到理解更多地与心理模型有关，这是因为人们有着相似或相同的心理模型。原因有如下两点：

（1）心理模型不仅仅局限于概念间的逻辑联系，而是以更加宽泛的相邻/相似关系的抽象维度为纽带，更多地体现了事物间的常规关系。

---

① 参看：《约翰逊-莱尔德的心理模型》，http://www.pep.com.cn/xgjy/xlyj/xlshuku/shuku18/shuku26/200404/t20040416_83845.htm，2006。

(2) 心理模型的构建、想象、分布都是在工作记忆中进行。心理模型是推理的基本形式，与语用推理有着密切关系，语用推理的基本运作要依赖心理模型，语用推理的过程就是创建和操作心理模型的认知过程。

心理模型在话语的生成和理解中都很重要，尤其是在话语的理解中。例如，在对隐语“洗生意”的理解中，对“洗”的理解是基于听话人和说话人相同的心理模型。在对“洗”这个概念的常规关系的共同认识的基础上，“洗”的一部分特征和“衣服”构成常规关系。“洗”的另一部分特征和“钱”也构成常规关系。原本属于不同概念层级的“衣服”和“钱”通过“洗”，在特定语境的激发下使得“洗衣服”和“洗钱”形成相邻/相似关系。

在理解过程中，有关“洗”的共同知识结构使得“洗”成为一个中介，来完成意向和表述之间的连接。在共同的心理模型结构下，表达者和理解者所具有的“洗”的共同知识结构为解读隐含意向内容提供了前提条件。在此，共同的心理模型成为依存成分通过相邻/相似关系回溯到意向内容的基石。

再以“（请喝）茶”的隐语“半夜巡”为例。首先，在共同心理模型的基础上，根据格式塔心理学，听话人往往会补全残缺的概念，将“半夜巡”补全为“半夜巡查”。在补全的过程中，听话人会将注意力从“半夜巡查”的大概念转移到“查”这个小概念上，关注与“cha”同音的所有“查”的概念。在此，“半夜巡”的依存成分和“查”的自主成分构成内在的意向性框架。

“查”成为一个符合隐秘交际的可能选择。但是根据语境，“巡查”因不符合下向因果力的要求而被放弃。基于相同的心理模型，“cha”这个语音与“查”的其他属性处于被激活状态。

同时，在适当的语境刺激下，由共同知识结构导致的读音“cha”使“茶”与“查”产生相邻/相似关系，而且“茶”与语境不相冲突。在此“查”的自主成分和“茶”的依存成分构成外在的意向性框架。“茶”和“查”读音导致的共同知识结构，为解读“半夜巡查”提供了前提条件。

在共同的心理模型主导下，“茶”可进一步推演出“想喝茶”、“一起去喝茶”等意思。这是从最初的常规关系激发产生出来的多个相邻/相似关系，在可能语境的解释下一步一步经过筛选、精简得出的结果。

由此可见，隐语之所以能进行回溯而得到理解与心理模型有着密切关系。对隐语意向内容的理解受到心理模型的制约，对隐语的回溯更多的是因为人们有着相似或相同的心理模型。共同的心理模型使得常规关系能建立起相邻/相似关系，而这种相邻/相似关系又使得自主成分和依存成分建立起一种内在联系。基于共同的心理模型的这种内在联系使得我们能够更准确地解读隐语这种独特的语言形式。也就是说，作为认知主体的说话人和听话人双方有着共同的思维模式、相同的心理模型和相似的类层级结构知识是隐语的依存成分能够回溯到自主成分的重要条件。而思维模式作为心理图式模型是在思维层面上表述命题的一种显现结构，其形成和发展依赖于心理模型。因此，隐语能得到回溯是因为人们有着相似或相同的心理模型和基于相同心理模型的思维模式，思维模式和心理模型在立体层面上构成了隐语理解的基础环境。

6.4 隐语生成和理解过程中下向和上向因果力的互动作用

隐语是一个复杂系统，也是一种突现现象（emergence）。对于一个复杂系统来说，实现一种性质特别是突现性质，即使主要的实现者存在于低层次的基础域中，实现者所在的系统整体及其环境的作用也是不可忽视的。可以说，一种突现性质是在系统与环境的关系网络中得到实现的（范冬萍，2008：90－97）。隐语也是一种突现现象，分析隐语现象的生成和理解机理要将整体理论和还原论结合起来，而复杂整体论（system holism theory）就是一种力图兼容并超越还原论的整体论。运用复杂整体论可以清楚地看到隐语中的自主成分和依存成分的关系实质上就是下向和上向因果力的互动、互补关系。

复杂整体论是通过分析复杂系统的因果关系在方法论上提出的一种多层次和多维度协同进化的整体论。为了认识、解释和预言一种现象，需要从不同层次进行研究，而不同层次研究中的一些概念既互相排斥又相互补充；研究的结论往往不同，甚至不协调，但却是既互补又可以协同进化。这个解释的多层次、多维度互补和协同进化原理就是复杂整体论（范冬萍，2008：90－97）。

复杂整体论可以说是生成整体论和还原论两种理论的结合。上索解释（upward exploration）是将系统的整体视为前提，用整体来解释部分的行为。这种向整体求解释的研究方式，或理论的上索（upduction of theories），与理论的还原（reduction of theories）相对应。可以说，还原是从外到里的一种思想方法（outside-in thinking），而上索则是从里到外的一种思想方法（inside-out thinking）（颜泽贤等，2006：162－163）。复杂整体论结合了上索和还原。运用复杂整体论可以清楚地看到隐语的生成和理解就是下向和上向因果力的互动作用过程。

在说明下向和上向因果力的互动作用之前先分别对下向因果力和上向因果力加以说明。汤普森（E. Thompson）和瓦雷拉（E. J. Varela）的动力系统理论提出了“互返的因果关系”（reciprocal causation）的概念（Thompson & Varela, 2001）。这个概念是关系整体论（relational holism）的动力系统中的作用的一个一般形式，即部分—整体的互返关系。这个概念的意思是说，在动力系统中，局部和全局之间存在一个双向的因果关系：既有局部到全局的上向的因果关系（upward causation），也有一个全局到局部的下向的因果关系（downward causation）。

（1）部分到整体有上向的因果关系。高层次的所有过程都在一定程度上受制于和服从于低层次的规律。低层次的元素及其相互作用对高层次过程有一种上向因果作用。因此，高层次的整体模式可以用低层次的性质、命题、定律和理论来解释（范冬萍，2008：90－97）。复杂系统突现机制的研究表明，正是组成元素之间的局域相互作用扩展、跃迁为全局性的相互作用，才产生了系统的整体模式和突现性质。这样将系统放到一个更广泛、更高层次的整体中所进行的理解和说明就是一种上索的解释。

（2）整体到部分也有下向的因果关系。经典突现主义和各种现代突现论都主张突现性具有因果力，下向因果关系是突现性的一个关键特征。英国哲学家卡尔·波普（Karl Popper）认为，下向因果关系是“指一种较高层级的结构对它的次级结构起着原因的作用”，并认为“一种随机运动，当它顺应较高一级结构时就被接受下来，不然的话就遭排斥”，而“选择压力就是这样通过选择，对具体的生命机体产生一种下向作用”（波普，1980：11－18）。高层次的过程受制于和服从于更高层次的规律。高层次的整体对低层次部分或过程会施加一种激活、约束、选择、调节和抑制等下向因果作用，从而使整体的组成部分的行为活动与功能服从于整体功能和目标。高层次对低层次组分的选择力和控制力是下向因果力的主要形式。基因突变是低层次结构的随机变化，而生存竞争和自然淘汰则是高层次规律；后者对前者起影响和支配或选择的作用，决定前者的存活、传播和分布——这就是下向因果作用（范冬萍，2008：90－97）。

隐语是一个有着复杂因果关系网络的系统。在这个系统的结构中，各个层次之间存在着不同性质与方向的复杂因果关系。隐语不是线性的组合，也不是简单的叠加，而是以各个层次的因素为基础的综合加工成果。隐语在语言运用中的实现包含三个方面的因素：（1）语言表达系统层次中的读音因素、词义因素、语法因素；（2）语言使用环境系统层次中的意向性因素、语境因素、社会因素；（3）认知主体（说话人和听话人）的心理模型、认知能力、认知倾向与认知特点等因素。它是这三方面因素的共同的、整体的作用结果。

隐语整体关系网络的形成是下向和上向因果力共同作用的结果。一方面，较低层次的各个实现因素的共同作用要对整个隐语系统的生成和理解结果的性质产生影响，体现了上向因果作用；另一方面，整个隐语系统的生成和理解结果的性质或整体模式一旦形成，即隐语的显性表述一旦产生或合理解释一旦达成，又会对较低层次的各个实现因素产生影响，体现了下向因果作用。上向和下向因果作用之间产生互动，相互适应，相互制约，促进了隐语的整体关系网络的形成。

隐语的生成和理解是下向和上向因果力共同作用的结果。决定隐语的个体表达和解释，并不是语言表达系统中的纯语法规律，而是语言使用的环境因素和认知主体的认知规律。纯语法影响环境因素和认知规律，是上向因果力。但是，环境因素和认知规律也会突现，对语法规律产生重要约束力和决定性的影响，起到下向因果作用。

这里用隐语的理解对下向和上向因果力的共同作用加以说明，隐语的生成与此同理。一方面，对一个隐语的理解尽管有多种可能性，但是较低层次的各语言表达系统的语音、词义、语法等因素要制约听话人对隐语显性表述的理解，对理解结果的性质产生影响，使得可能的理解不是无限制的。另一方面，隐语的理解中又体现了下向因果力的作用。说话人想要达成的交际意向内容是较高层级，显性隐语表述是较低层级，较高层级对较低层级具有下向因果力。下向因果力作用的途径就是各级不同类型的语境。较低层级受到来自较高层级（可能不止一个层级）的下向因果力的制约和控制，每一层级的可能的理解在这一级的特定语境中受到下向因果力的作用，接受听话人的综合判断。经过考察和检验，不顺应较高层级的语境的不合格理解被听话人拒绝，受到抑制或排斥；顺应较高层级的语境的合格理解经过选择被激活和接受并发展到一个更高的层级，即进入下一步推理中，形成新的下向因果关系。在隐语意义的识别中，尽管下向过程能够进入话语过程中，但是当上向信息与下向信息产生冲突、互相冲突的时候，上向信息会结合情境因素被激活并取得支配地位，并抑制下向信息的激活甚至代替下向信息。在隐语“半夜巡”中，听话人最初听到“半夜巡”这三个字时，会根据通常的语义和句法知识，推测说话人会说“半夜巡查”。可是，听话人在实际的交流中只听到了“半夜巡”三个字，“巡”这样一个来自外部刺激的上向信息与“巡查”这样一个听话人所拥有的下向信息发生冲突，上向信息就会暂时取得支配和主导的地位，并激活听话人的相关处理。

总的看来，隐语的自主成分和依存成分是几个方面因素综合互动的结果，其形成过程是一个动态的认知过程。借助自主—依存的框架为分析工具来考察隐语，可以揭示出隐语的生成与理解是一个上向与下向因果力之间发生微妙而复杂的互补与互动以共同完成认知任务的过程，上向过程和下向过程共同构造了隐语的运用。

6.5 小结

研究隐语实际上是要研究人作为认知主体对语言和事物进行认知的普遍规律。这是因为虽然隐语从表面上看是一种特殊的或异常的语言现象，但是其实质与日常用语的表达没有两样。日常生活中有很多语言现象用到了隐喻和转喻，隐语运用隐喻、转喻的频度更高。而且因为大脑的认知结构具有普适性，在认知层面上建立的认知模型可以用来了解认知的序列与层次，用来了解大脑的认知系统的运作方式，并了解人类的普遍认知规律。

本章运用“自主—依存分析框架”作为重要解释工具分析和解释了隐语深层的生成和理解机理。我们更加清楚地认识到：隐语和日常用语的特征一致，都是不完备的，隐语的特性不过是语言表达的不完备共性的突出表现；隐语的运用同日常话语的运用没有本质上的区别，隐语同日常用语一样由认知框架决定，完全可以用认知机制来进行解释。以认知语用学理论为切入点研究隐语，是深化、拓展隐语研究的一个有益尝试，可以丰富、深化对隐语的研究，使人们能够更好地认识隐语生成和理解的机理。同时，对隐语机理的深入研究有助于人们更深刻地认识人类运用语言的认知机制，最终达到探讨人类认识事物的策略、特征等普遍规律的目的，对语言的认知机制与人类普遍认识规律的研究都有参考价值。

解释隐语生成和理解机理的模型整合了相邻/相似关系、心理模型、意向性、通感和通知等重要概念。这个模型中的各个构件及其之间的关系说明了隐语的生成和理解是作为认知主体的人对世界的认识过程的延续，符合认知的一般规律。隐语的生成是从自主成分（说话人想要表达的意向内容/较完备表述）推衍到依存成分（隐语的显性表述/较不完备表述）的转换过程，隐语的理解是从依存成分（隐语的显性表述）反溯到自主成分（说话人想要表达的意向内容）的转换过程。隐语生成机理中的推衍和理解机理中的反溯都是在自主—依存的框架中运作的，体现了在下向和上向因果力的共同作用下自主成分和依存成分的复杂转换关系。隐语中的自主—依存关系是在意向性的导向下，以相邻相似关系的认定为基础，以心理模型为认知框架建立起来的复杂因果关系。

隐语作为一种复杂现象和突现现象，在微观上是不可预测和不可识别的，但是在宏观上却是可以识别和解释的。从微观的层次上来看，隐语的个体是不可预测和不可识别的。从隐语的生成来说，这个表述的创制人的动机、原因、思路、语境等已经无从考证。能够比较确切知道的只是这个创制者使用的材料仍然是来源于日常用语的各种层次的语言，创制的隐语必须满足隐秘晦涩又有一定可交流性的环境要求；而几乎无法知晓的是这个创制者如何在某个预想或突发的念头下完成从自主成分（想表达的意向内容）到依存成分（隐语的显性表述）的推衍过程，又为何从众多的可选项中单单挑选出某个显性表述来作为最满意的隐语。从隐语的解释来说，由于种种原因，有些隐语已经无法根据其显性表述推知其语义内容了，意义是不可识别的，只能做一些相关的猜测。但是，从宏观的层次上来看，根据掌握的已知情况和人类的普遍认知规律，隐语又是可以识别和解释的。只有将对隐语的微观和宏观两个层次的观察结合起来，才能对隐语现象作出比较全面的分析说明。

隐语的生成与理解是一个上向与下向因果力之间互补与互动的作用过程，在这个动态过程中心理模型是一个重要因素，为认知主体对隐语的认知同时提供了可能性与约束性。一方面，心理模型提供对隐语认知的可能性，使得认知主体能够生成并理解隐语的显性表述。心理模型中的类层级结构知识在不同层次上的关联和整合使得一个隐语意向内容的诸多表达成为可能，反映了认知主体对外部世界的多种方式与层次的认识，同时又为认知主体对隐语显性表述中各种已知和未知表达方式的解读提供了可能性。另一方面，心理模型提供对隐语认知的约束性，使得认知主体对隐语的生成和理解不是完全主观或完全任意的。隐语的生成需要满足一定的约束条件，意向性、语境、心理模型三者要互相匹配才能生成某个比较确定的显性表述。对隐语的理解也需要满足一定的约束条件，语境、心理模型和隐语的显性表述三者要互相匹配才能达成对隐语显性表述的某个比较合理的解释。

隐语的生成和理解都与心理模型有着密切关系。心理模型的产生源于作为认知主体的人对世界的认知，而对世界的认知又涉及可能世界理论。因此，要更加透彻地分析隐语的生成和理解过程，还有必要结合可能世界理论进行分析说明。

第七章 隐语的可能世界

从前几章的讨论可以看出，隐语的生成是从自主成分（说话人想要表达的意向内容）推衍到依存成分（隐语的显性表述/较不完备表述）的转换过程。隐语的理解是从依存成分回溯到自主成分的一种整体、动态、复杂的推理过程。这个过程以相邻/相似关系为基础，以说话人和听话人相同或相似的心理模型为重要条件，是在意向性和语境因素的共同作用下进行的非线性整合过程。在探讨了隐语的生成和理解机理后，本章结合可能世界理论进行分析。可能世界是认知主体构建的认知网络的基础，是语境。因此，可能世界是自主—依存分析的一个有机组成部分。隐语的可能世界是影响和制约自主—依存框架的语境，是说话人的心理环境，也就是影响推衍与反溯流程的认知域。它是客观世界透过心理模型在认知主体中的投影。对隐语可能世界的分析不仅有助于更好地理解心理模型，而且有助于更加全面、深刻地认识隐语的运用。

隐语是一种特殊的语言现象。隐语虽然不被大众接受，但是由于使用者长期固定、有效地使用一套成体系的隐语，它仍然是一种比较稳定的语言现象。隐语来自上级的硬性规定，是一种非常复杂的语言现象，具有各种各样的功能。隐语表面的功能是保守秘密。除此以外，隐语还有一些附加功能。如：传达对事物的主观评价和共同的价值观，提高认知主体的创造力、想象力、记忆力，增加表达的社会与文化底蕴，造成幽默、讽刺的效果，体现对外部世界的认知方式等。这些特殊的功能或独特的表达效果是靠隐语运用各种反逻辑手段来达到的。对隐语的反逻辑的更深刻认识有助于进一步深入挖掘隐语运用的认知规律。

一般来讲，正常的语言表达不能是反逻辑的，不能违反形式逻辑等传统逻辑的规律。形式逻辑中包括四条基本规律：

（1）充足理由律。要确定一个思想是真实的，必须有充足可靠的理由①。

（2）同一律。任何思想如果反映某客观对象，那么它就反映这个客观对象。同一律要求思想必须有确定性（金岳霖，1979：264）。

（3）矛盾律。任何思想不能又反映某客观对象又不反映这个客观对象。也就是说，任何思想不能既是真实的又是虚假的（金岳霖，1979：268）。

（4）排中律。任何思想或者反映某客观对象，或者不反映这个客观对象。也就是说，任何思想或者是真实的或者是虚假的（金岳霖，1979：273）。

但是，语言不可能都符合形式逻辑。语言作为人类日常生活

---

① 莱布尼兹在逻辑学中引入了充足理由律，后来被人们认为是一条基本思维定律。参看：北京大学哲学系外国哲学史教研室，《西方哲学原著选读》（上卷），商务印书馆，1981：482。

中时刻使用的交际手段，必然会具有人类自身的一些特点，如非理性、非逻辑等特点。因此，形式逻辑不能解释语言中的很多惯用法，如各种习语、套语、惯用句式等。形式逻辑的规则也不能概括人类语言中各种丰富生动的修辞手法和言语技巧。语言除了非理性、非逻辑等特点外，还有约定俗成性。也就是说，一种语言用法或一种语言现象不管是不是符合逻辑规则或严格、广义的语法规则，只要被大众所接受，就是一种合理的语言现象和一种有效的交际手段。

人们通常认为，隐语是一种反逻辑的表达，违反了形式逻辑的规律。这是因为有些隐语仅从字面上的显性表述来看，明显不符合逻辑：或故意违反充足理由律，与要表达的意义不相关；或违反同一律，自身不具有同一性；或违反矛盾律，同时出现互相否定的情况；或违反排中律，两个相互矛盾的思想情况都为假。而实际上，要对隐语进行充分的描写和解释就不能拘泥于原有的形式逻辑规则或语法规则，而要引入认知逻辑来拓宽和加深对隐语的研究。隐语的反逻辑指的是违反形式逻辑等传统逻辑或违反语义逻辑，是隐语在显性表述层面上不符合逻辑，而不是违反认知逻辑。隐语的运用要用语用逻辑来解释。语用逻辑推理不同于经典的逻辑推理，是有关含意的推理，在推理的过程中要考虑实际的交际环境对词义的影响。隐语含意的研究还要引入可能世界理论才能进行充分的解释。隐语的所有符合逻辑和反逻辑的表达都可以用可能世界理论进行解释，符合可能世界的认知逻辑。在隐语创制者和运用者的可能世界中，隐语表述与含意两者之间的联系是可以解释的。

因此，本章承接上一章对隐语生成与理解机理的分析，首先分析心理模型和可能世界的关系，再对隐语的可能世界进行划分，并探究隐语在可能世界中的运行机制，是在自主—依存分析框架中对隐语认知规律的进一步深入讨论。

7.1 心理模型与可能世界的关系

本小节对心理模型和可能世界的关系进行分析。首先，深入剖析心理模型，再通过可能世界理论来分析心理模型与可能世界之间的关系，为下一小节划分隐语的可能世界打下基础。

7.1.1 心理模型

本研究构建了解释隐语生成与理解机理的自主—依存分析框架。这个框架建立在心理模型的基础上，是研究隐语运用的重要理论工具。研究自主—依存可以探索心理模型的运作，也有助于探索心理模型在语言生成和理解中的作用。前面已经对心理模型作了简要的讨论，这里再对心理模型的结构与运作进行深入的分析。

心理模型是作为认知主体的人的大脑中的各种抽象知识的结构，是对问题信息的表征。推理要建立心理模型，心理模型的运用则是人类进行推理的基本形式（Johnson-Laird，1983：45－51，397）。语用推理与心理模型有着密切关系，语用推理的基本运作要靠心理模型。因此，语用推理是依赖心理模型并创建和操作模型的认知过程。在对常规关系深刻认识的基础上，徐盛桓结合语用推理的研究建立了基于心理模型的语用推理范式，并进一步提出，人的心理模型中存在着类层级结构，即心智中的抽象知识分不同类别与不同层级纵横交织构成的组织结构（徐盛桓，2007：2－9）。

语言的运用包括语言的生成与理解两个方面。这两种过程都是人类的高级认知活动，都离不开储存在这些心理模型中的抽象知识的运作。心理模型中各种抽象知识的运作也可以表现为各个心理空间的设计、成型与交互作用。这些心理空间是作为认知主体的人在头脑中根据各种知识、认知能力、交际环境等一系列元素构建起来的动态空间，对具体的语言运用起着重要作用，具有重大意义。这些动态空间中的各种知识包括交际中具体的语言知识、不同模糊程度的意向态度与意向内容、抽象的语言知识、对表现为常规关系的外部世界的一般知识；认知能力包括概念的理解、概念的转换、范畴的分类等各种比较具体的认知能力及其特点；而交际环境包括现时的交际时间、空间及其他交际环境等元素。因此，这些动态空间是基于知识（包括知识内容及结构）、能力（包括能力及其特点）与环境（包括环境内容与结构）等元素，并对各种相关元素进行整合性描绘的动态图景。在有些情况下，语言运用涉及的心理空间比较单一或单纯；而在另一些情况下，语言运用则可能涉及多个复杂的心理空间。而且，这些心理空间不是静态的，而是动态的。这里的动态有两个方面的含义：一是指各种相关元素的互动作用不同，脑中形成的动态图景就会因认知主体的不同而有差异，但是这样的心理空间是相对稳定的动态存在；二是指这些心理空间相对来说是不太稳定的动态存在，可能会因为与环境的互动而不断发生变化——时而建立，时而修正，时而消退，时而解构。

这些心理空间可能是真实的，也可能是不真实的想象空间或其他空间，其范围也是一个可由真实的模糊度表示的连续统。这些空间表征认知主体的认知对象，与外部世界形成对应。

7.1.2 可能世界理论

可能世界理论是德国近代哲学家 G. W. 莱布尼兹（G. W. Leibniz）最早提出来的。《单子论》是莱布尼兹主要哲学观点的高度浓缩。在这部著作中，他以无矛盾性（即逻辑的一致性）来界定可能性：只要事物的情况或事物的情况的组合推不出逻辑矛盾，该事物的情况或情况的组合就是可能的。而可能事物的组合就构成可能的世界。“既然在上帝的观念中有无穷个可能的宇宙，而只能有一个宇宙存在，这就必定有一个上帝进行选择的充足理由，使上帝选择这一个而不选择另一个。”（北京大学哲学系外国哲学史教研室，1981：486）

可能世界理论认为可能世界是世界可能存在的方式或状态，包括我们能够想象的任何一个世界，世界可能存在的每种不同方式都可以称为一个可能世界。W 表示所有认知主体能够认识到的所有认知可能世界组成的认识域，W 中的元素 W_1、W_2、W_3 等是一个个的认知可能世界，一个可能世界 W 就代表可能事物情况的一种组合。W 外的元素是人类不可能认识的。U 表示单个认知主体能够认识到的所有认知可能世界组成的特定认识域。U 作为 W 的子集，包含认知主体的认知内容，限定了认知主体的认知范围。不同认知主体在外部环境、认知能力等方面的差异会造成认知内容和认知范围的差异。可能世界理论认为，在认知主体的认知域内存在多个可能世界（possible worlds）。可能世界按有关的认知域总共分为三种：认知域里所体现的事物是现实世界（actual world，world of reality）里的事物，是可能世界 1，简称为 W_1；认知域里所体现的事物是想象世界（world of imagination）里的事物，是可能世界 2，简称为 W_2；认知域里所体现的事物是特设世界（ad hoc world）里的事物，是可能世界 3，简称为 W_3（徐盛桓，2008：69 －77）。

现实世界只是其中一个可能的存在状态，是可能世界之一，是由所有存在的可能事物所形成的组合。可能事物的不同组合就是不同的可能世界。因此，可能世界有很多（张家龙，2003：

14）。现实世界 W_1 是可能世界的一个特例，具有特殊的认识论地位，但是并不具有独一无二的本体论地位。现实世界和想象世界中的个体对象同样都处于一定的关系网络中，也都具有一定的性质。想象世界中的关系和性质是对现实世界中的种种性质和关系的抽象、聚合、重组，因而使得想象世界中的个体对象获得了与现实个体同样的实在性，对想象世界的描述要参照现实世界。因此，现实世界 W_1 与其他世界有相通之处，认知主体在心理模型中的各种具体和抽象知识不仅在对现实世界的认知中起作用，而且在对其他世界的认知中也同样起作用。

仿体理论（counterpart theory）是可能世界观念的一个重要理论，用来探究不同世界中具有同一性个体的相同度或者同一个世界中的一个个体在不同时间的相同度。这些个体之间的仿体关系（counterpart relation）只是相似关系，而不一定是对称关系。仿体理论描述的各种可能性就是一个世界的各种可能方式（ways a world might be）（Lewis，1986：86）。

在对心理模型和可能世界分别进行讨论后，我们可以进一步探讨心理模型和可能世界的关系。

7.1.3 心理模型与可能世界的关系

隐语的生成与理解和心理模型有着密切关系，心理模型是自主—依存框架建立的基础。心理模型的产生源于作为认知主体的人对世界的认知。隐语的生成与理解也反映了人在对世界的认知中可以按照不同的需要和标准来分类构建认知网络。可能世界是认知主体构建的认知网络的基础，是影响和制约自主—依存框架的语境，也是客观世界透过心理模型在认知主体中的投影。因此，心理模型与可能世界有着密切关系，对隐语可能世界的分析不仅有助于更好地理解心理模型，而且有助于对隐语运用有更加全面、深刻的认识。

一些隐语能够找到比较明显的理据，用自主—依存框架较易于进行分析。有些隐语则找不到比较清晰的理据，从表面上看似乎不能用自主—依存框架来进行分析。但是实际上，所有的隐语都是可以找到理据的，不论这个理据是不是明显的。只是有些隐语涉及可能世界中的几个世界，特别是当涉及想象世界和特设世界时，理据就不是那么明显，给分析增加了一些难度。因此，用可能世界理论来分析隐语和前面的自主—依存的分析并不矛盾，而是自主—依存分析的一个有机组成部分。

隐语从表面上看是不符合逻辑甚至是反逻辑的语言现象，但是这里的反逻辑不是实质上的违反逻辑，只是表面形式上的反逻辑，其实是符合认知逻辑的。可能世界理论是现代逻辑研究和语义研究中的一个重要理论，可以用来分析话语交际中的反逻辑现象。因此，用可能世界理论来分析反逻辑的隐语，作为对前面运用机理分析的深化，有助于更加透彻地理解隐语的生成和理解过程。

7.2 隐语的可能世界划分

从可能世界角度对隐语的分析同样是自主—依存分析的一个有机组成部分。将可能世界理论用于隐语的研究，可以按可能世界将隐语的认知域分为三种：隐语的自主成分与依存成分的关系所体现的是现实世界（actual world，world of reality）里的认知域，下文简称为可能世界 1（W_1）；隐语的自主成分与依存成分的关系所体现的是想象世界（world of imagination）里的认知域，下文简称为可能世界 2（W_2）；隐语的自主成分与依存成分的关系所体现的是特设世界（ad hoc world）里的认知域，简称为可能世界3（W_3）。换句话说，隐语所涉及的认知域可能是现实的认知域、想象的认知域，也可能是特设的认知域。

从可能世界语义学可以看出，按照隐语的依存成分的性质，将涉及可能世界的隐语分为现实世界、想象世界和特设世界三个世界。也就是说，隐语的运用涉及三个可能世界。而前面所论述的隐语的隐喻和转喻机制都体现了非常规的表述和解释，是对可能世界的充分体现和对认知可能性（认知范围和认知深度）的充分挖掘。

7.2.1 隐语的现实世界

隐语的现实世界是指隐语的依存成分或依存成分的字面解释的认知域属于现实世界，隐语的实现被设定的认知域是现实世界W_1。在这一认知域里，人、事和物都是现实的、常规的存在。

现实世界W_1的隐语的依存成分属于现实世界中的范畴，存在于现实世界中。

例如，隐语“烧袍哥”指的是“烧香结盟加入袍哥组织”。这一隐语的生成过程反映了对这一意向内容的省略，变成了“烧袍哥”。

又如，隐语“公口”是指“全体出入的总部”。在这一隐语的生成过程中，用“公”表示“全体”的概念，用“口”表示“出入的地方”，再对意向内容进行省略，最终形成了隐语“公口”。依存成分“公口”存在于现实世界W_1中。

再如，隐语“升红”是指“放火”。在这一隐语的生成过程中，“红”是表示“火”这一概念的主要特征之一，“升”表示“使火向高处发展去的动作”，再对意向内容进行省略，最终形成了隐语“升红”。依存成分“升红”仍然是现实世界W_1中的范畴。

能说明隐语的现实世界的例子还有很多，这里不再赘述。

7.2.2 隐语的想象世界

除现实世界外的其他可能世界仍然源于现实世界，从现实世界演化而来。隐语的想象世界是指隐语的依存成分或依存成分的字面解释的认知域不属于现实世界的范畴，而是属于想象世界的范畴，隐语的实现被设定的认知域是想象世界 W_2。隐语的想象世界 W_2 主要分为｛想象世界的文学分世界［W_2-1］｝和｛想象世界的神话或民间信仰分世界［W_2-2］｝两个分世界。

7.2.2.1 想象世界的文学分世界［W_2-1］

隐语的想象世界的文学分世界［W_2-1］是指隐语的依存成分或依存成分的字面解释的认知域不属于现实世界的范畴，而是属于想象世界的范畴。在这一认知域里，人、事、物在现实世界中不存在，而是来自小说等想象、虚构的文学作品，是文学中某些可能范畴的不矛盾的组合。在文学的可能世界中，一个故事情节就是一个小的可能世界分世界。

有些隐语出自《三国演义》、《封神演义》和《水浒传》等(易水寒，1993：179)。这些古典文学作品分世界中一些想象的人物与事物在袍哥组织的共同理念中占有比较重要的地位，有些甚至有极高的认同度。它们在袍哥隐语中出现并形成特色。例如，隐语“圣贤二爷”指的是堂口中的“二排”即二把手。在每一个由特定阶层人物组成的堂口中，又按职位高低分成十排。“头排”也就是这个堂口的舵手，掌管实际事务，通常此人需有较强的管理能力，心狠手辣；而“二排”则通常为人正直、重义守信，具有圣贤的特质①。关公具有圣贤的典型气质，而他又在结拜兄弟中排第二，这样就可以从“二排”经由“二爷”，再

① 参看：《袍哥：江湖上的大众职业》，http:// elife. qlcity. com/life/wenhua/xsy/2005/6 -24/130512404. htm,2006。

到“圣贤二爷”即“关公”。在这里，根据可能世界逻辑的仿体理论，在 W_1 和 W_2 的成员之间可建立起仿体对应关系：{二排 [W_1]} - {圣贤二爷 [W_2-1]} 互为对应的仿体；而且 {二排 [W_1]}、{圣贤二爷 [W_2-1]} 在人们的认识中指向的是同一个对象，它们在认识上就具有了同一性，“圣贤二爷”可认同为具有圣贤气质的“二排”。“圣贤二爷”是“二爷”的外延，而“圣贤二爷”的两个内涵“圣贤”和“排行第二”又传承给了“二排”即“二爷”，用来指“具有圣贤气质而又排行第二的堂口领导人”。这样，“圣贤二爷”和“二排”两个概念产生了交汇与融合，为这个隐语的产生与理解都提供了可能。由于有了《三国演义》中关于关公的认知域，隐语“二排”的实现才成为可能，才可能从自主成分——“二排”的意向内容出发，括连到隐语的依存成分（即显性表述“圣贤二爷”），也才有可能从隐语“圣贤二爷”反溯回自主成分“二排”。

7.2.2.2 想象世界的神话与民间信仰分世界 [W_2-2]

隐语的想象世界的神话分世界 [W_2-2] 是指隐语的依存成分或依存成分的字面解释的认知域不属于现实世界中的范畴，而是属于想象世界中的范畴。在这一认知域里，人、事、物在现实世界中不存在，而是来自神话等想象、虚构的内容或民间信仰，是神话或民间信仰中某些可能范畴的不矛盾的组合。在神话的可能世界中，一个神话传说或民间信仰中的一个组成元素就是一个小的可能世界分世界。下面结合四个例子进行分析说明。

例如，隐语“扶桑”指“太阳”。据《辞源》的解释，“扶桑”是“神木名，传说日出其下”（1980：1216）。在这里，根据可能世界逻辑的仿体理论，在 W_1 和 W_2 的成员之间可建立起仿体对应关系：{太阳 [W_1]} - {扶桑 [W_2-2]} 互为对应的仿体；而且｛太阳［W_1］｝、｛扶桑［W_2-2］｝在人们的认识中指向的是同一个对象，｛太阳［W_1］｝、｛扶桑［W_2-2］｝在认识上就具有了同一性，想象世界的“扶桑”认同为现实世界的“太阳”。还是因为有了想象世界认知域，才使得隐语“扶桑”的实现成为可能。也就是说，才有可能从自主成分——“太阳”的意向内容出发，拈连到隐语的依存成分即显性表述“扶桑”，也才可能从隐语“扶桑”反溯回自主成分“太阳”。

又如，隐语“兔窟”指“月亮”。这里“兔窟”中的“兔”是指“玉兔”，而“玉兔”就是想象世界中的月亮上的动物。在神话分世界中，人们想象出与月亮相关的各种人、事与物，而“玉兔”是其中一个具有代表性的说明月亮内涵的子集。在现实世界W_1中，月亮表面的地形地貌和月亮的圆形外观都是月亮的内涵的一个部分，同月亮有着部分—整体的关系。在神话分世界［W_2-2］里的玉兔也是“月亮”内涵的一部分，也同“月亮”构成部分—整体的关系。根据可能世界逻辑的仿体理论，在W_1和W_2的成员之间可建立起仿体对应关系：｛月亮［W_1］｝-｛月亮［W_2］｝互为对应的仿体，｛月亮表面的地形地貌［W_1-1］｝-｛玉兔［W_2-2］｝也互为对应的仿体；而且｛月亮［W_1］｝与｛月亮［W_2］｝在人们的认识中指向的是同一个对象，在认识上具有同一性，可以将想象世界的“月”认同为现实世界的“月”，因而在需要的时候就可以将玉兔看成是｛月亮［W_1］｝表面的组成部分。这样，在认识上，｛月［W_1］｝不但同月亮表面的地形地貌有内涵的传承关系，同玉兔也有了内涵的传承关系。在神话分世界2（W_2-2）里，“月亮”的外观是一个巨大的洞窟，是｛月［W_2］｝内涵的一部分。同理，这也成为｛月亮［W_1］｝内涵的一部分。这样，能使隐语“兔窟”（玉兔的洞窟）得以实现的认知域是有关月亮的想象世界。

再如，隐语“搭月宫桥”指“升科”（黄尚军，1996：129）。根据可能世界逻辑的仿体理论，在 W_1 和 W_2 的成员之间可建立起仿体对应关系：{月亮［W_1］} - {月亮［W_2］}互为对应的仿体，{月亮表面的地形地貌［W_1-1］} - {月宫［W_2-2］}也互为对应的仿体；而且{月亮［W_1］}与{月亮［W_2］}在人们的认识中指向的是同一个对象，在认识上具有同一性，可以将想象世界的“月宫”认同为现实世界的“月”，因而在需要的时候就可以将月宫看成是{月［W_1］}的组成部分。于是，{月亮［W_1］}不但同月亮表面的地形地貌有内涵的传承性，同月宫也有了内涵的传承性。于是，隐语“搭月宫桥”变成了“搭一座通往月宫的桥梁”的意思。由于有了想象世界认知域，才使得对“月宫”和“搭月宫桥”的理解的实现成为可能。这样，就有可能从自主成分“升科”的意向内容出发拈连到隐语的依存成分即显性表述“搭月宫桥”，或者从隐语“搭月宫桥”反溯回自主成分“升科”。

例如，门神是守卫门户的神灵。隐语“门神”是指“入室行劫时指挥匪徒进退的人”。这个隐语的意向内容属于现实世界 W_1，隐语的依存成分“门神”属于想象世界［W_2-2］。在这里，根据可能世界逻辑的仿体理论，在 W_1 和［W_2-2］的成员之间可建立起仿体对应关系：{入室行劫时指挥匪徒进退的人［W_1］} - {门神［W_2-2］}互为对应的仿体；{入室行劫时指挥匪徒进退的人［W_1］}、{门神［W_2-2］}在人们的认识中指向的是同一个对象，{入室行劫时指挥匪徒进退的人［W_1］}、{门神［W_2-2］}在认识上就具有了同一性，想象世界的“门神”可认同为现实世界的“入室行劫时指挥匪徒进退的人”。由于有了想象世界认知域，才使得隐语“门神”的实现成为可能。也就是说，才有可能从自主成分（即“入室行劫时指挥匪徒进退的人”的意向内容）出发，拈连到隐语的依存成分即显性表述“门神”，也才有可能从隐语“门神”反溯回自主成分“入室行劫时指挥匪徒进退的人”。

7.2.3 隐语的特设世界

袍哥帮会组织的隐语有时间的阶段性和内涵的传承性，为特定的社会和历史集团所使用。情境性是袍哥隐语十分突出的特点。

隐语的特设世界 W_3 指隐语的依存成分或依存成分的字面解释不属于现实世界或想象世界中的范畴，而是临时被划入一个范畴中，隐语的实现被设定为认知域的特设世界 W_3。这样的认知域不同于现实世界，也不同于想象世界。在这一认知域里，人、事、物在现实世界中也不一定不存在，不是完全不可能实现，而是在一定条件下是可能实现的，甚至是很可能实现。但是这样的分类不同于现实世界中的科学、社会等方面的常规知识与规约，不是可能范畴的常规组合。这一认知域里的人、事、物是在一个特定的语境中专门设定的。隐语表述的非常规是指这样的表述基本上没有什么常规意义或者用法与常规用法差别很大。

这样的认知域是某些可能事物的不矛盾的、非常规的、临时的、情境性的范畴组合，可称为特设认知域（ad hoc cognitive domain）。最早提出“特设”思想的是巴沙罗（L. W. Barsalou）。他认为，范畴的划分是有条件的；有时候可以按照特定语境（特定的时间、地点、需要等）对范畴进行重组，将一些平常不会被分到一个范畴里的人、事、物临时性地归入一个范畴内，成为不同寻常的集合体，创造出一个特设范畴（ad hoc category）；特设范畴的确认离不开语境（Barsalou，1983：211 -227）。某些人、事、物临时性地、情境性地成为一个特设范畴的组成成分，是这个特设范畴的外延，并承继了这个特设范畴的某些重要内涵。对使用隐语的帮会成员来说，这些人、事、物是作为某个特设范畴进入他们的认知域的。在一定的语境下，当帮会成员提到特设范畴中的人、事、物时，作为信息接受者的成员很可能不会用常规的意义去理解，而是会在头脑中启动范畴内部元素，进行重新组合或范畴的错置。

从可能世界逻辑来说，隐语的特设范畴是认知主体为某一临时情境特别设定的一个可能世界，具有典型的语境性。隐语的创制者在语言使用的特殊总体环境要求下，在某个具体的交际环境中，整合各个相关因素，创制出隐晦性较强、表述较不完备的隐语显性表述。这样的表述体现出受到情境性制约的较强的创造性。某个隐语生成后，进入整个隐语体系，帮会成员被迫在心理模型中建立相关的特设范畴，把一些平时不会被分类到一个范畴里的事物放入一个特殊的类层级结构中，随时准备被调出使用，从而使这个隐语的理解成为可能。

例如，隐语“牛一”指“生”。按照一般的常规理解，“牛一”的语义并不指向“生”。提到“生”，一般也不会联想到将字形拆分开来的两个组成部分“牛”和“一”。这样的表述基本上没有什么意义。一般说来，听到这样的表述很难推断出其含意。其中的困难刚好体现了隐语使用必须隐晦的总体要求，使局外人或非帮会成员很难了解帮会情况或洞悉帮会秘密，同时也迫使作为隐语使用者的帮会成员在其心理模型中形成特殊的类层级结构，将一些平时不处于相邻或相似关系的事物放入一个特殊的、情境性的范畴内。

概括说来，隐语“牛一”的实现是因为在类层级结构中，“牛”字和“一”字都是“生”字被拆分后的一个组成部分，在字形上与“生”字有不同程度的相似关系，“牛”和“一”跨越了不同的类层级结构而被重新置于一个有紧密相邻关系的范畴中。也就是说，“牛”和“一”的关系被重新整合。与“生”相比，“牛一”这个新范畴的音和形都发生了改变，而意义没有改变。“牛”和“一”本来并不处于一个自然的类层级结构的范畴中，“牛”和“一”组合在一起时没有常规意义，在常规性的类层级结构里的位置从意义角度来讲不相邻，而是相距较远。但是由于认知主体的分类可以根据需要不断作出调整和改变，并没有一成不变的标准，所以隐语的实现涉及类层级结构中各种上下相邻、左右相邻关系，各种性质、程度的相似关系的调整和重组，即涉及各种复杂度的层级关系。

具体来说，隐语“牛一”之所以能实现，是因为类层级结构作出了调整，进行了分类的重新配置与组合，实现了概念的外延与内涵的传承。“牛”作为一个概念，在一定的类层级结构中可以是动物等概念的外延；而“牛”字作为“生”的一个组成部分，也是“生”的内涵特征之一，包括字形与“生”有较强的相似性这一特征。“一”作为一个概念，在一定的类层级结构中可以是数字概念的外延；同时“一”字作为“生”的一个组成部分，也是“生”的内涵特征之一，包括字形与“生”有较弱的相似性这一特征。这样，相同的相似性特征作为一个介质，将“牛”和“一”联系起来，使它们在一个新的类层级结构中处于相邻关系，并构成一个特殊的情境性的组合，使得想要隐讳表达的意向内容（自主成分）“生”有可能拈连到显性的表述（依存成分）“牛一”上，也使依存成分“牛一”有可能反溯回自主成分“生”。“牛”与“生”有相似关系，“一”和“生”也有相似关系，“牛”和“一”的组合是对“生”的内涵的复杂传承，体现了类层级结构为实现隐语进行的重新分类。“牛”和“一”的组合“牛一”也作为一个完整范畴，与“生”的范畴在类层级结构中有了新的、较紧密的相似关系；同时，“牛”和“一”的组合成为一个特设世界 W_3，与“生”的世界形成仿体关系。

例如，隐语“山灰”指“炭”。虽然“山灰”这样的表述也有一些意义，可以理解为“山里（或山上）的灰”，但是这毕竟与常规的表述差异较大，平时较常见的表述是不会做这样大幅度的省略的。与常规表述的差异有助于建立起情境性的特殊范畴。隐语“山灰”的实现是因为在类层级结构中，“山”字和“灰”字都是“炭”字被拆分后的一个组成部分，都在字形上与“炭”字有相似关系，都是“炭”的内涵特征之一。“山”和“灰”跨越了不同的类层级结构而被重新置于一个有紧密相邻关系的范畴中。与“炭”相比，“山灰”这个新范畴的音和形都发生了改变，而意义没有改变。也就是说，“山”和“灰”的关系被重新整合，“山”和“灰”被连接在一起，放入一个处于较紧密相邻关系的特殊类层级结构里，从而使这个隐语的生成成为可能，同时也提供了重要的线索去追溯这个隐语的理解。

例如，用隐语“依苗子”来指“一”的意向内容。这只是在话语里临时组成的一种用法，在其他语境中一般不用“依苗子”来表达这个意思，一般也不把“一”和“苗子”处理为相邻关系。在这一隐语的生成过程中，首先“一”字换成与之有读音相似关系的“依”字；又因为汉语一般不用单音节的词，要用双音节或多音节词，所以“依”被补全，“依”和“苗子”作为具有相邻关系的单位同时放在一个类层级结构中。解读隐语“依苗子”的时候也可以反溯回“一苗子”，实际上是与“依”有读音相似关系的“一”与“苗子”的相邻关系的共现。于是，在用植物名称代表数字的临时的、情境性的可能世界里，｛数字［W_3］｝同｛植物名称［W_3］｝具有了临时的内涵外延的传承性，构成了一个特设的可能世界。

表示姓氏的隐语与常规用法差别很大，其非常规性也体现了类层级结构中分类的重新配置与组合。例如，在帮会隐语中，用隐语“老咪”指“杨（姓）”；隐语“老抓”指“侯（姓）”；隐语“老撞”指“钟（姓）”；隐语“老拱”指“朱（姓）”；隐语“老悬”指“高（姓）”；隐语“老响”指“罗（姓）”；隐语“老顺”指“刘（姓）”；隐语“老滚”指“袁（姓）”；隐语“老摆”指“余（姓）”、“于（姓）”；隐语“老辣”指“姜（姓）”、“江（姓）”等①。“老”在类层级结构中一般和名词性的姓氏相邻，不与动词性的词连用，而“咪”（除了作象声词外，也可以作动词，意思是“发出像‘咪’一样的声音”）、“抓”、“撞”、“拱”、“悬”、“响”、“顺”、“滚”、“摆”、“辣”等词是动词，在类层级结构中一般不与“老”处于相邻位置。但是，在隐语的隐秘要求下，这些表述的非常规性用法使分类中的范畴关系发生变化，隐语得以实现。下面具体以指朱（姓）的隐语“老拱”为例，对其中更深层次的原因进行分析。“老”在类层级结构中通常与姓氏相邻，用在姓氏“朱”的前面，可以用“老朱”表述；“朱”和“猪”同音，在类层级结构中有比较紧密的相似关系；猪的特征之一就是喜欢向前拱食，于是“拱”成为猪的一个重要内涵，“猪”和“拱”在逻辑上有主谓关系。于是，经过从“老”到“朱”，“朱”到“猪”，再到“拱”的一系列的类层级结构中类别的重新排列和组合，完成了从“老”到“拱”的连接，“老”和“拱”临时地、情境性地连在一起成为“老拱”，为这一隐语的实现提供了可能性。在这

① 此段的隐语例子参看：成都方志网，http://www.cdhistory.chengdu.gov.cn/ html,2006。

一过程中，类层级结构在纵向的“类”进一步深化，在横向的“层”上进一步细化，这样的扩展和变化推动了范畴的重组与整合，类层级结构也相应地变得更加复杂。

7.3 隐语在可能世界中的运作机制

由上可以看出，隐语涉及现实世界、想象世界和特设世界三个可能世界。隐语的生成和理解机制涉及认知域所包括的三种可能世界——现实世界、想象世界和特设世界。在隐语世界中建立起来的仿体关系可以解释隐语的认知方面的深层性质。隐语的生成是以隐语创制者的意向态度与意向内容作为隐性意向域，映射指向显性源域的某一个可能世界。隐语的理解是隐语表述作为显性源域，指向隐性意向域的某一个可能世界。由于不同的可能世界中的范畴之间的仿体关系，隐语的表述才可以和所蕴涵的真正含意具有同一性，仿体关系成为识别同一性的介质。

7.3.1 可能世界对隐语的重要意义

隐语的显性表达即依存成分可以表达几种不同的意义，除了常规的意义外还包括有意与常规意义产生错位或错置的意义。可能世界对于隐语的意义在于以下几点：

第一，不论一个隐语的真正含意是什么，都可以用可能世界中的三个世界来进行说明、解释。

第二，隐语不同的可能世界之间的心理连接使得隐语的生成和解读都成为可能，显性的表述和隐性的意义、含意之间构成不同可能世界之间的仿体对应关系。其中，常规意义可能不止一个，与真正含意共同构成隐语的多重意义。

第三，在隐语的生成机制中，由意向态度和意向内容组成的隐语自主成分作为始发点，向依存成分（即显性表述）转化。但是在这个过程中，自主成分不是在常规相邻/相似性关系的引导下转化为较为直接和简单的常规性表述，而是创制者在更加深层和更加复杂的相邻/相似性关系的引导下，根据不同的交际需要，故意进行范畴的错误重置，转化为较间接和复杂的非常规性的表述。常规性表述与非常规性表述之间互为仿体对应关系。

第四，在隐语的理解机制中，以作为依存成分的隐语显性表述为始发点，向自主成分转化，这个自主成分既要承载意向态度又要表达意向内容。在这个过程中，解读者不能满足于对显性表述的基础意义和常规含意的认识，而要在具体的交际环境中，在更加深层和更加复杂的相邻/相似性关系的引导下，不断进行范畴重置，直至得出符合特定语境、满足隐晦要求且与常规意义范畴错位的意向内容。常规意义与非常规含意之间互为仿体对应关系。

7.3.2 隐语在可能世界中的运作机制

可能世界理论在隐语的运用中涉及两个大的方面，一是认知主体在每个隐语的生成和理解过程中分别对依存成分和自主成分的各个可能候选项进行多选一的选择问题，二是前述各个可能候选项内部的可能世界的形成问题。

可能世界理论在隐语的运用中涉及的第一个方面的问题是认知主体在每个隐语的生成与理解过程中分别对依存成分和自主成分的可能候选项进行多选一的选择。隐语的生成与解读是一个动态过程，有一定发展变化的步骤，而其中的每一个步骤都可以呈现出各种可能状态或可能世界。在隐语的实现过程中，自主成分包括意向态度和意向内容，依存成分体现为其显性表述。认知主体选择的有可能表达自主成分的某些相关因素组合成为语境集合，其中的一个在语言规律和认知规律的制约下成为语境，从而使自主成分通过依存成分得到实现。一个隐语的自主成分可以因认知主体的不同而以不同的方式被个体化，意向内容可以由真实世界的若干种外显的、具体的表达方式来表现。一个外显的、具体的表达方式也可以反映若干种意向内容，意向内容与显性表述之间不是一一对应的关系。不论一个隐语的显性表述如何隐晦难懂，它都存在于一定的关系网络中。这个显性表述在网络中的位置、性质和特点等是对现实或想象中的各种位置、性质和特点等的抽象整合，从而这个表述具有一种与意向内容对应的存在的实在性。

人作为认知主体，虽然只能处于当下的现实世界中，不能占据所有的空间与时间，也就是不能占据所有的可能世界，但是却可以通过想象，借助语言来对非现实世界中的一切事物进行描述或评论。在语言运用中，这些事物成为可供认知主体选择的若干个不确定事物，都具有可能性。下面分别从隐语的生成和理解两个方面来论述。

首先，从隐语的生成来看，在认知主体创制一个隐语的显性表述的时候，会有若干个表述可供选择。A 这种表述是可能的，B、C、D 等种种表述也是可能的。一个隐语的所有可能的显性表述组成了该隐语的可能表述范畴，与该隐语要表达的意向内容和各种可能性关系一起组成了该隐语的可能世界范畴。对一个隐语表达的自主成分来说，有若干个可能的依存成分。从创制出来的显性表述来说，若干个可能的表述中只有一个表述符合这个意向内容的实际表述情况。创制者不同，可能的表述就不同。但是，当一个显性的隐语表述被创制出来时，在这些可能表述中只有一个是实际使用的，其他可能表述的意义暂时消退，只有在我们讨论它们的可能性的时候才再显现出来。同时，这个显性的隐语表述的性质从众多的可能表述之一升级为现实表述，因为它已经包含显性表述、意向内容以及前两者之间的可能性关系。这样的情况见图 7.1 所示。

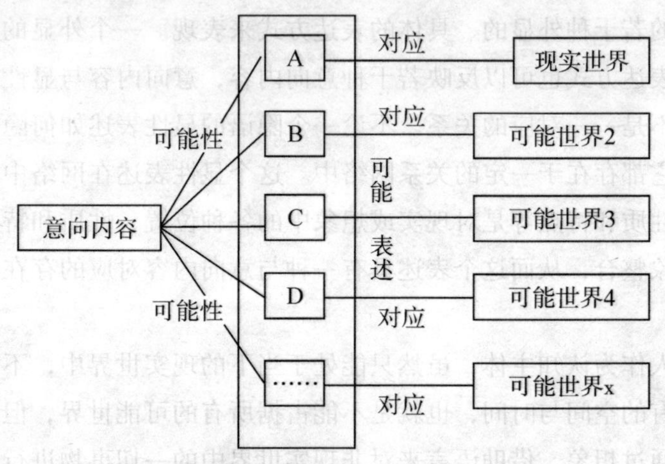

图 7.1　单个隐语的“可能世界集”

这里对图 7.1 作一个简要说明。“意向内容”是指一个隐语要表达的意向内容；“可能表述”是指 A、B、C、D 等所有可能被创制出来的显性表述；“可能性”是指前两者之间的关系；“现实世界”是由该隐语的意向内容、显性表述 A 以及它们之间的可能性共同组成的；“可能世界”从 2 开始编号，是因为“现实世界”是“可能世界”的一个特例，所以在编号时将“现实世界”默认为“可能世界”的 1 号。

其次，从隐语的理解来看，在认知主体理解一个隐语的显性表述的时候，会有若干个理解可供选择。A 这种理解是可能的，B、C、D 等种种理解也是可能的。一个隐语的所有可能的理解组成了该隐语的可能理解范畴，与该隐语的显性表述和各种可能性关系一起组成了该隐语的可能世界范畴。对一个隐语的显性表述来说，有若干个可能的理解。从回溯出来的理解来说，若干个可能的理解中只有一个理解符合这个显性表述的实际理解情况。对几个不同的理解者来说，就有更多种可能的理解。但是，当一个隐性的意向内容被回溯出来时，在这些可能理解中只有一个理解是与隐语实际意向内容对应的理解；其他理解的意义暂时消退，只有在我们讨论它们的可能性的时候才再显现出来。同时，这个隐性的意向内容的性质从众多的可能理解之一升级为现实理解，因为它已经包含隐性的意向内容、意向内容的显性表述以及前两者之间的可能性关系。

因此，在隐语的可能世界中，现实世界只是所有可能世界的一个特例。在隐语的生成中，可能世界包含实际被创制出来的那个显性表述，也包含其他各个可能的显性表述。在隐语的理解中，可能世界包含实际被回溯出来的那个意向内容，也包含其他各个可能表达的意向内容。

可能世界理论在隐语的运用中所涉及的第二个方面的问题是每个隐语的生成与理解过程中依存成分和自主成分的关系体现出来的可能世界中的分类主观性问题。

隐语的任何一个逻辑空间和可能性都是一个可能世界。一个隐语可以有若干个空间，如果在 W_1 不为真，那么不一定在 W_2 也不为真。隐语的现实世界 W_1 是熟悉的、正常的可能世界，隐语的想象世界 W_2 是想象的、虚构的可能世界，隐语的特设世界 W_3 是在特殊情境下的特殊分类的可能世界。这几个世界的区别仅在于分类的方式。三个世界的划分是主观地、人为地，按照一定需要来划分范畴和构建认知域的问题。同样，隐语的隐喻和转喻机制也建立在分类的基础上。隐语的运用建立在认知主体对分类的认识和在不同情况下对分类的把握的基础上的，反映了认知主体对分类的调整。这样的调整实际上是对有关范畴的有意误置和对有关类层级结构的有意误建。这样的调整造成了隐语的三个可能世界，突出地反映了认知主体分类的情境性和主观性特征。

归根到底，隐语之所以能够实现是因为相关的范畴和类层级结构发生了变化，即心理模型的有意重组。隐语的实现包括隐语的生成与理解。下面以隐语“半夜巡”为例，分别说明这一隐语的生成和理解过程中相关范畴和类层级结构发生变化的步骤。

隐语“半夜巡”的生成过程的主要步骤是：

(1) 认知主体想要表述的意向内容是“茶”。但是为了满足隐秘的要求，“茶”必须作一个改变。于是，在对音、形、义等各方面大致搜索后，认知主体在读音相似的基础上，基本锁定与“茶”同音的常用字“查”。这里，从“茶”到“查”的变化实质上是从一个范畴到另一个范畴的改变。这样，范畴的有意误置和类层级结构的有意误建的起点就确立了。

(2) 将范畴“查”放入较大的范畴“巡查”中，和“半夜”组合后再放入更大的类层级结构“半夜巡查”中。于是，一个标准或正常的类层级结构建立起来了。

(3) 将标准或正常的类层级结构“半夜巡查”解构为“半”、“夜”、“巡”和“查”四个较小的范畴，为范畴的有意误置和类层级结构的有意误建进一步打下基础。

(4) 有意将范畴“查”分离出来，置于常规的类层级结构“半夜巡查”之外，而“半”、“夜”、“巡”三个较小的范畴组合起来，有意建构一个看似错误的、不同于常规表达的新的类层级结构“半夜巡”。

(5) 用这个新的类层级结构“半夜巡”来代替“查”，起到掩人耳目的作用。于是，经过认知主体一系列的心理模型的重组，由“茶”生成了依存成分、显性表述“半夜巡”。

从以上过程可以看出，隐语“半夜巡”的生成可以总括为以下四个步骤：

- “半夜巡查”的建构；
- “半”、“夜”、“巡”和“查”的解构；
- “半”、“夜”、“巡”的重置；
- “半夜巡”对“查（茶）”的代替。

隐语“半夜巡”的理解过程大致是与生成过程相逆的，但也不是完全相同的，其主要步骤是：

（1）在认知主体的头脑中想要解读的显性表述是“半夜巡”。因为“半夜巡”并不反映正常的范畴或类层级结构，所以，认知主体首先将“半夜巡”放入一个标准或正常的范畴“半夜巡查”中加以恢复。这样，范畴的有意误置和类层级结构的有意误建的起点就确立了。

（2）将标准或正常的类层级结构“半夜巡查”解构为“半”、“夜”、“巡”和“查”四个较小的范畴，并从音、形、义等方面分别搜索四个小范畴可能与当下交际情境相适应的部分，为范畴的有意误置和类层级结构的有意误建进一步打下基础。

（3）由于显性表述涉及前三个范畴，所以单独将“查”分离出来，不再与“巡”置于一个更大的类层级结构中，形成了“查”范畴的有意误置。

（4）由于“查”与“茶”在读音上具有相似关系，认知主体可以实现从范畴“查”到范畴“茶”的过渡与转变，建立起一个更大的包括“查”与“茶”的类层级结构。

（5）认知主体经过与交际语境的层层比对和校验，将对“半夜巡”的解读确立为范畴“茶”。

从以上过程可以看出，隐语“半夜巡”的理解可以进一步总括为以下的四个步骤：

- “半夜巡查”的建构；

- “半”、“夜”、“巡”和“查”的解构；
- “查”的重置；
- “茶（查）”对“半夜巡”的代替。

再如，隐语“櫹竿”或“蒿杆”所指向的意向内容是“筷子”（潘庆云，1995：471）。这个隐语的生成过程的主要步骤是：

（1）将意向内容“筷子”放入“细长物”这个范畴。这主要是根据意向内容的内涵所决定的。

（2）对范畴“细长物”进行解构，分解为“蒿杆”等较小的范畴。

（3）将“细长物”的一个组成部分、小范畴“蒿杆”单独置出，与“筷子”发生更加紧密的相邻/相似关系，与“筷子”互为仿体，共同成为更大的类层级结构的一部分。

（4）与用“筷子”同属更大的类层级结构的“蒿杆”来代替“筷子”起到掩人耳目的作用。这样，经过认知主体一系列的心理模型的重组，“筷子”便生成了依存成分、显性表述“蒿杆”。

隐语“蒿杆”的理解过程大致是与生成过程相逆的，但也不完全相同，这里不再详述其理解步骤。

对其他隐语而言，由于具体情况的不同，其生成和理解过程中的某些细微步骤不一定与以上两例完全相同，可能会省略，可能不一定出现或发生；也可能略有增加，更加复杂。

从上两例的实现过程的分析可以进一步总结出，隐语的运用中自主—依存关系所体现的可能世界的实现主要包括建构、解构、重构三个主要步骤：

（1）将一个概念放入范畴，并建构一个标准或正常范畴。这个标准范畴是产生有关范畴的有意误置和类层级结构的有意误建的起点。没有这个标准范畴，误置或误建都不可能进行。

（2）解构这个标准或正常范畴，为有关范畴的有意误置和类层级结构的有意误建打下基础。

（3）有意误置有关范畴或有意误建类层级结构，实现重组和整合。其结果看似不可思议或不合常规，但实际上能很好地契合交际语境，体现说话人的意向态度和意向内容，达到良好的交际效果。

7.4 小结

隐语的自主—依存分析框架对隐语的生成与理解机理的考察为人类普遍的语言运用的研究提供了一个具有启发性的思考维度。隐语既是一种语言现象，同时也是一种思维现象和认知现象。作为认知主体的人同隐语之间具有某种相互依赖关系。认知主体对世界的范畴化或分类具有主观性，其形式和内容都是主观的。因此，范畴化的结果也是主观和不确定的。当人将思维规律运用到隐语的生成和理解中的时候，思维规律就具有认知逻辑的性质，有自己的表现方式，不能再单纯地用形式逻辑的规律来约束和要求具体的隐语运用。在对隐语的语义分析中，可能世界是一个重要的概念，对隐语的认知分析有很大价值，为各种类型、性质的隐语的运用提供了可能的解释。运用可能世界语义学理论对隐语的认知域进行分析不是要说明隐语的生成和理解必然会如此，而是说明在一定的认知逻辑的主导下，隐语的生成和理解可以是如此。

隐语的生成和理解都是基于认知主体对人脑中的类层级知识结构的把握，这些可以抽象为相邻/相似关系的知识结构不仅使隐语的显性表述的生成具有可能性，而且对隐语的理解提供可能性和约束性。隐语中现实世界、想象世界和特设世界三个可能世界拓宽了心理空间，反映了隐语的运用不仅仅局限于现实的交际环境，在非现实的、非实时的交际情境中也同样具有可能性。隐语表达了人们对事物范畴的非常规的复杂划分，形成了对外部世界规律认知的独特体系。从进化论的角度来看，人类的进化是具有持续性的，人类的总体认知能力从人类童年时期比较低的水平不断发展提高，达到了现在比较高的水平，并且还会继续发展、提高，以达到更高的水平。隐语作为一种高级认知活动，有助于人类思维状态的改进和人类总体认知能力的提高，一方面不断拓宽“认知可能世界集”认识域的范围与内容，另一方面从“现实世界”认识域达到向“认知可能世界”的无穷接近。

第八章

结 语

隐语是特殊环境下的特殊语言现象。隐语的研究有着悠久的历史，以前的研究主要是从民俗学、社会学、历史学等角度进行的，目前还有很多课题等待解决。前人在不同学科领域内，从不同角度出发，对隐语进行了大量的研究，取得了很多成果。在这样的学术背景下，同时由于篇幅所限，本书集中研究汉语隐语。笔者通过充分收集来自不同方面的比较完整的一套四川帮会隐语的语料来进行研究。本书的目的不是对隐语作一个全面的说明，而是重点研究隐语的生成与理解机理，对隐语运用的认知机理作出统一、合理的解释。本书从认知语用学的理论切入，在我国学者徐盛桓发展起来的有关语言运用的“基于心理模型语用推理”的理论模型的基础上，建立起自己的解释隐语运用的认知机理的语言模型，综合运用归纳、演绎与反溯的方法来解释、说明隐语这一比较特殊的语义和语用现象的深层认知机理。

前三章笔者在前人研究的基础上形成了自己的隐语自主—依存分析框架，第四章到第七章分析了隐语中相邻/相似关系的类型、隐语中的隐喻与转喻机制，并对隐语的生成与理解机理进行了深入探讨，还对隐语涉及的三个可能世界作了分析，对隐语研究核心问题的探讨逐层加深。本章分五个方面对全书进行了总结：研究的发现、结论、学术价值、局限性以及进一步研究的建议。

8.1 本书研究的主要发现

本书从认知语言学的角度来研究隐语生成和理解的机理，以自主—依存的分析框架为基本分析框架。这个分析框架对某些语言现象具有相对独立的解释力，特别是对研究自主和依存关系在隐语的生成和理解中的地位与作用有着重大意义，是研究隐语的生成和理解机理的重要理论工具。同时，这个框架还融合了格式塔心理学、基于心理模型的语用研究范式、可能世界理论和其他相关的认知原则等各方面理论。在一步一步对隐语的生成与理解进行抽丝剥茧的分析后，我们可以回答第一章提出的那些核心研究问题：

(1) 隐语表达的形成机理，隐语从隐性的自主成分到显性的依存成分的过程；

(2) 隐语表达的理解机理，受话人是如何从隐语的依存成分出发，反溯得到隐语的意向内容从而达成对隐语的理解；

(3) 隐语的生成和理解反映了人们运用语言和认识事物的什么普遍特征，隐语的形成和理解的心理基础是什么，从隐语的机理中可以分析出人们怎样的基本认知特点与规律。

针对以上核心研究问题本书对隐语进行了比较详细和充分的分析，得出以下主要发现：

(1) 隐语的生成是从隐性表述到显性表述的过程，这实际上是在相应的心理模型下隐性意向的显性表达过程，也就是从自主成分（说话人想要表达的意向内容/较完备表述）推衍到依存成分（隐语的显性表述/较不完备表述）的转换过程。这种转化过程依赖的相邻/相似规则在心理模型的基础上通过拈连这种方式来运作。具体来讲，在隐语的生成中，拈连机制的运作包括互相关联的三个方面：意向性（形成自主—依存所受到的制约），相邻/相似关系（形成自主—依存所依靠的关系）以及通感、通知（形成自主—依存所使用的手段）。隐语是一种特殊的交际语言，这是因为帮会成员交际的具体语言环境影响了语言表述，其话语必须隐秘、晦涩，即不能使用显性表述，而被迫使用隐性表述。隐语的意向性是在语境的制约下通过隐性表述来完成的。隐语的自主成分是隐语的意向性；隐语的依存成分是隐语的显性表达。隐语的意向性又包括意向态度和意向内容两个方面。因为创制隐语的动机主要是为了进行隐秘晦涩的表达，所以意向态度是尽量使表达隐秘，既要保守组织内部秘密不为外人了解，同时又要在组织内部达成顺畅的交流和思想认同的目的。这一意向内容直接引导着隐语依存成分的生成。隐语的依存成分与自主成分相对应，是隐语的创制者在意向性的引导下推衍出来的现实世界中具体的隐语表述，能够传达创制者实际想要表达的隐晦含意。

（2）在隐语分析的自主—依存框架中，隐语的理解是从显性表述回到隐性表述的过程，也就是从依存成分（隐语的显性表述）反溯到自主成分（说话人想要表达的意向内容）的转换过程。这种转化过程以心理模型为认知基础，主要依赖说话者和受话者共有的心理模型，是基于心理模型知识结构中对事物的相邻/相似关系的把握而进行的常规推理达成的。在隐语的理解过程中，依存成分向自主成分的回溯以目的性为导向。听话人在意向性的引导下，以输入的话语为起点，不断结合语境而得出阶段性的结果，再通过不断的比较和选择，最后得到最符合意向性和语境的满意解释。这个过程体现为非线性的因果关系的运作，意向性与语境因素共同作用，使得隐语的理解成为一种整体、动态、复杂的推理过程。

(3) 隐语作为一种比较特殊的交流方式，涉及人类认知心理发展的各个方面。隐语晦涩难懂，其显性的依存成分与隐性的自主成分从表面上看相距甚远，这些特点决定了隐语的生成和理解必须要在音、形、义等方面的相邻/相似关系的基础上，进行转喻和隐喻两种认知机制的运作。日常交际语言与隐语的生成和理解都是以心理模型为认知基础的。以相邻/相似关系的抽象知识为维度将常规关系组织起来的心理模型结构是多层级的、多向度的，这些结构将隐性意向和显性表达连接成为一个复杂的语义网络。隐语是认知主体在受到语境制约时语言表达的多元化的一种表现。隐语的运用是一个上向与下向因果力互补与互动的作用过程，体现了自主成分和依存成分在意向性的导向下建立起来的复杂转换关系，明显体现了语言运用的意向性特征。隐语的运用也是建立在认知主体在一般情况下对分类的认识和在具体情况下对分类的调整与重组的基础上的，涉及认知主体大脑中对有关范畴的有意误置和对有关类层级结构的有意误建，突出地反映了认知主体分类的情境性和主观性特征。

8.2 本书研究的结论

根据以上发现，本书得出如下结论：

(1) 隐语和日常用语的特征一致，都是不完备的。隐语是在自然的共同语基础上人为创造的、被特定组织规定的特殊而隐秘的语言符号，是交际中使用的一套特殊话语，是话语的一部分。隐语作为话语的一个组成部分，既对话语的性质有影响，又要体现话语的基本性质和特征。不论能否找到隐语的理据，理据是否明显，不论隐语的显性表达的隐秘性有多强，曲折度有多大，隐语与日常用语都有着不同程度、形式与性质的相邻/相似性，显性表达都要指向一定的语义。隐语的特殊之处只是在于隐语的显性表述因为特殊话语的要求而具有较高程度的不完备性，更典型地体现语义的缺省，是典型的蕴含较深的隐性话语含意的语法—语义结构，其含意的推导可能涉及更多的语用推理步骤。隐语内部各种不同的显性表述形成了一个从不正规表达式到正规表达式的连续统。同样，隐语和日常用语也都处于从不完备表达到相对较完备表达的连续统。只是在这样的话语连续统中，一般话语处于含意不太丰富的一端，隐语处于含意性较丰富的一端。隐语想表达的交际意图即话语蕴涵的含意更加隐晦而隐秘，蕴涵含意的方式更加独特，从显性表述出发向相对完备表述的目的进发的隐语含意的推导是比较复杂的认知过程，涉及较多的认知方式和策略。隐语的隐秘性等特性只不过是语言表达的不完备与不透明的共性的更典型的表现。隐语能与日常话语连成连续统，从认知语言学的视角说明了二者具有共核本质。

(2)隐语表面上违反逻辑，但是在认知逻辑和思维逻辑层面上是符合逻辑的。隐语的生成和理解也都符合认知的一般规律。隐语以逻辑上不同于常规的基本语句为基础，以一种隐含常规的隐秘方式包含了有深层蕴涵的意义，而且体现符合认知逻辑的真实。因此，在语言逻辑层面上隐语也许表现出来的是反逻辑的，但在认知逻辑和思维逻辑层面上却是有逻辑的，符合认知基础，不能单纯地用形式逻辑的规律来约束和要求隐语的具体运用。因此，在本质上隐语并不是反逻辑的，而是有其自身的逻辑属性、逻辑特征和表现方式。

(3) 隐语的生成和理解以事物间的相邻/相似关系为基础。也就是说，隐语的运用依照相邻/相似原则及其引理。相邻/相似关系具体体现为概念之间、概念特性之间和概念集之间的关系。隐语的运用以相邻/相似关系的认定为基础，隐语中隐喻、转喻机制的运作实质是相邻/相似关系的建立。隐语的生成是从自主成分（说话人想要表达的意向内容/较完备表述）推衍到依存成分（隐语的显性表述/较不完备表述）的转换过程。这种转化过程依赖的相邻/相似规则在心理模型的基础上通过拈连这种方式来运作。隐语的理解是从依存成分（隐语的显性表述）反溯到自主成分（说话人想要表达的意向内容）的转换过程，也是以显性表述提供的参照系为初始条件约束，以语境提供的参照系为边界条件约束，在意向性因素和语境因素的共同作用下进行的非线性的整合过程。

(4) 隐语作为一种复杂现象和突现现象，在微观上是不可预测和不可识别的，但是同时在宏观上又是可以识别和解释的。隐语模型的生成与理解机理可以用自主成分与依存成分的关系来解释。具体的交际环境使隐语中的自主成分（想要表达的意向内容）与依存成分（实际表达出来的显性表述）具有意义转换的空间和转换的可能性。表面模糊、隐晦及具有不确定性的语义创造了较大的含意解释空间，并为隐语的解读提供了曲折、隐晦的指示性线索，成为认知隐语意义的工具。人们可以借助依存成分通过隐喻和转喻的认知机制，达到把握、认知自主成分的最终目的。隐语的生成与理解是一个上向与下向因果力之间发生微妙而复杂的互补与互动以共同完成认知任务的过程，上向过程和下向过程共同构造了隐语的运用。

(5) 隐语的生成与理解的动态过程是基于心理模型的运作过程。认知主体由于有身体的各个部分和整体的体验，可以对客观世界的感性认识进行提炼或精简，成为概念的属性。在概念内部和概念之间的属性连接的基础上，建立起逻辑思维①。而心理模型就是建立在逻辑思维的基础上的，同时又受到文化模式的制约。也就是说，逻辑思维和文化模式共同形成了心理模型②。隐语的运用基于认知主体对头脑中心理模型的类层级知识结构的把握。这些可以抽象为相邻/相似关系的知识结构不仅使隐语的显性表述的生成成为可能，而且为隐语的理解提供可能性和约束性。认知主体大脑中的知识分类是根据一定的心理模型和语言环境临时进行的。

（6）隐语既是一种语言现象，同时也是一种思维现象和认知现象。隐语的使用不仅是有意识使语词偏离原有意义的过程，最大限度地体现了词义空间的扩大，体现了一种复杂的语言结构，而且是人们用来传达对世界的基本认知经验并加以独特解释的一种方式，暗示了思想和现实的深层结构。隐语这种高级认知活动所涉及的现实的、想象的和特设的可能世界拓宽了心理空间，体现了人类认知领域的拓宽、认知内容的丰富、思维状态的改进和总体认知水平和认知能力的提高。隐语现象实质上是语言、文化、心理、功能、交际等各方面因素的互动。隐语的运用是认知主体对划分客观世界事物的范畴、识解常规关系和认知外部世界规律的比较特殊的表达方式，形成了对外部世界规律认知的独特体系，反映了人们感知、认识与把握事物之间关系的能力和灵活处理事物的能力与特点，充分体现了作为认知主体的人对世界的范畴化的主观性和不确定性。同时，隐语的运用也是人们

① 音、形、义等方面的联系都属于概念内部和概念之间的属性的连接方式。

② 这里的逻辑包括形式逻辑和认知逻辑等，在人类具有普适性的认知规律之外还会有文化因素造成的差异。

用来传达自己对世界的基本经验的一种方式，反映了语用含意和认知的普遍规律和规则。

8.3 本书研究的学术价值

从总体上来看，本研究是从认知角度来透视隐语。以上的研究发现和结论将有助于丰富对隐语的研究成果，具有一定学术价值。具体而言，本研究的学术价值主要体现在以下几点：

（1）本研究证明从认知语用学的角度研究隐语是可行的，而且将拓展和深化对隐语的研究。本研究用自主—依存的分析模型来分析隐语，将隐语的研究内容从隐语的本质、目的（或功能）和构成三方面扩展到对隐语深层认知机制的研究，说明只有深入到认知主体处理语言现象的内部机制，才能将隐语的语用研究进一步加以深化。从新的认知语用学的理论和视角来研究隐语是必要和可行的，是丰富隐语研究的一个有益尝试，能够更加深刻地揭示隐语的生成与理解机理及其所涉及的普遍认知规律。

（2）隐语运用的研究对语言现象的认知语用机制的研究有参考价值。话语都是具有含意性的，有不同程度的不完备性。研究隐语的生成和理解有助于人们更加深刻地认识人类运用语言的认知机制，有助于加深对日常用语的认识和对语言本质的揭示，为其他表面看似不正常、不符合逻辑的各种语言现象（包括修辞格）的研究提供启发性思路。

（3）隐语研究对语言教学有启发意义。尽管隐语可能表现为不同语言或方言，但是隐语运用的机理是相通的。语言教学可能涉及不同语言或者方言的转换，它们之间相通的机理可以为语言教学的材料提供更多的理据和内在逻辑联系，对教与学都有所启发。同时，隐语的认知机制也为其他含意丰富、不完备程度较高的语言现象的理解提供思路。

（4）自主—依存框架对隐语的生成与理解的考察为人类普遍的语言运用的认知研究提供了一个具有启发性的思考维度。大脑的认知结构具有普适性，在认知层面上建立的认知模型可以用来了解认知的序列与层次，用来了解大脑的认知系统的运作方式，并了解人类认识事物的基础、特征、策略、普遍规律等。隐语表面的异常机制隐藏的是日常用语的普遍性。解释隐语生成和理解机理的模型整合了相邻/相似关系、心理模型、意向性、通感和通知等重要概念。这个模型中的各个构件及其之间的关系说明了隐语的生成和理解都是作为认知主体的人对世界的认识过程的延续，符合认知的一般规律。隐语分析其实也是对人的语言认知能力进行的多维度扫描，得出的规则有助于认识语言发生和理解的普遍心理规则，也有助于揭示人类心理在概念和语言间进行结构时所发生的共同过程和人类普遍的认知特点。因此，研究隐语实际上是研究人作为认知主体对语言和事物进行认知的普遍规律。

8.4 本书研究的局限性和进一步研究的建议

本书研究尝试从认知语用学的角度来分析隐语的认知机制。从目前的研究结果来看，这样的尝试是可行的，能够为语言现象的分析提供一点启发。但是由于笔者知识的有限和研究能力的欠缺，目前的研究还有局限，还有待进一步改善。

（1）目前用作例子的研究语料还比较有限。这其中的原因包括篇幅的限制和研究者自身认识水平的有限等因素。由于研究范围主要局限于四川帮会隐语，因而不能完全覆盖汉语隐语的情况。如四川帮会隐语中不涉及语音的变化，所以本研究不包括对切口的研究。而且，本研究所采用的是汉语语料，研究出的隐语机制在其他语言或方言中的适用性还有待进一步证实。

（2）由于研究性质的局限性，本研究的发现有一定的局限性。受到研究条件的限制，目前的研究主要是内省性的，在反溯推理的过程中不可避免地具有主观性的倾向，很多是内省性质的推断，没有神经生物学的实证支持。

（3）目前研究的隐语机制是暂时的，今后还要进一步修正。模型可能还需要进一步改善和修正，而且随着各相关学科的发展，还应结合心理学和认知科学等相关领域的最新研究成果，对隐语进行持续思考，对现有研究成果进行必要的修正。如果条件允许，还可以设计、实施一些实验以获取隐语机制的支持数据，为进一步的研究打下基础。

（4）隐语研究的内容今后可以进一步拓展。由于研究范围的局限性，本研究对有些问题没有作深入的分析，对某些问题的说明和解释不够充分，这些都可以作为今后进一步研究的内容。

（5）本研究对隐语分析的模型可以尝试用于其他比较反常的语言现象的研究。这一模型可以延伸到相似语言现象，如网络语言、歇后语、谜语和修辞格等的研究中。

参考文献

阿里克斯. 从江湖隐语和伦法尔多语看汉语和西班牙语民间隐语. 成都:四川大学硕士论文，2004.

安德森，J. R. 认知心理学. 杨清，等，译. 长春：吉林教育出版社，1989.

安家驹. 盲人密语——关于 mai-qa 式反切语的调查. 汉语学习，1986(6)：28－30.

巴依，沙尔. 语言与生命. 裴文，译. 南京：南京大学出版社，2006.

白维国.《金瓶梅》和市语（明清小说论丛四辑）. 沈阳：春风文艺出版社，1986.

北京大学哲学系外国哲学史教研室. 西方哲学原著选读. 上卷. 北京：商务印书馆，1981.

波普，K. 自然选择和精神的出现. 自然科学哲学问题丛刊，1980（1）：11－18.

蔡少卿. 中国秘密社会. 杭州：浙江人民出版社，1989.

蔡少卿. 中国近代会党史研究. 增订版. 北京：中国人民大学出版社，2009.

曹聪孙. 汉语隐语说略——一种语言变异现象的分析. 中国语文，1992(1)：5－49.

曹德和. 隐语词汇构造规律探津. 江苏教育学院学报，1995（1）：46－48，55.

曹炜. 关于汉语隐语的几个问题——兼论隐语与黑话的区别. 学术月刊，2005（4）：66－73.

潮龙起．近代帮会的茶馆与茶文化．江苏社会科学，2003（3）：165－169．

车万翔，刘挺，秦兵，等．面向依存文法分析的搭配抽取方法研究．全国第六届计算语言学联合学术会议，2001．

陈崎．中国秘密语大辞典．上海：汉语大词典出版社，2002．

陈祺生．旧时代无锡粮食业的常用切口．语文知识，1957（12）：43－44．

陈叔丰．潮汕的反切语．中国语文，1940（3）．

陈松岑．社会语言学导论．北京：北京大学出版社，1985．

陈望道．修辞学发凡．上海：复旦大学出版社，2008．

陈原．社会语言学．上海：学林出版社，1983．

陈振寰，刘村汉．论民间反语——兼说反切起源．广西师范大学学报：哲学社会科学版，1981（1）：79－90．

陈振寰，刘村汉．灌阳方言的二字语．中国语文，1982，（6）．

陈振寰，刘村汉．襄阳捻语．广西师范大学学报：哲学社会科学版，1984（3）：86－93．

陈志良．上海的反切语．说文月刊，1939—1940，1 卷本：213－240．

成都方志网．http:// www. cdhistory. chengdu. gov. cn/html. 2006．

辞海编辑委员会．辞海．缩印本．1979 年版．上海：上海辞书出版社，1980．

邓红梅．唐宋笔记中的隐语研究．成都：四川大学硕士论文，2005．

范冬萍．复杂系统的因果观和方法论——一种复杂整体论．哲学研究，2008（2）：90－97．

冯利华．中古道书语言研究．杭州：浙江大学博士论文，2003．

冯志伟．特思尼耶尔的从属关系语法．国外语言学，1983（1）：63－65，57．

傅崇矩．成都通览．成都：成都时代出版社，2006．

傅湘源．青帮大亨．北京：中国文史出版社，1987．

傅憎享．《金瓶梅》隐语揭秘．社会科学辑刊，1990（5）：132－139．

高名凯．关于社会方言．中国语文，1957（5）：33－38．

高名凯. 普通语言学. 增订本. 上海：新知识出版社，1957.

高名凯. 语言论. 北京：科学出版社，1963.

高玉堂. 浅谈隐语. 大庆师专学报，1984（2）.

葛本仪. 现代汉语词汇学. 济南：山东大学出版社，2001.

格式塔心理学. http://www. lansin. com/zjxl/xljsl/200510/ 51. html. 2006.

弓肇祥. 可能世界理论. 北京：北京大学出版社，2003.

归纳与演绎. http://byonline. net/new/article_kxcx. asp? id =2934. 2006.

郭青萍. "徽宗语". 殷都学刊，1987（3）：142 -148.

郭艳华，周昌乐. 一种汉语语句依存关系网协动生成方法研究. 杭州电子工业学院学报，2000（4）：24 -32.

郝志伦. 隐语行话演变原因初探. 西南民族大学学报：人文社科版，2003，24（12）：236 -238.

郝志伦. 论隐语行话的通用化传承. 渝西学院学报：社会科学版，2004，3（1）：50 -53.

郝志伦. 论隐语行话命名理据中的隐型文化特征. 达县师范高等专科学校学报，2006，16（3）：58 -61.

郝志伦. 汉语隐语论纲. 成都：巴蜀书社，2001.

侯精一. 山西理发社群行话的研究报告. 中国语文，1988（2）：103 -112.

胡明扬. 西方语言学名著选读. 第 3 版. 北京：中国人民大学出版社，2007.

黄斌. 元杂剧中的隐语研究. 桂林：广西师范大学硕士论文，2007.

黄金义. "拆字口语"——谈谈"打市语". 语文知识，1953（4）：27.

黄尚军. 四川方言与民俗. 成都：四川人民出版社，1996.

黄尚军. 四川方言与民俗. 增订本. 成都：四川人民出版社，2002.

贾鲁生. 黑话. 报告文学，1989（1）.

蒋严. 论语用推理的逻辑属性——形式语用学初探. 外国语，2002（3）：18 -29.

金岳霖. 形式逻辑. 北京：人民出版社，1979.

卡尔纳普，鲁道夫．世界的逻辑构造．陈启伟，译．上海：上海译文出版社，2008.

柯小杰．荆楚木瓦工行话浅析．民俗研究，1992（4）：68－71.

冷学人．江湖隐语行话的神秘世界．石家庄：河北人民出版社，1991.

李德祥．隐语——俄罗斯社会突变中的一面镜子．广东外语外贸大学学报，2006，17（3）：28－30，46.

利科，保罗．活的隐喻．汪堂家，译．上海：上海译文出版社，2004.

李恒威，盛晓明．认知的具身化．http://www.lunwen5.com/zhexue/keji/14032.html. 2008.

李奇维．“第二代认知科学”刍议．http://xb.ecnu.edu.cn/edupro/2007/2007,a004,010277.html. 2008.

李宇明．析字构词——隐语构词法研究．语文研究，1995（4）：37－42.

李子峰．海底．1940年版影印本．（民国丛书第一编16·社会科学总论类）．上海：上海书店，1989.

连阔如．江湖丛谈．北京：当代中国出版社，2005.

刘海涛．依存语法和机器翻译．语言文字应用，1987（3）：89－93.

刘宏丽．秘密语系列词间的关系和各自的界定．山东师范大学学报：人文社会科学版，2008，53（1）：50－54.

刘黎明．契约·神裁·打赌——中国民间习惯法习俗．成都：四川人民出版社，1993.

刘联珂．中国帮会史．北京：团结出版社，2004.

刘瑞明．民间秘密语理据试析．语文教学与研究，2002（2）：66－72.

刘延武．中国江湖隐语辞典．北京：中国社会科学出版社，2003.

刘玉才，等．廿四家隐语．影印本．天津：天津市古籍书店，1990.

刘中富．秘密语．北京：新华出版社，1998.

卢植．认知语言学的研究方法．四川外语学院学报，2005（5）：84－88.

马紫晨，曲彦斌．俚语隐语行话词典．上海：上海辞书出版社，1996.

摩洛，D.W．投骰赌徒的隐语．美国政治社会学年鉴（第269期）．1950.

牛保义. 自主/依存联结——认知语法的一种分析模型. 外语与外语教学, 2008 (1): 1-5.

欧阳恩良, 潮龙起. 中国秘密社会第四卷·清代会党. 福州: 福建人民出版社, 2002.

欧阳恩良. 形异神同——中国秘密社会两大系统比较研究. 贵阳: 贵州人民出版社, 2004.

潘家懿, 赵宏因. 一个特殊的隐语区——夏县东浒“延话”(隐语)调查纪实. 语文研究, 1986 (3): 63-70.

潘家懿. 山西晋南的秘密语“言子话”. 运城学院学报, 1988 (3): 82-86, 70.

潘庆云. 隐语与秘密社团文化. 海南大学学报: 社会科学版, 1994 (2): 59-62.

潘庆云. 中华隐语大全. 上海: 学林出版社, 1995.

袍哥: 江湖上的大众职业. http:// elife. qlcity. com/life/wenhua/xsy/2005/6-24/130512404. htm. 2005.

彭景元. 试说洪门茶阵及其它. 农业考古, 1998 (2).

彭幼航. 解读隐语. 学术论坛, 2000 (4): 99-102.

彭幼航. 中国数字隐语试析. 广西社会科学, 2000 (5): 124-128.

平山周. 中国秘密社会史(民间秘密结社与宗教丛书). 石家庄: 河北人民出版社, 1990.

戚雨村, 等. 语言学百科词典. 上海: 上海辞书出版社, 1993.

曲彦斌. 民间秘密语与民族文化. 民间文学论坛, 1988 (5, 6合刊): 138-147.

曲彦斌. 中国民间秘密语辞书概说. 辞书研究, 1989 (6): 100-105.

曲彦斌. 隐语行话与民间文化. 民间文艺季刊, 1990 (4).

曲彦斌. 中国民间秘密语(中华本土文化丛书). 上海: 上海三联书店, 1990.

曲彦斌. 隐语行话的传承与行帮群体. 百科知识, 1991 (1): 16-21.

曲彦斌. 中国民间隐语行话（神州文化集成丛书）. 北京：新华出版社，1991.

曲彦斌. 中国隐语（江湖内幕丛书）. 沈阳：辽宁古籍出版社，1994.

曲彦斌，徐素娥. 中国秘语行话词典. 北京：书目文献出版社，1994.

曲彦斌. 汉语民间秘密语语源探析. 语言教学与研究，1999（4）：134－146.

曲彦斌. 中国隐语行话大辞典. 沈阳：辽宁教育出版社，1995.

曲彦斌. 中国民间秘密语（隐语行话）研究概说. 社会科学辑刊，1997，（1）：41－47.

曲彦斌. 语言教学与研究应予关注的“另类濒危语言”：民间隐语行话. 文化学刊，2007（1）：5－12.

认知科学的几个基础假设. http://teiba. baidu. com/f? kz = 125929785. 2008.

认知科学和实验心理学家——陈霖. http://blog. sina. com. cn/s/blog_4a003f8c010008du. html. 2007.

容肇祖. 反切的秘密语. 歌谣周刊，1924（52）.

萨姆瓦，等. 跨文化传通（*Understanding Intercultural Communication*）. 陈南，龚光明，译. 北京：生活、读书、新知三联书店，1988.

塞尔，约翰. 心灵、语言和社会——实在世界中的哲学. 李步楼，译. 上海译文出版社，2001.

塞尔，约翰. 意向性——论心灵哲学. 刘叶涛，译. 上海：上海人民出版社，2007.

商务印书馆编辑部. 辞源. 修订本（二）. 北京：商务印书馆，1980.

商务印书馆编辑部. 辞源. 修订本（四）. 北京：商务印书馆，1983.

邵朝阳. 澳门博彩隐语研究. 中国语文，1994（4）：267－274.

邵朝阳. 澳门博彩语研究. 北京：北京语言大学博士论文，2003.

邵志芳. 思维心理学. 上海：华东师范大学出版社，2001.

沈家煊. 实词虚化的机制. 当代语言学，1988（3）：41－46.

什么是心智模型. http://www. ueui. com. cn/wiki/ueid/mental-model. 2008.

沈明. 现代隐语的社会语言学的考察. 民俗研究，1994（3）：36－40.

石威，李奕宏. 俄罗斯俚语及黑话行话构成探究. 佳木斯大学社会科学学报，2005，23（6）：154－155.

石毓智. 肯定和否定的对称与不对称. 北京：北京语言文化大学出版社，2001.

四川袍哥会. http:// www. 3320. net/blib/c/read/7/3378/ 4552. htm. 2006.

宋兴晟. 汉语网络用语和隐语的比较研究. 天津：天津师范大学硕士论文，2005.

孙艳平. 汉魏六朝隐语文学论. 上海：华东师范大学硕士论文，2006.

孙一冰. 隐语行话黑话秘笈释义. 北京：首都师范大学出版社，1993.

孙一冰. 隐语行话黑话浅探. 公安大学学报，1994（3）：57－67.

谭忠真. 思维模式与教学模式的更新. http://phys. cersp. com/KCSZ/sCz/LLYJ/200802/5484_2. html. 2008.

王纯五. 袍哥探秘. 成都：巴蜀书社，1993.

王方. 1980 年以来哥老会研究综述. 宜宾学院学报，2007（11）：103－106.

王慧. 江湖隐语的文化心理分析. 赣南师范学院学报，1997（1）：49－53.

王慧. 中国近代民间秘密组织的隐语传播. 浙江社会科学，2003（2）：142－145.

王军. 隐语：形态结构与逻辑转换. 中国人民警官大学学报，1992（1）.

王文虎. 四川方言词典. 成都：四川人民出版社，1986.

王希杰. 黑话说略. 汉语学习，1989（5）：32－36.

王希杰. 汉语修辞学（修订本）. 北京：商务印书馆，2008.

王学泰. 游民文化与中国社会（上、下册）. 北京：同心出版社，2007.

王志家. 当代一般社会集团的隐语. 江苏公安专科学校学报，2000，14（3）：97－103.

王志家，郭迅，王淑安．当代犯罪隐语的修辞学考察．公安大学学报，1997（4）：56－60.

王志家，郭迅，王淑安．论当代犯罪隐语言语符号系统的形成．公安大学学报，1998，（3）：41－45.

汪堂家．隐喻诠释学：修辞学与哲学的联姻——从利科的隐喻理论谈起．哲学研究，2004（9）：71－77.

韦明铧．四川袍哥．http://news. yztoday. com/275/2004－03－04/20040304－219621－275. shtml. 2006.

吴汉痴．切口大词典．影印本．上海：上海文艺出版社，1989.

吴邛．三值逻辑理论与思维模式转变．探索，2002（2）：71－72.

武小军．川北隐语的下位类型：行话、歇后语论说．西华大学学报：哲学社会科学版，2007，26（4）：101－103.

熹葆．江湖黑话．南昌：百花洲文艺出版社，1991.

肖伯慈．隐语词汇构造规律初探．日语知识，2002（10）：14－15.

萧净宇．超越语言学——巴赫金语言哲学研究．上海：上海人民出版社，2007.

萧一山．近代秘密社会史料．卷四，卷六．长沙：岳麓书社，1986.

谢遐均．隐语的文化内涵．渤海大学学报：哲学社会科学版，2004，26（6）：108－111.

心理学发展简史．http://www. lansin. com/diggNewsAction. html? artid = 194&channel = xldt. 2006.

许宝华，宫田一郎．汉语方言大词典．北京：中华书局，1999.

徐盛桓．论“常规关系”．外国语，1993（6）：11－18.

徐盛桓．含意本体论研究．外语教学与研究，1996（3）：21－27.

徐盛桓．话语的含意性．外语研究，1996（3）：1－8.

徐盛桓．隐性表述论略．// 张绍杰，杨忠，主编．语用·认知·交际．长春：东北师范大学出版社，1998.

徐盛桓．常规关系与认知化——再论常规关系．外国语，2002（1）：6

-16.
徐盛桓. 含意与合情推理. 外语教学与研究，2005（3）：163-169.
徐盛桓. 句法研究的认知语言学视野. 外语与外语教学，2005（4）：1-7.
徐盛桓. 相邻与补足——成语形成的认知研究之一. 四川外语学院学报，2006（2）：107-111.
徐盛桓. "成都小吃团"的认知解读. 外国语，2006（2）：18-24.
徐盛桓. 常规推理与"格赖斯循环"的消解. 外语教学与研究，2006（3）：163-170.
徐盛桓. 相邻和相似. 暨南大学华文学院学报，2006（3）：33-41.
徐盛桓. 话语理解的意向性解释. 中国外语，2006（4）：33-42.
徐盛桓. 自主和依存——语言表达形式生成机理的一种分析框架. 外语学刊，2007（2）：34-40.
徐盛桓. 基于模型的语用推理. 外国语，2007（3）：2-9.
徐盛桓. 说"拈连". 解放军外国语学院学报，2007（4）：1-6.
徐盛桓. 心理模型和类层级结构. 长沙：认知语言学讲习班，2007.
徐盛桓. 转喻为什么可能——"转喻与逻辑"研究之二："内涵外延传承"说对转喻的解释. 上海交通大学学报：哲学社会科学版，2008（1）：69-77.
雪漠. 江湖内幕黑话考. 上海：上海文艺出版社，1991.
颜泽贤，等. 系统科学导论——复杂性探索. 北京：人民出版社，2006.
杨青山. 犯罪隐语与方言识别词典. 北京：群众出版社，1993.
叶建明. 当前娱乐场所隐语的特点. 北京人民警察学院学报，2005（6）：51-53.
叶骏. 简论隐语. 上海师范学院学报：社会科学版，1982（2）：135-139，65.
叶旭明. 西江民间隐语试涉. 广东史志，2001（1）：50-54.
易水寒. 中国江湖揭秘（中国江湖系列丛书）. 北京：社会科学文献出版社，1993.

游汝杰. 中国文化语言学引论. 北京：高等教育出版社，1993.

余云华. 当代地下行业及其隐语. 民间文艺季刊，1990（1）.

约翰逊－莱尔德的心理模型. http://www.pep.com.cn/xgjy/xlyj/xlshuku/shuku18/shuku26/200404/t20040416_83845.htm. 2006.

张爱林. 隐语的源流及其影响. 语文学刊：高教版，2007（3）：134－136，156.

章虹宇. 滇西解放前土匪黑话、行规及其禁忌. 民间文学论坛，1993（2）.

张家龙. 模态逻辑与哲学. 北京：中国社会出版社，2003.

张茜. 西班牙语青年隐语的结构分析. 上海：上海外国语大学硕士论文，2007.

张天堡. 切语初探. 淮北煤炭师范学院学报：哲学社会科学版，1985（3）.

张天堡. 语文学的奇葩——读《中国民间秘密语》. 淮北煤炭师范学院学报：哲学社会科学版，1992（2）：109－112.

张永言. 词汇学简论. 武汉：华中工学院出版社，1982.

张远萍，袁瑛. 贵州省犯罪隐语的类型和特点. 贵州警官职业学院学报，2004，16（3）：60－63.

赵丽明. 湘西苗语中的隐婉话. 民族语文，1990（5）.

赵丽明. 湘西苗族隐语的使用情况和社会功能. //中国社会科学语言文字应用研究所社会语言学研究室，编. 语言·社会·文化. 北京：语文出版社，1991.

赵艳芳. 认知语言学研究综述（一）. 解放军外国语学院学报，2000（2）：22－26.

赵艳芳. 认知语言学研究综述（二）. 解放军外国语学院学报，2000（6）：26－30.

赵艳芳. 认知语言学概论. 上海：上海外语教育出版社，2001.

赵益. 隐语、韵文经诰及人神感会之章——略论六朝南方神仙道教与诗歌之互动. 南京大学学报：哲学·人文科学·社会科学，2004，41（4）：122－128.

郑硕人，陈崎．语海・秘密语分册．上海：上海文艺出版社，1994.

中国帮会史・第四部分．http：// book．cnlu．net/book_ jie．asp? id = 16513．2006.

周日安，廉洁．隐语与谐音．佛山科学技术学院学报：社会科学版，1999，17（2）：49－56.

朱德熙．语法讲义．北京：商务印书馆，1982.

祝克懿．论隐语及其下位类型．汉语学习，2003（4）：18－21.

朱琳．洪门志．民国丛书第一编 16・社会科学总论类．上海：上海书店，1989.

Akmajian，A.，et al. *Linguistics：An Introduction to Language and Communication*. Beijing：Foreign Language Teaching and Research Press，2008.

Allwood，Jens，et al. *Logic in Linguistics*. Beijing：Peking University Press，2006.

Barbey，A. K.，L. W. Barsalou. Reasoning and Problem Solving：Models. Larry R. Squire. *Encyclopedia of Neuroscience*. Elsevier，2009.

Barsalou，L. W. Ad Hoc Categories. *Memory and Cognition*，1983，11（3）：211－227.

Bussmann，H. *Routledge Dictionary of Language and Linguistics*. Beijing：Foreign Language Teaching and Research Press，2000.

Cant. http：//www. thefreedictionary. com/cant. 2006.

Cant. http：//was. livid. cn/lookup/cant. html. 2006.

Categorial grammar. http：//en. wikipedia. org/wiki/Categorial_grammar. 2006.

Coombs，Robert H.，et al. Medical Slang and Its Functions. *Social Science & Medicine*，1993，36（8）：987－998.

Coulson，Seana. Conceptual Blending in Thought，Rhetoric，and Ideology. Gitte Kristiansen，et al. *Cognitive Linguistics：Current Applications and Future*

Perspectives . Berlin: Moouton de Gruyter, 2006.

Coulson, Seana, Todd Oakley. Metonymy and Conceptual Blending. Klaus-Uwe Panther, Linda L. Thornburg. *Metonymy and Pragmatic Inferencing*. Amsterdam/Philadelphia: John Benjamins Publishing company, 2003.

Croft, W. The Role of Domain in the Interpretation of Metaphors and Metonymies. *Cognitive Science*, 1993 (4): 335 – 371.

Croft, W, D. A. Cruse. *Cognitive Linguistics*. Cambridge: Cambridge University Press, 2004.

Croft, W. *Lexical Semantics*. Cambridge: Cambridge University Press, 1986.

Croft, W. *Meaning in Language: An Introduction to Semantics and Pragmatics*. Oxford: Oxford University Press, 2004.

Dependency grammar. http://en. wikipedia. org/wiki/Dependency_grammar. 2006.

Fauconnier, Gilles. *Mental Spaces: Aspects of Meaning Constrcution in Natural Language*. Beijing: World Publishing Corporation, 2008.

Fauconnier, Gilles. Pragmatic Functions and Mental Spaces. *Cognition*, 1981 (10): 85 – 88.

Fauconnier, Gilles, Mark Turner. Blending as a Central Process of Grammar. Adele E. Goldberg. *Conceptual Structure, Discourse, and Language*. Stanford, CA: CSLI Publications, 1996.

Fauconnier, Gilles, Mark Turner. Conceptual Integration Networks. *Cognitive Science*, 1998, 22 (2): 133 – 187.

Feng, Fangfang, W. Bruce Croft. Probabilistic Techniques for Phrase Extraction. *Information Processing & Management*, 2001, 37 (2): 199 – 220.

Gentner, D. General Analogies as Mental Models. *Proceedings of the Third Annual Conference of the Cognitive Science Society*, 1981: 97 – 100.

Gentner, D., D. R. Gentner. Flowing Waters or Teeming Crowds: Mental Models of Electricity. D. Gentner, A. L. Stevens. *Mental Models*. Hillsdale, NJ:

Lawrence Erlbaum Associates, 1983.

Gibbs, R. W. *The Poetics of Mind: Figurative Thought, Language, and Understanding*. New York: Cambridge University Press, 1994.

Gödel's Incompleteness Theorem. http://www.miskatonic.org/godel.html. 2008.

Goldberg, Adele E. *Construction at Work: The Nature of Generalization in Language*. Oxford: Oxford University Press, 2006.

Goldstone, Robert L., Lawrence W. Barsalou. Reuniting Perception and Conception. *Cognition*, 1998 (65): 231－262.

Gonzalez-Marquez, Monica, et al. An Introduction to Experimental Methods for Language Researchers. Monica Gonzalez-Marquez et al. *Methods in Cognitive Linguistics*. Amsterdam / Philadelphia: John Benjamins Publishing Company, 2007.

Goyvaerts, Didier L. Kibalele: Form and Function of a Secret Language in Bukavu (Zaire). *Journal of Pragmatics*, 1996, 25 (1): 123－143.

Grice, P. *Studies in the Way of Words*. Beijing: Foreign Language Teaching and Research Press, 2002.

Hungarian Prison Slang Today. http://nevarchivum.klte.hu/szleng/phd/szabo_e_th_eng.htm. 2005.

Ibáñez, Francisco José Ruiz de Mendoza, Lorena Pérez Hernández. Cognitive Operations and Pragmatic Implication. Klaus-Uwe Panther, Linda L. Thornburg. *Metonymy and Pragmatic Inferencing*. Amsterdam/Philadelphia: John Benjamins Publishing company, 2003.

Ignatow, Gabriel. "Idea Hamsters" on the "Bleeding Edge": Profane Metaphors in High Technology Jargon. *Poetics*, 2003, 31 (1): 1－22.

Introduction: Travellers and Their Language. http://www.bslcp.com/vol04/intro.htm. 2006.

Jacob, Pierre. Intentionality (Stanford Encyclopedia of philosophy).

http：//plato. stanford. edu/entries/intentionality. 2008.

Jaszczolt, K. M. *Semantics and Pragmatics*: *Meaning in Language and Discourse*. Beijing: Peking University Press, 2004.

Johnson-Laird, P. N. Imagery, Visualization, and Thinking. Julian Hochberg. *Perception and Cognition at Century's End*: *History*, *Philosophy*, *Theory*. Academic Press, 1998.

Johnson-Laird, P. N. Mental Models in Cognitive Science. *Cognitive Science*, 1980, 4 (1): 71 - 115.

Johnson-Laird, P. N. Reasoning with Mental Models. Neil J. Smelster, Paul B. Baltes. *International Encyclopedia of the Social & Behavioral Sciences*. Oxford: Elsevier, 2001.

Johnson-Laird, P. N. Mental Models, Sentential Reasoning, and Illusory Inferences. Carsten Held, et al. *Mental Models and the Mind* (*Volume* 138 *of Advances in Psychology*). Oxford: Elsevier, 2006.

Johnson-Laird, P. N. *Mental Models*: *Towards a Cognitive Science of Language*, *Inference*, *and Consciousness*. Cambridge, Eng.: Cambridge University Press, 1983.

Lakoff, G. *Women*, *Fire*, *and Dangerous Things*. Chicago: The University of Chicago Press, 1987.

Lakoff, G., M. Johnson. *Philosophy in the Flesh*: *The Embodied Mind and Its Challenge to Western Thought*. New York: Basic Books, 1999.

Lakoff, G., M. Johnson. *Metaphors We Live By*. Chicago: The University of Chicago Press, 2003.

Langacker, Ronald W. An Introduction to Cognitive Grammar. *Cognitive Science*, 1986, 10 (1): 1 - 40.

Langacker, Ronald W. Grammatical Traces of Some "Invisible" Semantic Constructs. *Language Sciences*, 1993, 15 (4): 323 - 355.

Langacker, Ronald W. Reference-Point Constructions. *Cognitive Linguistics*,

1993 (4): 1 -38.

Langacker, Ronald W. *Foundations of Cognitive Grammar*, *Vol. I*: *Theoretical Prerequisites* . Beijing: Peking University Press, 2001.

Levelt, W. J. M. *Speaking*: *From Intention to Articulation* . Beijing: Foreign Language Teaching and Research Press, 2008.

Levinson, Stephen C. *Presumptive Meanings*: *The Theory of Generalized Conversational Implicature*. Cambridge, Mass.: The MIT Press, 2000.

Levinson, Stephen C. *Space in Language and Cognition*: *Exploration in Cognitive Diversity*. Beijing: World Publishing Corporation, 2008.

Lewis, David. *On the Plurality of Worlds.* Blackwell, 1986.

Li, Xiaoyan, W. Bruce Croft. An Information-Pattern-Based Approach to Novelty Detection . *Information Processing & Management*, 2008, 44 (3): 1159 -1188.

LINGUIST List 15. 605. http://linguistlist. org/issues/15/15 - 605. html. 2006.

Lobner, Sebastian. *Understanding Semantics*. London: Arnold, 2002.

Metzler, Donald L., W. Bruce Croft. Combining the Language Model and Inference Network Approaches to Retrieval. *Information Processing & Management*, 2004, 40 (5): 735 -750.

Mounin, Georges. *Dictionnaire de la linguistique*. Paris: Presses universitaires de France, 1974.

Murdock, Vanessa, et al. Identifying and Improving Retrieval for Procedural Questions. *Information Processing & Management*, 2007, 43 (1): 181 -203.

Neill, W. Trammell. Lexical Ambiguity and Context: An Activation-Seppression Model. David S. Gorfein. *Resolving Semantic Ambiguity* . Springer-Verlag, 1989.

Panther, Klaus-Uwe. Metonymy as a Usage Event. Gitte Kristiansen, et al. *Cognitive Linguistics*: *Current Applications and Future Perspectives.* Berlin:

Mouton de Gruyter, 2006.

Rakova, Marina. *The Extent of The Literal: Metaphor, Polysemy and Theories of Concepts*. Beijing: Peking University Press, 2001.

Rohrer, Tim. Three Dogmas of Embodiment: Cognitive Linguistics as a Cognitive Science . Gitte Kristiansen, et al. *Cognitive Linguistics: Current Applications and Future Perspectives*. Berlin: Mouton de Gruyter, 2006.

Rojo, Luisa Martin. The Jargon of Delinquents and the Study of Conversational Dynamics. *Journal of Pragmatics*, 1994, 21 (3): 243 - 289.

Simmons, W. Kyle, et al. fMRI Evidence for Word Association and Situated Simulation in Conceptual Processing. *Journal of Physiology*, 2008 (102): 106 - 119.

Sperber, D., D. Wilson. Relevance Theory . G. Ward, L. Horn. *Handbook of Pragmatics*. Oxford: Blackwell, 2002.

Sweetser, Eve. *From Etymology to Pragmatics: Metaphorical and Cultural Aspects of Semantic Structure*. Beijing: Peking University Press, 2002.

Tabossi, Patrizia, et al. Mental Models in Deductive, Modal, and Probabilistic Reasoning. Gert Rickheit, Christopher Habel. *Mental Models in Discourse Processing and Reasoning* (*Volume* 128 *of Advances in Psychology*). North Holland: Elsevier, 1999.

Talmy, Leonard. *Toward a Cognitive Semantics*. Cambridge, Mass.: The MIT Press, 2000.

Taylor, J. R. *Linguistic Categorization: Prototypes in Linguistic Theory*. Beijing: Foreign Language Teaching and Research Press, 2001.

Temperley, Davy. An Introduction to the Link Grammar Parser. http://www.link.cs.cmu.edu/link/dict/introduction.html#1. 2006.

Thompson, Evan, Francisco. J. Varela. Radical Embodiment: Neural Dynamics and Consciousness. *Trends in Cognitive Sciences*, 2001, 5 (10): 418 - 425.

Ungerer, F., H. J. Schmid. *An Introduction to Cognitive Linguistics*. Beijing:

Foreign Language Teaching and Research Press, 2001.

Wilson, Robert A., Frank C. Keil, *The MIT Encyclopedia of the Cognitive Sciences*. Cambridge, Mass.: The MIT Press, 1999.

后　记

经过几年的学习和努力，我的这个研究终于完成了。回顾这几年的研究历程，我深切地感受到自己的成长是大家关心、鼓励、支持和帮助的结果，心中充满了感激。

我的研究是在石坚老师的悉心指导和谆谆教诲下完成的。石坚老师敏锐的学术眼光、宽广的学术视野、精深的学术造诣、严谨的治学作风和高尚的学术品格一直深深地感染和激励着我。我的每一点成长都离不开石老师的关心和鼓励，我所取得的每一点成绩无不凝聚着石老师的心血。在此对石老师的悉心关怀表示最深、最诚挚的谢意！

我要衷心地感谢徐盛桓老师、朱徽老师、王晓路老师、程锡麟老师和所有给我授过课的老师们。在此，我诚挚地感谢他们给予我的悉心关怀和丰富的学术营养。我要特别感谢徐盛桓老师对我无私的帮助和细心的指导。徐盛桓老师让我对语言学的兴趣越来越浓厚，并坚定了进行学术研究的信心。徐老师不仅多次帮助我开拓研究思路，而且还在研究方法上不断为我指点迷津。他严谨的态度、渊博的学识、深厚的素养和创新的精神给我留下了深刻的印象，并将使我受益终身。

借此机会，我要感谢多年来培养我的四川大学外国语学院。感谢段峰老师、敖凡老师、刘利民老师、向晓华老师、黎宏老师、任文老师、蒋红柳老师和高红老师等各位领导和老师多年来给予我的关心和支持！感谢四川大学“211工程”项目，使本书能顺利出版。对四川大学出版社编辑老师的辛勤工作，也表示衷心的感谢！

同时，我还要感谢我的同学、朋友和家人。他们无微不至的关怀和永远不变的支持是我不断前进和不断提升的无尽动力。

对我而言，进行研究的几年是苦中有甜、不断提升的几年，是学识增长、收获颇丰的几年。最后，再次向所有关爱和帮助我的人献上最诚挚的谢意！

黄　星

2011年2月

于四川大学桃林公寓